JN016517

三訂版

資料で考える
# 子ども・学校・教育

朝倉充彦　遠藤孝夫
笹原英史　宮﨑秀一
本山敬祐　　共　著

学術図書出版社

# はしがき

　本書の初版が 1996 年に刊行されてから四半世紀，新訂版として改訂増補してからも 10 数年が経ちました．この間，子ども・学校・教育をめぐる状況，関連する政策・法制度等は急激な変容を見せています．その現実と課題を本書に反映させる必要を感じつつも，教育・研究，所属機関の運営，地域活動等に忙殺され，再度の改訂作業に着手することが叶いませんでした．しかし，子ども・学校・教育を「資料で考える」とした本書の特色に鑑み，資料のアップデート化は緊要と判断し今回三訂版を刊行いたしました．

　三訂版においても，各章の理解と考察を促す資料をできるだけ提示するという方針を維持しています．今後も本書が教員をめざす学生を中心に，子どもと教育に関心を持つ方にとっての一助となることを願っています．

　本書においては，とくに以下の点を編集の方針としています．
1　教育の原理・思想・歴史・制度などの諸分野にまたがる基本的な資料をできるだけ多く
　紹介しました．
2　学校ばかりでなく，家庭，社会がいま直面している教育問題について考える素材を提供
　するようにしました．
3　本文の記述を簡潔にし，資料の解説もできるだけ控えて，本書を利用される方が資料を
　通して「考える」ことを期待しました．
4　「読む」ことだけでなく「見る」ことを通じて理解することに重点をおくために，写真・絵・
　図などを多く掲載しました．
5　統計などの資料は可能な限り最新のものを選定しました．

　最後に，本書の刊行には，初版以来，学術図書出版社の杉浦幹男さんにお世話になりました．記して感謝申し上げます．

2022 年 3 月

執筆者一同

# 目　次

# 凡　例

1　本文の記述は原則として現代かなづかい・常用漢字によった．ただし，歴史的用語，原典の引用においては旧かなづかいのものはそのままのかたちで示した．

2　『　　』は書籍名・雑誌名を示す．「　　」は論文名，法令名，引用などを示す．

3　暦年は原則として西暦を用いたが，必要に応じて元号を（　）内に付記した．

4　登場する人名のうち外国人名には原則として原綴を示した．重要度に応じて，人名のあとに生没年も付記した．

5　資料については，次のように3つに分類して示した．グラフ・写真・絵などはまとめて＜図＞，表・年表などはまとめて＜表＞，法令・原典の引用などはまとめて＜資料＞と表記した．そして，あとにつづけて章をローマ数字で，章ごとに資料の通し番号を算用数字で付記した（例＜図＞I-1　高等哺乳類の新生児の様子）．

6　→印は関連資料または参照資料を示す．

# I章　教育の本質と目的

　現在，わが国の高校進学率は98.8%，大学・短期大学への進学率は58.6%にまで達している（2020年度）．こうした学校教育が普及したわが国においては，「学校」や「教育」は，極めて日常的で当たり前のものとなっている．

　しかし，教育の量的普及の中で，長期間の学校教育を受けることができる子どもたちが，本当の意味で幸せなのかと問われると，少し返答をためらってしまうことだろう．それは，依然として深刻ないじめの状況や不登校の児童生徒の数のみならず，「個性を尊重した教育」という言葉が，必ずしも実態を伴っていない学校教育の現実を想起するからだろう．

　明治維新から約150年，明治維新政府の大きな目標の一つであった「国民皆学」の理想が実現した現在，教育の量的普及だけではなく，教育の質を向上させること，換言すれば子どもたちにとって本当に幸せな教育を実現することが求められているといえる．

　このI章では，以上のような観点から，さまざまな資料に基づきながら，教育の本質と目的を検討してみたい．あわせて，その教育という営みに専門職として従事する教職（教員・保育士という職業）の意義も考えることとする．

## 1　教育の本質と教職の意義

### (1) 動物との比較から考える

　教育とは何か，という問題を考える糸口として，教育という営みが人間に特有な営みである点に注目してみよう．教育を必要としない一般の動物と人間はどのように異なるのだろうか．

　こうした疑問にヒントを与えてくれる良書が，スイスの動物学者アドルフ・ポルトマンが著した『人間はどこまで動物か』（岩波新書）である．ポルトマンは，人間の誕生および成長・発達が，他の動物たちとどのように同じで，どのように異なるのか，実に豊富な事例に基づいて検討している．

　それによれば，哺乳類の中でも高度な発達段階にある動物，つまり高等動物（典型的には馬，牛，サル類など）の場合は，妊娠期間がほぼ50日以上と長く，一度に生まれる子どもの数（産子数）はほぼ1〜2匹（頭）と少ない．そして，生まれたばかりの赤ちゃんは十分な体毛に覆われて，数時間後には自分の足で立つことや，小走りすることすらできる．これに対して，下等な組織段階にある動物，つまり下等動物（典型的にはネズミ，ウサギなど）の場合は，妊娠期間はほぼ20〜30日と短く，一度の産子数は5〜22匹と多い．そして，生まれたばかりの赤ちゃんは無毛であることが多く，運動能力も極めて低く，多くは巣にうずくまっている（＜表＞I-1）．ポルトマンは，この対照的な高等動物と下等動物の違いを，前者を「巣立つもの」（離巣性），後者を「巣に座っているもの」（就巣性）という言葉で表現している．

<表> I-1　就巣性と離巣性の哺乳類

| | 下等な組織体制段階 | 高等な組織体制段階 |
|---|---|---|
| 妊娠期間 | 非常に短い（たとえば 20 〜 30 日） | ながい（50 日以上） |
| 一胎ごとの子の数 | 多い（たとえば 5〜22 匹） | たいてい 1 〜 2 匹（まれに 4 匹） |
| 誕生時の子どもの状態 | 「巣に坐つているもの」（就巣性） | 「巣立つもの」（離巣性） |
| 例 | 多くの食虫類，齧歯類，イタチの類，小さな肉食獣 | 有蹄類，アザラシ，クジラ，猿猴類と猿類 |

［ポルトマン著／高木正孝訳『人間はどこまで動物か』岩波新書，1961 年］

<図> I-1　高等哺乳類の新生児の様子

<図> I-2　サル類と人間の体重増加曲線
（横軸は年齢，縦軸は体重を kg で表示）

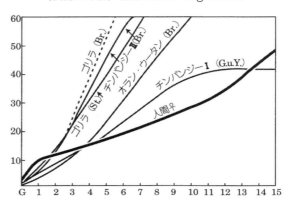

［ポルトマン著／高木正孝訳『人間はどこまで動物か』
岩波新書，1961 年］

<資料> I-1　生理的早産

　もし人間が，この意味でほんとうの哺乳類に属するとしたら，新生児は，その体の割合はおとなに似ていて，その種特有な直立姿勢をとり，そのうえ少なくともわれわれのコミュニケイションの手段としての最初の要素，つまり言語（と身振り語）をそなえているはずである．ところで，この理論的に要求される段階は，人間の発達過程のなかに事実みられるのだが，しかしその段階に達するのに，人間は生後 1 ヵ年かかるのである．いいかえると，人間は生後 1 歳になって，真の哺乳類が生まれた時に実現している発達状態に，やっとたどりつく．そうだとすると，この人間がほんとうの哺乳類なみに発達するには，われわれ人間の妊娠期間が現在よりもおよそ 1 ヵ年のばされて，約 21 ヵ月になるはずだろう．

［ポルトマン著／高木正孝訳『人間はどこまで動物か』岩波新書，1961 年］

　では，人間の場合はどうだろうか．人間は高等動物，下等動物，どちらの類型に属するのだろうか．人間の場合の妊娠期間は約 280 日，一度の産子数はほぼ一人（例外的に双子や三つ子）であることから，高等動物の特徴をもっている．ところが，人間の赤ちゃんの生まれたばかりの状態は，少し手足を動かす程度しかできず，運動能力は極めて低い．つまり，この点では下等動物の特徴を帯びていることになる．ポルトマンは，人間の赤ちゃんは，「頼りない能なし」状態で生まれてくる，と表現している．何とも不思議なことに，人間は高等動物と下等動物，この二つの特徴をもっている．このため，ポルトマンは，人間は「二次的に巣に座っているもの」としたのである．なお，ポルトマンの『人間はどこまで動物か』の原著は1951 年の出版であるが，

<資料> I-2 サル類も「二次的に巣に坐っているもの」

　脳や身長，体重の発達曲線を検討した結果，ポルトマンは有名な「人間はほとんど1年早すぎて誕生する」という生理的早産説を提唱する．この仮説は大変卓抜なものである．しかし，その後のサル学の進歩によって，人間だけが二次的に巣に坐っているものだ，という説を修正する必要が出てきた．

　彼はサル類は生まれたときから運動能力があるとして，巣だつものだときめつけているが，事実はそうではない．ニホンザルの赤ん坊は，生まれたときから目はあいているが，物を追視するのは生後5日目からである．手はつかむ力が強く，運動機能が発達しているが，足の発達は遅い．生後3日頃から這い始めるが，足は引きずったままで，7日頃からようやく足を使いだす．約20日たつと，葉や果実などを口に入れるが，固形物をのみこめるのは，ようやく80日目頃だ．それまで母乳だけで栄養をとっている．

　移動の際は，3ヵ月頃までは母ザルの腹にくっついており，それ以後は尻の上にのっかっている．自由に運動できるようになっても，行動は常に母親が中心で，母への依存度は非常に高い．母からの独立は，次の子が生まれるかどうかによってかなり違ってくる．次の子が生まれなければ，2歳になっても，まだ母ザルの乳をしゃぶっているものもいる．

　チンパンジーになると，母親への依存期間はぐっと長くなる．生後半年まではずっと母親に抱かれており，母親から1〜2メートル離れて坐るようになるのは，ようやく半年から1年の間である．離乳するのが2〜4歳で，自力で長距離の移動を開始するのは4〜5歳．母から離れて単独行動をとるのは，7〜8歳の思春期になってからである．

　以上は西田利貞さんの資料によるものだが，グドールさんによると，母親が死んだ場合，3歳までの赤ん坊は生きることができないという．母親が死亡すると，姉や兄が母代わりになって熱心に育児するが，それでも赤ん坊は育たない．

　こうしてみると，サルの赤ん坊は長期間母親に依存し，母親がいないと自力で生きることが難しい．チンパンジーの発育については，人間の場合とほとんど変わらないと見てよいだろう．赤ん坊は母ザルの胸にしっかり抱きかかえられているが，母ザルのふところはいわば巣のようなものである．巣で育つアナウサギが，ある程度成長し自力で運動できるようになると，巣穴を中心に出たり入ったりして行動するのと同じようなものだ．

　発達というのは，身体的な側面と心理や社会性の側面の両方を考えねばならない．したがって，母親への依存性もこれら二つの側面からとりあげなければならない．そうすると，サルも人間と同じく「二次的に巣に坐っているもの」とみなしてよいだろう．ポルトマンは人間の特徴をきわだって浮きぼりにしようとしたために，サル類との差異を明確にしようとしすぎて結論を急ぎ，霊長類が持つ本質を見失った感がある．

[河合雅雄著『森林がサルを生んだ』朝日文庫，1992年]

<図> I-3　人間の赤ちゃんの1年間の成長　（筆者撮影）

① 出生直後　　　　　　　② 5か月後　　　　　　　③ 12か月後

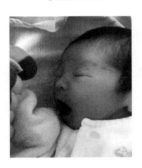  

　その後の動物学の発達に伴って，ポルトマンの研究成果を部分的に修正する研究も提起されている．そのうち，動物学者の河合雅雄は，人間に加えてサル類も「二次的に巣に座っているもの」に属すると主張している（<資料> I-2）．

　ポルトマンの研究成果からもう一つ，誕生後の成長・発達，大人（成体）になるまでの期間の動物と人間の比較を確認してみたい．それによれば，一般の動物の場合は，下等動物よりも

高等動物の方が成体（生殖可能状態）になるまでの期間が長いが，それでも大半の高等動物でも1〜3年で成体となる．最も長いサル類でも5〜6年で，チンパンジーでは8〜10年となっている．つまり，一般の動物の場合は，生後の数年間という短期間で成体となることになる．

　これに対して人間の場合はどうだろう．まず注目すべきは，生後の約1年間の成長・発達である．人間の赤ちゃんは，生後約1年間で体重が約3倍，身長も約1.5倍に急成長する．生後約1年間の体重の増加が高等動物（サル類）と比較しても急激であることは，＜図＞I-2からも確認できる．生後約1年で人間の赤ちゃんは，直立歩行や微妙な指使いができるようになり（運動能力の発達），言葉の原型のような音声を発するなど，知的な能力も急速に発達することになる（＜図＞I-3）．つまり，人間の場合は，生後1年経過することで，他の高等動物の生まれた直後の状態にまで成長・発達するともいえるのである．逆にいえば，人間はあと1年間，お母さんのお腹にいてから生まれるならば，他の高等動物と同じような状態で生まれることになる．このことを捉えて，ポルトマンは，人間は約1年も「早産」して出生すると指摘し，この人間の秘密を「生理的早産」と名付けたのである（＜資料＞I-1）．加えて，人間の場合は，18〜20年という長期間かけて大人となることも，他の動物とは大きく異なる人間固有の特徴となる．

## (2) 野生児の記録から考える

　教育とは何か，この問いに迫るために，今度は野生児の記録から考えてみたい．人間が乳幼児期に何らかの理由によって，人間の世界から引き離され，森の動物の世界で生き延びて，その後に人間の世界に戻されたという，いわゆる野生児の事例は，古代ローマを建国したという双子のロムルスとレムスの神話も含め，数多く存在する．ここでは，そうした事例の中でも，比較的信憑性が高い事例として，フランスの「アヴェロンの野生児」（＜資料＞I-3）と，インドの「狼少女アマラとカマラ」（＜資料＞I-4）を検討してみよう．

　「アヴェロンの野生児」と「狼少女アマラとカマラ」の資料から，人間の成長・発達に関して多くの重要なことを確認することができるだろう．ここでは，その主要な事項を3点にまとめておきたい．

### ① 人間（子ども）の適応能力の高さ

　「アヴェロンの野生児」のヴィクトールと名づけられた少年（推定12歳）は，森で発見された後，パリに連れてこられ，檻に入れられて見せ物とされた．この時，少年は，周囲の刺激には基本的には無関心で，感情の表出もなかった．言葉も発することはできなかった．しかし，沸騰した鍋から好物のジャガイモをつまみだしても火傷を負う事がなく，クルミや生の穀物をまるでリスのように，前歯でカリカリと忙しく噛んで食したという．

　同じことは，今から約100年前のインドで，狼の巣穴から発見されたというアマラ（推定1歳半）とカマラ（推定8歳）の場合も確認できる．どちらの少女も，周囲のことには基本的に無関心で，感情の表出もなく，直立歩行もできず四つ足で歩行した．また，水や食べ物も地べた方式で口に入れ，言葉も話さず，最初は衣服をつけるのも拒絶した．

　私たちは，誰でも当たり前のように，直立歩行したり，言葉を話したり，感情表現することができるようになる，と考えてしまう．しかし，以上の野生児の記録からは，幼い子どもが，ある一定の野生の状態に置かれた場合には，当たり前と思われる人間の能力の発達は阻害され，

<資料> I-3 アヴェロンの野生児（要旨）

① 発見された状況

　フランス革命のさなかの 1799 年 9 月，フランス南部のアヴェロン県の森の中から，裸で走り回っていた少年が捕まえられた．この少年は，12 歳くらいと推定され，ずっと以前から付近の村人によって目撃されていることなどから考えると，4 ないし 5 歳の頃に何らかの理由により森に捨てられて，それ以降森で自活していたものと思われる．この少年は後にヴィクトールと名づけられた．

　この少年は，全身に 23 箇所の傷痕があって，動物に噛まれた傷や，小枝などによる深い引っかき傷があり，森の中の自活が極めて過酷なものであったことが推測される．また，喉には刃物で切られたらしい大きな傷跡もあった．

② 見せ物にされていた時のヴィクトールの状態

　ヴィクトールは，1800 年 9 月にパリに連れてこられ，檻に入れられて見せ物にされた．現代精神医学の祖とされる高名な医者ピネルは，地下牢で鎖につながれていた精神病者を解放して，精神病院を創設して収容した人物であったが，この野生児を見るなり，そのまったくの動物的な存在に驚き，教育的効果の期待できない，いわゆる白痴であると診断した．

　この時に野生児ヴィクトールの状態は次の通りであった．

(a) 初めのうちは，絶えず落ち着かずに身体を動かしていたが，次第にうつろに過ごすだけになった．周囲の刺激に対しても無関心である．例えば，ピストルの音にも驚きを示さない．しかし，聴覚障害なのではなく，好物のクルミを割る音に対しては聞き耳を立てる．香水をかがせても自分の排せつ物の中にまみれている時と同じく，まったく反応はない．しかし，嗅覚障害なのではなく，何か特定の臭いがするところへ鼻をもってゆき，嗅ぐ癖がある．

(b) 人に対しては，時には反抗的にかみついたり引っかいたりすることもあるが，ほとんど無関心であり，親切に世話をしてくれた人々に親しみの感情を表すこともない．

(c) 厳寒の冬に，半裸体のままで，湿っぽい地面に数時間うずくまっていても平気である．沸騰したなべの中から，好物のジャガイモをつまみ出しても，指に火傷を負うこともない．

(d) クルミ，生の穀物，ジャガイモなどが好物で，これらを両手ではさんで口に持ってゆき，ちょうどリスのように，前歯でカリカリと忙しく噛んで食べる．

(e) かすれた喉頭音のような音を出すだけで，音声にはならない．従って，言葉を発することもない．

③ イタールによる教育的働きかけとその効果

　ピネルはヴィクトールを白痴と断定して，教育的効果の可能性を否定したが，当時まだ 25 歳であった医師のイタールは，適切な環境を整えることにより，ヴィクトールをその野生の状態から抜け出させることができると考え，以下のような教育実践を開始した．

(a) 環境の整備．環境を整えて，少年が落ち着いて安心して生活できる居場所を確保し，保育者としてゲラン夫人が親身になって少年を世話した．まずは，少年のやりたい通りやらせることにする．

　この結果，ヴィクトールは，安心できる自分の居場所を保障され，その中で自分の思い通りにできることで，＜食べること＞，＜眠ること＞，＜動くこと＞，という基本的な行動の区切りがはっきりするようになった．同時に，無表情，無関心だったヴィクトールは，次第に喜びや怒りといった情動の表出が見られるようになった．

(b) 身体への刺激に反応できるようにすること．人間らしい行動ができるためには，微妙な刺激にもそれに応じた適切な反応ができるようにしなければならない．そこで，わざと毎日 2〜3 時間，高温の風呂にいれ，そのお湯を頭から何回もかけてやった．また，ゲラン夫人は毎日，熱心に乾布摩擦をしてやった．

　この結果，ヴィクトールは，進んで着物を着るようになり，夜中失禁しないように起きるようになり，また風呂の湯加減を調べたり，ジャガイモの煮え加減を調べたりするようになった．つまり，熱さや寒さを識別できるようになったのであり，野生的な「強さ」は失われていった．「人間らしさ」は野生的な「強さ」を失うことで獲得できたのである．

(c) 他者との関係やしきたりの中で行動できるようにすること．イタールとゲラン夫人が服装を整え，次いでヴィクトールの服装を整えてあげる．このことを何度も繰り返すことで，イタールが服装を整え始めると，ヴィクトールも大急ぎで自分から服装を着替えるようになった．着替えた後は，馬車に乗り，公園に行ったり，ごちそうを食べたりした．ゲラン夫人が病気で 2 週間ばかり外出できなかった時，ヴィクトールはその理由が分りじっと我慢した．夫人が病床を離れ，外出の準備をしているのを見てヴィクトールは喜んで興奮していたが，夫人は一人で外出してしまったため，開いていた門から脱走してしまった．パリから約 20 km の森に入り込んで，空腹のあまりパリの近くまで戻ってきたところを，浮浪児として捕まえら

れた．脱走から2週間後に再会できたゲラン夫人を見て，ヴィクトールは真っ青になり，意識を失っている．意識が戻り夫人に抱かれているのに気づくと，生き生きとした表情で喜びを表した．

④　ヴィクトールに対するイタールの教育実践は，1801年から約6年間続けられた．ヴィクトールは，1828年に推定40歳でこの世を去った．ヴィクトールは，以上のように人間らしさを徐々に回復していったが，最後まで言葉らしい言葉を発することはなかった．

［イタール著／古武彌正訳『アヴェロンの野生児』福村出版，1975年，深谷澄男「実践研究のための心理学の基礎と視点」『帝京大学理工学部研究年報人文編』第4号，1994年］

＜資料＞I-4　インドの狼少女（要旨）

① 捕獲された状況

　1920年のこと，インドの東北部で，髪の毛のかたまりの中から人間らしい顔が見える2匹の＜化け物＞が狼と一緒に徘徊していた．シング牧師が狼の巣穴を見つけて中を探してみると，2匹の狼が逃げ出し，巣穴の奥に＜化け物＞たちがいた．

　捕獲された二人とも少女で，一人は推定8歳で後にカマラ（桃色のはすの花の意）と名づけられ，もう一人は推定1歳半で，アマラ（明るい黄色い花の意）と名づけられた．

② 狼少女の最初の状態

(a) 両手と両足が，普通の人間よりも長く，手は膝のところまで伸びていた．腰と膝の関節は柔軟性がなくなっていて，伸ばすことができない．手のひらと膝と足にはタコができていた．

(b) 直立歩行はできず，四つ足で歩き回った．歩くときは両膝を使い，走るときは両手と両足を使い，走ると大人でも追いつけないほどであった．

(c) 顎の関節は弾力があって，普通の人間よりも口が大きく開く．犬歯が普通の人間よりも長く尖っていた．

(d) 食べ方は，地べた方式で，地面に置いた生肉を手で押さえ，口で引き裂いて食べた．水は舌で巻き上げて飲んだ．

(e) 暗闇を好み，明るいところでは目を細める．日中は眠っていたり，ぼんやりとうずくまっている．夜になると活気づき，歩きまわり，遠吠えをあげた．

(f) 裸でいて，衣服をつけるのを拒んだ．日なたにいても，汗をかくことはほとんどなく，舌を出して忙しく息を大きく吐いている．

③ シング夫妻の献身的世話とその効果

　狼少女は，シング牧師の孤児院に引き取られ，夫妻の献身的な世話を受けることになる．特に，夫人は毎日全身のマッサージを行った．主な変化は以下の通り．

(a) 2か月目にアマラは，水を意味する＜ブー＞という音声を発したが，カマラは見ているだけ．9か月目で，アマラは夫人からビスケットを受け取るようになるが，カマラは最初見ているだけ．人間社会への順応する兆しはいつもアマラからであった．

(b) 11か月目にアマラが死亡．この時カマラは2日間も飲み食いせず，アマラの死んだ場所から6日間も動こうとしなかった．この時，初めてカマラは涙を流した．

(c) この状態から抜け出すためにも，夫人は一層マッサージに励み，2～3週間してカマラの方から夫人に積極的に近づくようになった．食べ物をねだったり，マッサージを促すしぐさもした．

(d) 1年4か月で，両膝で立つことができ，2年7か月目で支えなしで両足で立ったが，歩行はできない．6年目にしてようやく直立歩行ができた．

(e) 2年目に，夫人を＜マー＞と呼び，水が欲しい時には＜ブーブー＞と言った．6年目までに45の言葉を使うようになる．

(f) 6年目には，表情も豊かになり，例えば別れを悲しみ，再会を喜び，恥ずかしいと顔を赤らめた．暗闇や犬を怖がるようになった．

　1929年11月，カマラ病死．推定16歳

［シング著／中野・清水訳『狼に育てられた子―カマラとアマラの養育日記―』
福村出版，1977年，深谷澄男「実践研究のための心理学の基礎と視点」
『帝京大学理工学部研究年報人文編』第4号，1994年］

<図> I-4　インドの狼少女

◆地面に置かれた皿の食べ物をなめて食べる狼少女

◆ 外に出ようとして，ドアをひっかいている

◆ シング夫人からビスケットをもらうカマラ

◆初めて立ち上がったカマラ

［シング著／中野・清水訳「狼に育てられた子―カマラとアマラの養育日記―」福村出版，1977 年］

限りなく動物の状態へと成長してしまうことを確認できる．つまり，人間（子ども）は，その生育過程における環境に応じた成長・発達をすることが可能であり，適応能力（順応能力）が極めて高いということができる．

② **愛情を持った養育と適切な環境整備の重要性**

　「アヴェロンの野生児」のヴィクトールが変化する契機となったのは，青年医師イタールが，ヴィクトールを檻から出し，落ち着いて生活できる適切な環境を整備し，保育者としてのゲラン夫人が親身になってお世話をするようになってからであった．しばらくして，ヴィクトールは，感情の表出が見られ，進んで衣服を着けるようになり，ジャガイモの煮え加減を調べたりするほどにもなったという．同様に，インドの狼少女の場合も，シング牧師の孤児院に引き取られ，シング夫妻の献身的なお世話を受け，特に夫人が熱心にマッサージを施すようになると，感情の表出，直立歩行，言葉の使用といった人間らしい能力を徐々に獲得していった．つまり，限りなく動物的な能力を成長・発達させていた野生児たちは，人間の世界に戻され，しかも適切な環境の整備と親身になってお世話する大人が関わることによって，遅ればせながら人間らしい能力を獲得（回復）することができたのである．

### ③ 適切な時期に養育をすることの重要性

　「アヴェロンの野生児」のヴィクトールは，推定12歳で動物の世界から人間の世界に引き戻された．資料のとおり，ヴィクトールは医師イタールによる適切な環境整備とゲラン夫人による献身的なお世話を受けることで，徐々に野性的な「強さ」を失い，徐々に人間的な能力を獲得した．しかし，ヴィクトールは推定40歳で死亡するまで言葉を話すことができなかった．一方，インドの狼少女の場合，シング夫人の献身的なお世話に対して，推定1歳半のアマラの方は推定8歳のカマラよりも敏感に反応を示し，言葉に近い音声を発したり，食べ物を手で受け取るようになった．残念ながら，アマラは孤児院に引き取られて11か月後に死亡し，その後の変化は確認できない．カマラはアマラが死亡した時に，初めて涙を流したことを契機に，徐々にシング夫人に近づくようになり，6年目には直立歩行ができるようになり，45の言葉（単語）を使用できるまでになった．こうした事例から，人間的な能力を獲得するためには，適切な環境整備に加えて，適切な時期に養育を受けることの重要性を確認することができるだろう．

　なお，野生児の記録，特に「狼少女アマラとカマラ」にはその信憑性を疑う指摘もある．狼の母乳の成分を人間の赤ちゃんは消化できないこと，残された写真も合成されたものである可能性がある等，さまざまな指摘がされている．鈴木光太郎氏は，その著『オオカミ少女はいなかった』（新曜社，2008年）で，何らかの理由で森に捨てられた少女をシング牧師が発見し引き取ったことが報道され，質問に答える過程で，「狼少女」の話しが捏造されたことが，真相であると結論づけている．一方で鈴木氏は，「アヴェロンの野生児」の記録は，「イタールによるしっかりした記録が残っている」から真実である，とも指摘する．

　確かに，アマラとカマラが一定期間でも狼によって育てられ，一緒に森の中で生活していたということは信憑性に欠ける可能性はある．しかし，人間形成に関わる私たちが注目すべきは，アマラとカマラが人間世界に戻されてからの人間的な能力の獲得プロセスが，ヴィクトールのそれと極めて類似している事実であろう．私たちは，この事実から，人間（子ども）の成長・発達に関する重要な知見を得ることができるからである．

### (3) 教育の本質と教職の意義

　ここでは，以上で検討してきた動物と人間の比較及び野生児の記録を総合することから，教育の本質に迫り，さらに教職の意義を考えてみたい．

　動物との比較から人間の成長・発達を見ると，人間の赤ちゃんは一般の高等動物とは異なり，下等動物のような「頼りない能なし」状態で生まれること，しかし生後約1年間に急速に運動能力・知的能力を発達させ，その後は大人になるまでに約20年という異例の長期間を必要とすることを確認した．一般の動物は，短期間で成体となり，それ以上の成長はなくなる（固定化する）のに対して，人間（子ども）の場合は，約20年近く大人になりきらないで，不安定な期間を過ごすことになる．換言すれば大人になりきらない，不安定な期間という意味での「弱さ」の期間が長いことが，人間の大きな特徴なのである．そして，この「弱さ」こそが，人間的な能力を獲得することができる可能性を意味しているともいえる．

　ヴィクトール，アマラとカマラのような「野生児」たちは，「弱さ」の時期の多くを動物の世界で生活することで，人間的な能力を成長・発達させることができず，むしろ限りなく動物的な成長・発達をしてしまったと考えられる．その意味で，子どもとしての「弱さ」の期間は，どのような能力を獲得するかは未決定であり，どのような能力を持つ存在として成長・発達す

るか，その可能性は無限に開かれているともいえる.

　では，人間（子ども）はその「弱さ」の期間に，どのようにして人間的な能力を獲得し，人間らしく成長・発達するのだろうか. それは，徐々に人間的な能力を獲得（回復）していった野生児の記録で確認したとおり，人間にふさわしい環境の中で，人間（子ども）自身が「学び」というプロセスを通して獲得するのだといえるだろう. 人間（子ども）の適応能力の高さは，「学び」という能力の高さでもある. したがって，子どもは「学ぶ存在」と捉えることができる. この「学ぶ存在」である人間（子ども）が，その「学び」という機能を全開させて，人間的な能力を獲得できるためには，周囲の大人（特に親）による適切な時期での適切な養育・支援や働きかけが不可欠である.

　「教育」とは何か，その本質をめぐってさまざまな議論があるが，以上を踏まえるならば，次のようにいうことができるだろう. すなわち，「学ぶ存在」である人間（子ども）が，人間的な能力を「学び」を通して獲得できるように，周囲の大人たちが適切な時期に適切な養育や支援や働きかけを行う営みのことを，最も広い意味で「教育」と名づけることができる. こうした意味での「教育」は，人間（子ども）が人間的な能力を獲得する上では絶対に欠かすことができない営みであり，人間固有の営みでもあるといえるだろう. こうしたことを踏まえて，ドイツの哲学者カント（1724-1804 年）は，「人間とは教育されなければならない唯一の被造物である.」と指摘している.

　「教育」という営みとその重要性や必要性を以上のように理解すれば，その教育の営みを専門的に担う人材・職業の重要性や必要性も，自ずとまた理解することができるだろう. すなわち，人間（子ども）が「学び」を通して，人間として必要な能力を獲得し，成長・発達することができることを目的に，適切な時期に適切な環境を整備し，適切な支援や働きかけを行うことを主たる職務とする専門職が「教職」（幼児・児童・生徒への教育に従事する職業・職務）であるといえる. したがって，教職は人間（子ども）の成長・発達にとっても，また人間によって構成される社会の発展にとっても，極めて重要かつ意義ある職務（職業）なのである. もとより，職業や仕事に貴賤はないが，保育士や学校の教員という職業（教職）は，人間社会には絶対に欠かすことができない重要な職業であり，それだけにまた教職に従事する者には，教育者としての使命感や責任感を含めた高い資質・能力が求められることになる（＜資料＞I-5）.

＜資料＞I-5　中央教育審議会答申「これからの学校教育を担う教員の資質能力の向上について〜学び合い，高め合う教員育成コミュニティの構築に向けて〜」より抜粋（平成 27 年 12 月）

> 　教員が備えるべき資質能力については，例えば使命感や責任感，教育的愛情，教科や教職に関する専門的知識，実践的指導力，総合的人間力，コミュニケーション能力等がこれまでの答申等においても繰り返し提言されてきたところである. これら教員として不易の資質能力は引き続き教員に求められる.
> 　今後，改めて教員が高度専門職業人として認識されるために，学び続ける教員像の確立が強く求められる. このため，これからの教員には，自律的に学ぶ姿勢を持ち，時代の変化や自らのキャリアステージに応じて求められる資質能力を，生涯にわたって高めていくことのできる力も必要とされる. また，変化の激しい社会を生き抜いていける人材を育成していくためには，教員自身が時代や社会，環境の変化を的確につかみ取り，その時々の状況に応じた適切な学びを提供していくことが求められることから，教員は，常に探究心や学び続ける意識を持つこととともに，情報を適切に収集し，選択し，活用する能力や知識を有機的に結びつけ構造化する力を身に付けることが求められる.
> 　さらに，子供たち一人一人がそれぞれの夢や目標の実現に向けて，自らの人生を切り開くことができるよう，これからの時代に生きる子供たちをどう育成すべきかについての目標を組織として共有し，その育成のために確固たる信念をもって取り組んでいく姿勢が必要である.（以下，省略）

## 2　教育の目的

### (1)　物知りへの教育か真理追求の援助としての教育か

　われわれは，何のために学ぶのか，また教師は何のために生徒を教育するのだろうか．この教育の根本的課題に，最初の原理的な考え方が提起されたのは古代ギリシアの時代であった．古代ギリシアのポリス（都市国家）での教育は，スパルタに代表されるように，きわめて国家主義的な特徴を有していた（<資料> I-6）．しかし，ギリシアの存亡を賭けたペルシア戦争（**B.C.** 492-449）の勝利を転機として，アテネでは，市民参加による民主政治が発達し，教育のあり

<資料> I-6　スパルタの子どもとその教育

① 出生
　子どもは父親が勝手に育てることが許されず，レスケー（閑談所）と呼ばれる場所までいだいていった．そこでは部族の長老が控えていて，赤子を検査し，しっかりしていて力が強ければ育てるように命じ，9千口ある土地をこれにあてがうが，生まれそこなってぶかっこうであれば，生きていたところで自分のためにも国家のためにもいいことはないから，ターユゲントのふもとにあるアポテタイという深い淵のようなところへやってしまう．

② 7歳以降の教育
　子どもが7歳に達すると，……いくつかの組に配分し，たがいに同じ規律の下に，同じ食物を食べて生活させ，遊戯も学習も共にするようにしつけた．子どもたちの中でも思慮に秀で，戦いに勇敢なものを組の頭に任じ，ほかの子どもはいつもこの子どもを見ていて，その命令を聞き，その懲罰に服し，子どもの教育というものが服従の修練になるようにした．……読み書きは，実用のために習った．その他すべての修行もよく命令に服することや骨折りに堪えることや戦って勝つことのために行われた．そこで年齢が進むにつれて，修行は一層厳しくなり，頭の髪は根本までそり，裸足で歩き，大抵の場合，裸で競技するように馴れさせられた．12歳になると，もう下着なしですませ，……眠るときには，隊や組に分かれて一緒に草の床に眠るが，その床はエウロータ河の淵に生えているアシの先の方を，刃物を使わずに手で折って自分でまとめてつくる．

③ 成人の生活
　教育は成人に至るまで続けられた．何事も自分の好きなように生活することは許されないで，都市においても軍営にあるように，一定の生活方法を保ち，公のための仕事に従い，どんな場合にも自分が自分のものではなく，祖国のものであると考えて，別に何か仕事を与えられていなくても，子どもを監督し，何か有益なことを教え，もしくは自分も年長の者から習っていくのである．

[プルターク著／河野輿一訳『英雄伝』岩波文庫，1952年]

<図> I-5　ソクラテス（Sokrates, B.C.470-399）

◆古代ギリシアのポリス，アテネの哲学者．両親については諸説があるが，一般的には父親は彫刻家（石工），母親は産婆であったとされる．彼は，肉体的にも精神的にも異常な力を持ち，当時のアテネでも有名な「変人」であった．
　この「変人」ソクラテスが独自の哲学的思索を展開させる上での大転機が，デルフォイの神託であった．ソクラテスは，この神託の謎を解く過程で，「無知の知」の重要性を認識するに至った．しかし，この精神的革命以後のソクラテスが行った教育活動は，アテネの市民の反発を招き，70歳の時に裁判にかけられ，死刑の判決を受けた．ソクラテスは，幾度も死刑を免れる機会はあったが，毅然として毒杯を仰いで刑死した．
[中野幸次著『ソクラテス　人と思想3』清水書院，1967年]

方もしだいに個人主義的傾向を強くしていった.

　こうした状況で,若者の旺盛な知識欲に応えて,高額な報酬と引き替えに各種の実践的知識（特に弁論術）を教授する教師たち（ソフィスト）が多数出現した.それに対して,ソフィストの教育のあり方とは対照的な教育活動を展開していた人物がソクラテス（<図> I-5）であっ

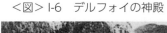

<図> I-6　デルフォイの神殿

◆ギリシアで最も高いパルナソス山の中腹に位置するデルフォイには,アポロン神を祭る大神殿があり,全ギリシア世界の崇拝を集めていた.ギリシア人は何事によらず,このアポロンの神託を重んじていた.神殿の周囲には,諸国からの奉納品を納める宝庫や記念碑が立ち並び,劇場も設けられていた.

　　［高津春繁・斎藤忍随著『ギリシア・ローマ古典文学案内』
　　　　　　　　　　　　岩波文庫,1963 年］

<資料> I-7　ソクラテスの「無知の知」と教育活動

①「無知の知」
　そのことを私は聞いて,こういうふうに考えたものである.『あの神様は何をいったい言おうとしておられるのか,つまりその謎はいったい何なのか.というのは,私は実際自分が多かれ少なかれ決して知者ではない,ということをよく知っているのだから.すると,私が,一番の知者であるということをおっしゃることによって,何をいったい言おうとしていられるのか.というのは嘘なぞ,よもやつかれることはあるまいから.それは神様には許されていないのだから.』そして長い間,何を,いったい,言おうとしていられるのかについて,疑いまどったあげく,全くしぶしぶと,何か次のような探求にとりかかったのである.
　つまり,知者だと思われている人のところへ赴いたのである.……そこで,この人をよく調べてみて,……この男は他の人々が知者だと思っているばかりでなく,自分自身がそうだと一番多く思っているが,実はそうではない,と考えるにいたった.……そこから帰る道々,ひとり心に考えた,この人間より私の方が知者である,なぜならわれわれのどちらも立派で善いことは何も知っていないようだが,この人の方は知らないのに,知っていると思っているけれど,私の方は実際知っていないので,まだその通りに,知っていないと思っているからである.かくてこの人より,ちょうどこの些細な点で,つまり,知っていないことがあれば,それを知っていないと思うという点で,知者であるようだ,と.そこから私はその人より知者であると思われている人々のうちの他の一人のところへ赴いた,そして先のと同じ考えを抱くにいたった,そしてそこでも,その人のみならず,その他の多くの人々に嫌われることになった.

② ソクラテスの教育活動
　私は,アテナイ人諸君,諸君をたいへん敬い愛してはいるが,しかし諸君よりも一層多く神様に服従するだろう,そして息の根があって,力の及ぶ限りは,哲学をして,諸君に忠告し,まだ諸君のうちにたまたま私の出逢う人があれば,そのたびに私の考えを示してやることを,断じてやめないだろう.私のいつも言うことを言って,つまり『はばかりながら,君,君は知恵と力とにかけては最も優れていて,最も評判のよい国,アテナイの民でありながら,金銭のことでは,どうすれば出来るだけたくさん君の手に入るかということに,また評判や栄誉のことに心掛けるのに,叡知や真理のことに,また魂のことでは,それがどうすれば一番優れたものになるかということに心掛けもせず,工夫もしないのが恥かしくないのか』と.そしてもし諸君の誰かが異議を申し立てて,心掛けていると主張するなら,すぐには彼を放免しないだろう,また私も立ち去らないだろう,むしろ私は彼に問いかけ,取り調べ,反駁するだろう,そしてもし徳を所有していないのに,そう主張しているように私に思われるなら,彼は最も大切なことを最も些細なことだと考え,くだらぬことの方を一層大切なことだと考えると言って非難するだろう.そのことは若者にせよ年寄にせよ,たまたま私の出逢った人には誰にでもしてやるだろう,また他国の人にも国の人にも,しかし国の人々には,血縁が私に一層近いだけに,それだけ一層多くしてやるだろう.というのはそれは,諸君,よろしいかね,神様がお命じになることだからである.

　　　　　　　　［プラトン著／山本光雄訳『ソクラテスの弁明』角川文庫,1954 年］

<資料> I-8　林竹二の教育論

学ぶということは，学問を通して，自己を再形成するという厳しい作業が含まれている．一定の単位を揃えて，卒業の条件を満たすこととは根本的に違うのである．大学が大学に成るために求められているものは何なのか．入ってきた学生に対する『教育』である．教育は一定の事を教えて，これを覚えさせることではない．学生が自ら学ぶことを助ける仕事が，教育である．

　私は，深い授業というものは，自分自身との格闘を含んでいるのだと思います．自分がこうだと思いこんでいたことが到底維持できないのだと認めるまで，追いつめられていくのですね．非常にショックを受け，自分との格闘がはじまる．自分との格闘なしには，本当の学習は成立しないのです．ただ借り物の知識の操作があって，学習のないのが，現在の学校の授業の実態ではないでしょうか．だが，それとはまったく異質な授業，自分との格闘が行われて，新しい視野が開かれてくるような授業の中に，子どもは本当に学ぶことの楽しさを見い出しているのです．沖縄の久茂地小学校の６年生が，『人間について』の授業を受けて，『自分たち人間のことを知っていたようでも，何にも知らなかった私．このことがわかったときのうれしさは，きっと忘れないだろう』と書いています．これはまさに，ソクラテスの理論が小学生によって実証されたことを意味しています．ソクラテスは学問というものはカタルシス（浄化）だといっています．通俗な意見とか見解というものを，きびしい吟味にかけて，これを，アカみたいにくっついているものを洗い去って，そして魂を清める．それが学問なのです．

[林竹二著『教育の再生をもとめて』筑摩書房，1977 年]

た．ソクラテスは，デルフォイ（<図> I-6）の神託の意味を追求する過程で，「無知の知」という重要な考え方に到達し，それ以後毎日，街中で若者との対話という形態での教育活動を行った（<資料> I-7）．このソクラテスの教育活動は，当時のアテネの人々には受け入れられず，彼は毒杯を仰いで刑死しなければならなかった．しかし，ソクラテスの教育活動は，今日に至るまで教育の意味についての根元的な問いを提示し続けている．このソクラテスの教育活動から強い影響を受けた教育学者に林竹二（1906-85）がいる．林竹二は，宮城教育大学学長の傍ら，全国の小中高校で約 300 回の授業を行ったことで知られる（<資科> I-8）．

## （2）義務としての教育

　学校を意味する英語の school やドイツ語の Schule の語源が，古代ギリシア語で「閑暇」を意味する scholé（スコレーまたはスコーレ）であったことに象徴されるように，学校で教育を

<図> I-7　マルティン・ルター (Martin Luther, 1483-1546)

◆ドイツの宗教改革者．エルフルト大学で文学，法学を学んでいたが，シュトッテルハイムでの落雷の中で死への恐怖に直面し，突如修道院に入る決心をした．その後，ェルフルトのアウグスティヌス修道院に入り，1506 年修道士，翌年には司祭に叙せられ，1512 年には神学博士となり，ヴィッテンベルク大学の聖書学教授となった．

　「塔の経験」といわれる修道院での苦悩に充ちた修行の中で，「信仰のみによって義とされる」という教義的原理に到達していたが，公言することは控えていた．ところが，折からのカトリック教会による免罪符発行に抗議して，1517 年ヴィッテンベルク城教会の扉に 95 カ条からなる提題を発表した．この彼の行為がいわゆる宗教改革の発端となった．カトリック教会から破門された後，ザクセン選挙侯などのルター派領主の庇護の下で，聖書のドイツ語訳，『キリスト者の自由』をはじめとする多くの著作を残し，r 義務」としての教育の思想を展開した．

[金子晴勇著『宗教改革の精神』中公新書，1977 年]

受けることができたのは社会的に支配的地位にある裕福な階層の子弟に限られていた．つまり，一般大衆の子弟は長らく学校とそこでの教育の対象から除外されていた．しかし，ドイツのマルティン・ルター（＜図＞I-7）は，宗教改革の過程で，その独自の宗教観の帰結として，一般大衆の子弟をも含めたすべての子どもの「義務としての教育」という考え方を提唱するに至った（＜資料＞I-9）．このルターによる宗教的動機からの義務教育構想が最もよく具体化された事例として，中部ドイツの小国ゴータ公国のいわゆる「ゴータ教育令」（1642 年）がある（＜資料＞I-10）．

　また，ルターからやや後れてスイスで宗教改革を行ったカルヴァンの教義を信仰する一派（ピューリタン）が，新大陸で神の国を建設する過程でも，いわば宗教的動機から住民すべてに教育を義務づける法律が制定されている（＜資料＞I-11）．

　19 世紀後半に各国が義務教育制度を整備する際のモデルとなったのは，ドイツ，その中でも特にプロイセンのそれであった．プロイセンはもともとドイツ北東地域の貧しい領邦であったが，18 世紀にはいると歴代の国王が民衆教育の促進を含む積極的な富国強兵・殖産興業政

#### ＜資料＞ I-9　ルターの義務教育思想

① 私は，政府にはその人民を強制して彼らの子どもを，とくに上に述べた子どもを，学校に就学させるようにする責任があると考える．なぜなら政府は真に上述の職分と身分，すなわち説教師，法官，教区長，書記，医師などを維持する責任を有するからである．もし政府に戦争に際して人民に槍や鉄砲をかつがせ，城壁をよじのぼらせることを強制する権限があるなら，政府にはそれ以上に，人民をしてその子弟を学校に就学させるように強制する権限があるはずである．
　　　　　　　（ルター「人はその子を学校に入学させるべきであることについての説教」1530 年）
② 権力者と両親には，彼らがよくおさめ，子どもを学校に行かせることに努力することは，彼らの責任であることを指示し，彼らがそれをなさない時には，呪われるべき罪を犯すことだということを知らせなさい．というのは，彼らはそれによって，……神の国とこの世とをともに破壊し，荒らすからである．
　　　　　　　　　　　　　　　　　　　　　　　　　　　　　　（ルター『小教義問答書』1529 年）
③ 神が，私たちに子どもを授けたもうたのは，私たちが彼らを神の御心に従って育てあげ，治め導くためである．……それゆえに各人に，何はさておき，自分の子どもたちが，神を恐れ，神を知るように養育し，もし子どもに才能があれば，他日必要な事柄に用いることができるように，勉学させる義務があり，万一これを怠れば，神の恩恵を失わねばならないということを知るべきである．……もしこれらのことが実行されるならば，……有能な人物が養育されて，国土も国民も改善される．　　　（ルター『大教義問答書』1529 年）

#### ＜資料＞ I-10　ゴータ教育令（1642 年）（抄）

　正式名称「神の御加護により，ゴータ公国領内の村落男女，および都市における学校生徒中の下級児童を，短期間に，しかも有益に教育し得ること，また教育すべきことについての特別布達」
第 49 条　児童はいずれの土地においても，全て男女を問わず，1 年中を通じて継続的に学校に就学しなければならない．
第 361 条　父母は 5 歳以上 12 歳以下の子どもで，まだ文字の読めない者を全て就学させなければならない．この義務をまったく怠り，あるいは忠実に履行しない者は，何人たるを問わず処罰される．

#### ＜資料＞ I-11　マサチューセッツ教育法（1642 年）（抄）

　本議会は多くの親たちや主人たちが学問と労働ならびにその他の，わが共和国（コモン・ウェルス）によって有益な仕事において，その子どもたちを訓育することを怠りつつあることの著しいのにかんがみ，ここに各タウンにおいて，タウンの事を思慮深く処理するために選ばれた代表者たちは，今後この悪弊を改善する責務を負うよう命ずる．この責務を怠る代表者は罰金を課されるであろう．……またこの目的のためにタウンの代表者たちは常時，すべての親や主人およびその子どもたちを監督し，特に子どもたちの読書力および宗教の原理ならびにわが国の主要法令についての理解の程度を監督し，かつかかる監督を拒む者に対しては罰金を課する権限を与えられる．

策を推進し，急速に勢力を伸ばした．この時期に出されたプロイセンの就学義務令の中でも最も有名なものが，啓蒙専制君主フリードリヒ大王が制定した「一般地方学事通則」（＜資料＞Ⅰ-12）である．この場合，フリードリヒ大王が就学義務制度を整備するにあたっては，宗教的動機よりもきわめて政治的な動機が作用していたことが，＜資料＞Ⅰ-13 から読みとれるであろう．

＜資料＞Ⅰ-12　プロイセン一般地方学事通則（1762 年）（抄）

> 第1条　朕はまず第一に命令する．すべての臣民は，両親，後見人あるいは領主として青少年の教育に責任をもつものである以上，自分の子どもまたは後見をゆだねられている子どもをおそくとも 5 歳または 6 歳以後，学校に就学させなければならない．そして，13 歳または 14 歳まで就学を秩序正しく継続させ，彼らがキリスト教の必須事項を修得し，よく読み書きできると共に，朕が宗務局によって指定あるいは認可された教科書によって教授される事項について，（学業査察を行う説教師の試問に）受け答えができるようになるまで学校に在学させなければならない．

＜資料＞Ⅰ-13　フリードリヒ大王の民衆教育観

> （宗教教育の他には）田舎においては，少しばかりの読み書きを習っておけば，それでたくさんだ．もしそうでなく，彼らがあまりたくさんのことを知りすぎると，都市に出て，書記とかそうした類いのものになりたがる．だから，農村での人民の教育は，彼らがどうしても知っておく必要のあることだけを，しかも彼らが農村から逃げ出さないで，おとなしくそこに止まっているようになるようなやり方で，教えるようにしなければならない．

[1779 年のフリードリヒ大王の書簡　梅根悟著『世界教育史』新評論，1967 年]

＜資料＞Ⅰ-14　学事奨励に関する被仰出書（学制序文，1872 年）

> 第二百十四号
> 人々自ら其身を立て其の産を治め其業を昌にして以て其生を遂るゆゑんのものは他なし身を脩め智を開き才芸を長ずるによるなり而て其身を脩め智を開き才芸を長ずるは学にあらざれば能わず是れ学校の設けあるゆゑんにして日用常行言語書算を初め士官農商百工技芸及び法律政治天文医療等に至る迄凡人の営むところの事学あらざるはなし人能く其才のあるところに応じ勉励して之に従事ししかして後初て生を治め産を興し業を昌にするを得べしされば学問は身を立るの財本ともいふべきものにして人たるもの誰か学ばずして可ならんや夫の道路に迷い飢餓に陥り家を破り身を喪の徒の如きは畢竟不学よりしてかゝる過ちを生ずるなり従来学校の設ありてより年を歴ること久しといへども或は其道を得ざるよりして人其方向を誤り学問は士人以上の事とし農工商及婦女子に至つては之を度外におき学問の何物たるを弁ぜず又士人以上の稀に学ぶものも動もすれば国家の為にすと唱へ身を立るの基たるを知ずして或は詞章記誦の末に趣り空理虚談の途に陥り其論高尚に似たりといへども之を身に行ひ事に施すこと能ざるもの少からず是すなはち沿襲の習弊にして文明普ねからず才芸の長ぜずして貧乏破産喪家の徒多きゆゑんなり是故に人たるものは学ばずんばあるべからず之を学ぶに宜しく其旨を誤るべからず之に依て今般文部省に於て学制を定め追々教則をも改正し布告に及ぶべきにつき自今以後一般の人民 <sub>華士族農工商及婦女子</sub> 必ず邑に不学の戸なく家に不学の人なからしめん事を期す人の父兄たるもの宜しく此意を体認し其愛育の情を厚くし其子弟をして必ず学に従事せしめざるべからざるものなり
> 高上の学に至ては其人の材能に任かすといへども幼童の子弟は男女の別なく小学に従事せしめざるものは其父兄の越度たるべき事
> 　但従来沿襲の弊学問は士人以上の事とし国家の為にすと唱ふるを以て学費及其衣食の用に至る迄多く官に依頼し之を給するに非ざれば学ばざる事と思ひ一生を自棄するもの少からず是皆惑へるの甚しきもの也自今以後此等の弊を改め一般の人民他事を拋ち自ら奮て必ず学に従事せしむべき様心得べき事
> 右之通被　仰出候条地方官ニ於テ辺隅小民ニ至ル迄不洩様便宜解釈ヲ加ヘ精細申諭文部省規則ニ随ヒ学問普及致候様方法ヲ設可施行事
> 　　　　明治五年壬申七月　　　　　　　　　　　　　　　　　　　　　　　　太　政　官

＜資料＞Ⅰ-15　「学制」につき太政官への文部省からの伺書（1872 年）（抄）

> 　国家ノ以テ富国安康ナルユエンノモノ世ノ文明人ノ才芸大ニ進長スルモノニヨラサルハナシ而シテ文明ノ以テ文明トスルユエンノモノ一般人民ノ文明ナルニヨレハナリ一般人民文明ナラスタトヘ一二ノ聖賢アリトイヘトモ文明ニ関スルモノ幾何ソ是字国王人民ヲ督励シ駆テ学ニ就カシムルユエンニシテ……

<資料> I-16 小学校令（1886 年）（抄）

| |
|---|
| 第 1 条　小学校ラ分チテ高等尋常ノ二等トス |
| 第 3 条　児童 6 年ヨリ 14 年二至ル 8 箇年ヲ以テ学齢トシ父母後見人等ハ其学齢児童ヲシテ普通教育ヲ得セシムルノ義務アルモノトス |
| 第 4 条　父母後見人等ハ其学齢児童ノ尋常小学科ヲ卒ラサル間ハ就学セシムヘシ |

<資料> I-17　第 2 次小学校令（1890 年）（抄）

| |
|---|
| 第 1 条　　小学校ハ児童身体ノ発達二留意シテ道徳教育及国民教育ノ基礎並其生活二必須ナル普通ノ知識技能ラ授クルヲ以テ本旨トス |
| 第 20 条　児童満 6 歳ヨリ満 14 歳二至ル 8 箇年ヲ以テ学齢トス |
| 　　　　学齢児童ラ保護スヘキ者ハ其齢児童ヲシテ尋常小学校ノ教科ヲ卒ラサル間ハ就学セシムルノ義務アルモノトス |

<資料> I-18　教育二関スル勅語

朕惟フニ我カ皇祖皇宗國ヲ肇ムルコト宏遠二徳ヲ樹ツルコト深厚ナリ我カ臣民克ク忠二克ク孝二億兆心ヲ一二シテ世々厥ノ美ヲ濟セルハ此レ我カ國體ノ精華ニシテ教育ノ淵源亦實二此二存ス爾臣民父母二孝二兄弟二友二夫婦相和シ朋友相信シ恭儉己レヲ持シ博愛衆二及ホシ學ヲ修メ業ヲ習ヒ以テ智能ヲ啓發シ德器ヲ成就シ進テ公益ヲ廣メ世務ヲ開キ常二國憲ヲ重シ國法二遵ヒ一旦緩急アレハ義勇公二奉シ以テ天壤無窮ノ皇運ヲ扶翼スヘシ是ノ如キハ獨リ朕カ忠良ノ臣民タルノミナラス又以テ爾祖先ノ遺風ヲ顯彰スルニ足ラン

斯ノ道ハ實二我カ皇祖皇宗ノ遺訓ニシテ子孫臣民ノ俱二遵守スヘキ所之ヲ古今二通シテ謬ラス之ヲ中外二施シテ悖ラス朕爾臣民ト俱二拳々服膺シテ咸其德ヲ一二センコトヲ庶幾フ

明治二十三年十月三十日

御名　御璽

御名（明治天皇、睦仁）

御璽（天皇の印）

天皇（明治天皇）ご自身がお考えになるに、天照大神以来の天皇の御先祖たちが我が日本を建国するにさいし、その規模は広大で、いつまでもその基礎が揺ぐことのないようにして、さらに、御先祖たちは身をつつしみ、国民をたいせつにして、後の徳政のお手本を示された。天皇の臣民である日本国民は、いつの時代も忠孝をつくし、国民が心を一つにしてその美徳を発揮してきたことこそが我が国体（天皇制社会）のもっともすぐれた点であり、教育の大もともここに根ざしていなければならない。

お前たち臣民（児童・生徒）は、父母に孝行し、兄弟は仲良く、夫婦も仲睦じく、友人とは信頼しあい、礼儀を守り、みずからは身をつつしみ、人びとには博愛の心で親切にし、学業に励み、人格をみがき才能を高め、すすんで公共の利益の増進を図り、社会のためになる仕事を身につけ、さらに知識をひろめ才能を高め、人格をみがき、ひとたび国家の一大事（戦争）になれば、勇気をふるいたて身も心もお国（天皇陛下）のために捧げることで、天にも地にも尽きるはずのない天皇陛下の御運勢が栄えるようにお助けしなければならない。こうすることは、単に天皇の忠良な臣民として行動するというだけのものではなく、同時に、お前たちの祖先が残したすぐれた点を継承し、それをほめたたえることにもなるのだから。

このような教えは、まさしく我が天皇の祖先たちが残されたおさとしで、皇室の子孫も臣民もともに守るべきもので、之を過去現在のどの時代に当てはめても誤りではない。国の内外、世界中に当てはめても間違っていないし、天皇（天皇）は、お前たち臣民たちとともに、このことを自分自身によく言い聞かせ、その教えを守り、君臣一体となってその徳をより高めたいと思う。

明治二十三年十月三十日

御名（明治天皇、睦仁）

御璽（天皇の印）

[高嶋伸欣著『教育勅語と学校教育』岩波書店，1990 年]

　一方，日本においては，1872（明治5）年の「学制」によって，近代的な教育制度の導入が企図された．この「学制」がいかなる教育観に基づいて公布されたかは，「学制」発布と同時に出された太政官布告「学事奨励に関する被仰出書」（＜資料＞Ⅰ-14）から知ることができる．ただし，この布告に見られる功利主義的できわめて個人主義的な教育観の背後には，同時に教育の普及を国家繁栄の手段とみる国家主義が隠されていたことも見逃せない（＜資料＞Ⅰ-15）．

　日本の教育法制史上，明確に「義務」としての教育が規定されたのは，1886（明治19）年に初代文部大臣の森有礼によって制定された「小学校令」であるが（＜資料＞Ⅰ-16），戦前の日本の義務としての教育の体制が名実ともに確立するのは，明治憲法の発布（1889年）を受けて，1890（明治23）年に相次いで制定された「第2次小学校令」（＜資料＞Ⅰ-17）と「教育ニ関スル勅語」（教育勅語）（＜資料＞Ⅰ-18）によってであった．

### (3) 権利としての教育

　教育が宗教的な目的や政治的な目的から，いわば「上から」国民に課せられる「義務」とする考え方の対極に位置する考え方が，「権利としての教育」である．この考え方は，人間には国家や政府の存在以前から，およそ人間が人間であるがゆえに当然に自然法として認められるべき権利，すなわち人権が存在するという人権思想の発達を前提として，人間が人間として成長・発達する上で教育が不可欠な権利として認められるべきである，という考え方である．

　したがって，「権利としての教育」という考え方は，人権思想が発達し，ルソーによる「子どもの発見」が行われた18世紀末頃から登場し，その後の歴史的展開の中で次第に社会的に定着を見てきたものであり，今日およそ教育を考える際には最も基本とすべき視点といえる．

　「権利としての教育」という思想の最初の現れとしては，フランス革命期の思想家コンドルセ（Condorcet, M. J., 1743-1794）による公教育構想（＜資料＞Ⅰ-19）およびこの時期の憲法規定を指摘することができる．コンドルセの公教育構想には，「権利としての教育」が必ずしも明示的に記されているわけではないが，教育を「国民に対する社会の義務」とする彼の思想の根底には，教育は人間として認められるべき諸権利を平等に実現するための前提となる不可欠なものであるという思想が存在していた．

　その後，この権利としての教育という思想は，19世紀中頃の労働運動の中でも継承・発展されていった．特に，イギリスのチャーチスト運動の中で，ラヴェット（Lovett, W., 1800-1877, 1839年の「人民憲章」People's Charter の起草者）は，「恩恵としての教育」ではなく「権利としての教育」という思想，さらにこの「権利としての教育」を保障することを国家の責務であるとする教育論を展開した（＜資料＞Ⅰ-20）．

　さらに，この時期には，プロイセンの1848年憲法（＜資料＞Ⅰ-21）のように，一国の憲法の中でも，権利としての教育が規定されるようになり，さらに20世紀に入ると，まず社会主義国家で（＜資料＞Ⅰ-22），次いで第2次大戦後には国連が採択した世界人権宣言（＜資料＞Ⅰ-23）をはじめ，日本を含む各国の憲法でも規定されるようになった（＜資料＞Ⅰ-24）．

　また，最近では，国連総会の場で採択された「子どもの権利条約」（1989年）でも，「教育への権利」が明記されており（＜資料＞Ⅰ-25），今や，「権利としての教育」という理念は，およそ教育や教育制度を考える際の最も重要で基本的な考え方となっているといえる（＜資料＞Ⅰ-26, Ⅰ-27）．

<資料> I-19　コンドルセ「公教育の全般的組織に関する報告」(1792 年)（抄)

　諸君，自分の要求を充足し，幸福を保証し，権利を認識して，これを行使し，義務を理解して，これを履行する手段を，人類に属するすべての人々に供与すること，自分の才能を完成し，従事する権利を有する社会的職務を遂行する能力を身につけ，生得の才能を十全に発達させるための便宜を各人に保証すること，またそれによって国民の間に平等を実際に樹立し，かつ法律によって承認されている政治的平等を実際的なものとすること，国民教育の第一の目的はかくのごときものでなければならない．しかして，かかる見地よりすれば，国民教育は公権力の当然の義務である．

[コンドルセ著／松島鈞訳『公教育の原理』明治図書，1962 年]

<資料> I-20　ラヴェットの教育論（抄)

① そこでわれわれはひとつの原理として，すべての政府はできるだけ大きな害悪を阻止し，最大の善を促進しようとすべきである，と考える．ところでもし無知が悪を生みだす最大のものであり，知識が幸福のもっとも有効な手段であることがしめされうるなら，あらゆる階級のためにできるだけよい教育の制度をつくりあげることは，あきらかに政府の義務である．
② しかし不幸なことに，利己的で頑固な富の所有者たちが知識の恵みをかれらだけのせまい範囲にまったくとじこめ，あらゆる専制的な工夫をこらして，知識の光が大衆にもれるすべての隙間をふさごうとする時代はすぎさってしまったとはいえ，特権階級の利己心はまだ，その新聞に対する統制や，制限された特権的な大学や，衣服や記章ではっきりわかる慈善学校に非常にはっきりあらわれているので，かれらはまだ教育を，人間の尊厳を高めその存在を喜ばしいものとする普遍的な手段と考えているのではなく，やはりかれら自身の特権と考え，あるいは，大衆にはいかにも物惜しげに与えるべき恩恵と考えている，と信じざるをえない．
③ われわれは，教育の非常な重要性と，それを公的にひろげる必要性とを，しかも慈善としてではなく，権利として，つまり社会それ自体から生ずる権利としてひろげる必要性とを，しめすことにある程度成功したと信ずる．

[ラヴェット「教育についての訴え」(1837 年)，浜林・安川訳『イギリス民衆教育論』明治図書，
1970 年]

<資料> I-21　プロイセンの 1848 年憲法（抄)

第 18 条　プロイセンの若者は，適切な公の施設によって，一般的民衆教育を受ける権利を保障される．
　父母および後見人は，その子または被後見人に，一般的民衆教育を受けさせる義務があり，この点に関して教育法が定める諸規定に従わなければならない．

◆ 1848 年憲法は，1850 年に改正された．この 1850 年憲法 (1918 年まで有効)では権利としての教育の条項は削除されている．

<資料> I-22　ソビエト連邦憲法 (1936 年制定．1977 年まで有効)（抄)

第 121 条　ソ同盟の市民は教育を受ける権利を有する．この権利は，7 年制の普通義務教育，中等教育の広汎な発達，中等および高等教育をふくめたあらゆる種類の教育の無償制，高等の学校における優秀な学生に対する国家的給費の制度，学校における母語による授業，ならびに工場，国営農場，機械トラクター・ステーションおよびコルホーズにおける勤労者に対する生産，技術および農業の無料教育組織によって保障される．

<資料> I-23　世界人権宣言 (1948 年)（抄)

第 26 条　何人も，教育を受ける権利を有する．教育は，少くとも初等のかつ基礎の課程では，無償でなければならない．初等教育は義務とする．専門教育と職業教育は，一般に利用し得るものでなければならない．また高等教育への道は，能力に応じて，すべての者に平等に開放されていなくてはならない．

<資料> I-24　日本国憲法（1946 年公布）（抄）

第 26 条　（教育を受ける権利）すべて国民は，法律の定めるところにより，その能力に応じて，ひとしく教育を受ける権利を有する．
　②　すべて国民は，法律の定めるところにより，その保護する子女に普通教育を受けさせる義務を負ふ．義務教育はこれを無償とする．

<資料> I-25　子どもの権利条約（1989 年国際連合総会採択）（抄）

第 28 条（教育への権利）
1　締約国は，子どもの教育への権利を認め，かつ，漸進的におよび平等な機会に基づいてこの権利を達成するために，とくに次のことをする．
　(a) 初等教育を義務的なものとし，かつすべての者に対して無償とすること．
　(b) 一般教育および職業教育を含む種々の形態の中等教育の発展を奨励し，すべての子どもが利用可能でありかつアクセスできるようにし，ならびに，無償教育の導入および必要な場合には財政的援助の提供などの適当な措置をとること．
　(c) 高等教育を，すべての適当な方法により，能力に基づいてすべての者がアクセスできるものとすること．
　(d) 教育上および職業上の情報ならびに指導を，すべての子どもが利用可能でありかつアクセスできるものとすること．
　(e) 学校への定期的な出席および中途退学率の減少を奨励するための措置をとること．
2　締約国は，学校懲戒が子どもの人間の尊厳と一致する方法で，かつこの条約に従って行なわれることを確保するためにあらゆる適当な措置をとる．
3　締約国は，とくに，世界中の無知および非識字の根絶に貢献するために，かつ科学的および技術的知識ならびに最新の教育方法へのアクセスを助長するために，教育に関する問題について国際協力を促進しかつ奨励する．この点については，発展途上国のニーズに特別の考慮を払う．
第 29 条（教育の目的）
1　締約国は，子どもの教育が次の目的で行なわれることに同意する．
　(a) 子どもの人格，才能ならびに精神的および身体的能力を最大限可能なまで発達させること．
　(b) 人権および基本的自由の尊重ならびに国際連合憲章に定める諸原則の尊重を発展させること．
　(c) 子どもの親，子ども自身の文化的アイデンティティ，言語および価値の尊重，子どもが居住している国および子どもの出身国の国民的価値の尊重ならびに自己の文明と異なる文明の尊重を発展させること．
　(d) すべての人民間，民族的，国民的および宗教的集団間ならびに先住民間の理解，平和，寛容，性の平等および友好の精神の下で，子どもが自由な社会において責任ある生活を送れるようにすること．
　(e) 自然環境の尊重を発展させること．
2　この条または第 28 条のいかなる規定も，個人および団体が教育機関を設置しかつ管理する自由を妨げるものと解してはならない．ただし，つねに，この条の 1 に定める原則が遵守されること，および当該教育機関において行なわれる教育が国によって定められる最低限度の基準に適合することを条件とする．

[永井憲一・寺脇隆夫編『解説　子どもの権利条約』日本評論社，1990 年]

<資料> I-26　杉本判決（教科書検定第 2 次訴訟第一審判決，1970 年）

　この規定（注：憲法第 26 条のこと）は，憲法第 25 条をうけて，いわゆる生存権的基本権のいわば文化的側面として，国民の一人一人にひとしく教育を受ける権利を保障し，その半面として，国に対し右の教育を受ける権利を実現するための立法その他の措置を講ずべき責務を負わせたものであって，国民とくに子どもについて教育を受ける権利を保障したものということができる．
　ところで，憲法がこのように国民ことに子どもに教育を受ける権利を保障するゆえんのものは，民主主義国家が一人一人の自覚的な国民の存在を前提とするものであり，また，教育が次代をになう新しい世代を育成するという国民全体の関心事であることにもよるが同時に，教育が何よりも子ども自らの要求する権利であるからだと考えられる．すなわち，近代および現代においては，個人の尊厳が確立され，子どもにも当然その人格が尊重され，人権が保障されるべきであるが，子どもは未来における可能性を持つ存在であることを本質とするから，将来においてその人間性を十分に開花させるべく自ら学習し，事物を知り，これによって自らを成長させることが子どもの生来的権利であり，このような子どもの学習する権利を保障するために教育を授けることは国民的課題であるからにほかならないと考えられる．

<資料> I-27　学力調査に関する最高裁判決（1976年）

> この規定（注：憲法第26条のこと）は，福祉国家の理念に基づき，国が積極的に教育に関する諸施設を設けて国民の利用に供する責務を負うことを明らかこするとともに，子どもに対する基礎的教育である普通教育の絶対的必要性にかんがみ，親に対し，その子女に普通教育を受けさせる義務を課し，かつ，その費用を国において負担すべきことを宣言したものであるが，この規定の背後には，国民各自が，一個の人間として，また，一市民として，成長，発達し，自己の人格を完成，実現するために必要な学習をする固有の権利を有すること，特に，みずから学習することのできない子どもは，その学習要求を充足するための教育を自己に施すことを大人一般に対して要求する権利を有するとの観念が存在していると考えられる．換言すれば，子どもの教育は，教育を施す者の支配的権能ではなく，何よりもまず，子どもの学習する権利に対応し，その充足をはかりうる立場にある者の責務に属するものとしてとらえられているのである．

## 3　現代における教育目的をめぐる動向

### (1) 現代日本における教育目的の変遷

　ここでは，第2次世界大戦以後から現在までの日本における教育目的をめぐる変遷を概観してみよう．

　まず，1947（昭和22）年3月31日，戦後日本における教育の根本理念と目的を定める法律として，教育基本法が制定された（<資料> I-28）．教育基本法は，その「前文」からも知られるように，1946（昭和21）年11月3日に公布された日本国憲法の高い理想と表裏一体の関係を成しており，その意味でこの法律は「準憲法的性格」を有するものと理解されている．戦前の教育は，大日本帝国憲法と教育勅語を基盤として，何よりも天皇と国家への盲目的とも言うべき忠誠心を持つ国民（＝臣民）の育成を目的するものであった．これに対して教育基本法は，こうした戦前の国家主義的教育とその帰結としての戦争の惨禍への深い反省と批判に立脚して，「個人の尊厳を重んじ，真理と平和を希求する人間の育成を期する」（前文）ことを教育の基本理念に据え，「人格の完成」，つまり人間性の諸能力の調和的・全面的開花を教育の目的に据えるものであった（<資料> I-29）．この前文と第1条で示された教育の根本理念と目的が，続く第2条から第11条にわたって教育の基本原則として敷術して規定されている．

　なお，この教育基本法が制定されたことにより，その原理とは根本的に相容れない教育勅語は本来的に即刻無効とする措置を行うべきであったが，政府・文部省の中には依然として教育勅語を容認する勢力が存在していた．紆余曲折の末に教育勅語の無効・失効確認の処理が正式に行われたのは，1948（昭和23）年6月の衆議院（教育勅語等の排除に関する決議）と参議院（教育勅語等の失効確認に関する決議）における決議においてであった．

　しかし，「個人の尊厳」を基盤として「人格の完成」を目指すという，教育基本法で規定された教育の目的は，その後，必ずしもその意味内容が理論的にも実践的にも深化・発展させられていったとは言い難い．むしろ，教育基本法とその教育の根本理念は，保守的政治勢力と教育を経済発展の手段として利用する経済界，そしてそれらの要求を具体化しようとする政府・文部省の教育政策によって，絶えず批判され空洞化され続け，ついには法律自体の「改正」の段階を迎えるに至ったのである．以下，この間の経緯を資料に即して確認したい．

　文部大臣として最初に教育基本法改正の必要性を公言したのは，自由民主党の結成後最初の内閣である鳩山内閣の清瀬一郎文相であった（<資料> I-30）．この「国を愛する心」が教育基本法には欠落しているとの清瀬文相の1956（昭和31）年の発言は，日本の独立後の再軍備の条件づくりとして，日本人としての自覚と愛国心の教育が不可欠であることを日米両政府代

<資料> I-28 教育基本法 (1947年3月31日)

---

われらは，さきに，日本国憲法を確定し，民主的で文化的な国家を建設して，世界の平和と人類の福祉に貢献しようとする決意を示した．この理想の実現は，根本において教育の力にまつべきものである．

われらは，個人の尊厳を重んじ，真理と平和を希求する人間の育成を期するとともに，普遍的にしてしかも個性ゆたかな文化の創造をめざす教育を普及徹底しなければならない．

ここに，日本国憲法の精神に則り，教育の目的を明示して，新しい日本の教育の基本を確立するため，この法律を制定する．

第1条（教育の目的）　教育は，人格の完成をめざし，平和的な国家及び社会の形成者として，真理と正義を愛し，個人の価値をたつとび，勤労と責任を重んじ，自主的精神に充ちた心身ともに健康な国民の育成を期して行われなければならない．

第2条（教育の方針）　教育の目的は，あらゆる機会に，あらゆる場所において実現されなければならない．この目的を達成するためには，学問の自由を尊重し，実際生活に即し，自発的精神を養い，自他の敬愛と協力によつて，文化の創造と発展に貢献するように努めなければならない．

第3条（教育の機会均等）　すべて国民は，ひとしく，その能力に応ずる教育を受ける機会を与えられなければならないものであつて，人種，信条，性別，社会的身分，経済的地位又は門地によつて，教育上差別されない．

2　国及び地方公共団体は，能力があるにもかかわらず，経済的理由によつて就学困難な者に対して，奨学の方法を講じなければならない．

第4条（義務教育）　国民は，その保護する子女に，九年の普通教育を受けさせる義務を負う．

2　国又は地方公共団体の設置する学校における義務教育については，授業料は，これを徴収しない．

第5条（男女共学）　男女は，互いに敬重し，協力しあわなければならないものであつて，教育上男女の共学は，認められなければならない．

第6条（学校教育）　法律に定める学校は，公の性質をもつものであつて，国又は地方公共団体の外，法律に定める法人のみが，これを設置することができる．

2　法律に定める学校の教員は，全体の奉仕者であつて，自己の使命を自覚し，その職責の遂行に努めなければならない．このためには，教員の身分は，尊重され，その待遇の適正が，期せられなければならない．

第7条（社会教育）　家庭教育及び勤労の場所その他社会において行われる教育は国及び地方公共団体によつて奨励されなければならない．

2　国及び地方公共団体は，図書館，博物館，公民館等の施設の設置，学校の施設の利用その他適当な方法によつて教育の目的の実現に努めなければならない．

第8条（政治教育）　良識ある公民たるに必要な政治的教養は，教育上これを尊重しなければならない．

2　法律に定める学校は，特定の政党を支持し，又はこれに反対するための政治教育その他政治的活動をしてはならない．

第9条（宗教教育）　宗教に関する寛容の態度及び宗教の社会生活における地位は，教育上これを尊重しなければならない．

2　国及び地方公共団体が設置する学校は，特定の宗教のための宗教教育その他宗教的活動をしてはならない．

第10条（教育行政）　教育は，不当な支配に服することなく，国民全体に対し直接に責任を負つて行われるべきものである．

2　教育行政は，この自覚のもとに，教育の目的を遂行するに必要な諸条件の整備確立を目標として行われなければならない．

第11条（補則）　この法律に掲げる諸条項を実施するために必要がある場合には，適当な法令が制定されなければならない．

附則　この法律は，公布の日から，これを施行する．

---

表が確認した，いわゆる「池田・ロバートソン会談」（＜資料＞I-31）の延長線上にあるものであった．さらに，高度経済成長の時期である1960年代に入ると，経済界からの教育要求を具体化する形で，教育を経済成長の手段と位置づけ，経済界の必要とする労働力（人的能力）の効率的養成を目的とした，いわゆる能力主義的教育政策が展開されていく．その過程で，再び教育基本法への批判とその改正の必要性が，荒木万寿夫文部大臣から公言されることになる（＜資料＞I-30）．荒木文相は，経済審議会答申（1963年1月）を受けて，1963（昭和38）年

＜資料＞ I-29　「人格の完成」の意味

> 　そこで人格とは，自己意識の統一性又は自己決定性もって統一された人間の諸特性，諸能力ということができよう．
> 　人格の完成とは，これらの人間の諸特性，諸能力をそれの完全，即ちそれがあらねばならない状態にまで持ちきたすことであり，更にこの人間の諸特性，諸能力をその内容の全方向に一しかも各方向が統一と絶えざる連絡とを保持しながら一発展せしめ，個人をそれぞれの能力に応じて，なるべく完全ならしめることであろうというべきである．教育基本法の制定について発せられた昭和 22 年 5 月 3 日の文部省訓令第 4 号が，「人格の完成とは，個人の価値と尊厳との認識に基き，人間の具えるあらゆる能力を，できるかぎり，しかも調和的に発展せしめることである．」としているのも同一趣旨を述べているものである．

［教育法令研究会著『教育基本法の解説』，1947 年］

＜資料＞ I-30　文部大臣の教育基本法に関連した発言

> ① 天野貞祐文部大臣
> 　「日本人は何人といえども教育勅語を骨の髄まで浸透せしめ，ここに生きゆく道の道標を見いだしていた，（中略）しかるに勅語がその妥当性を失うこととなった今日，そこに何か日本人の道徳生活に対して一種の空白が生じたような感じを抱く者が決して少なくない．教育勅語にふくまれる主要な徳目は今日といえども妥当性を有つものであって，（中略），そのまま現在もわれわれの道徳的基準であります．しかしこれらの徳目が勅語という形式において道徳的規準として要請されることの不妥当なことはもちろんでありますから，何か他の形式において教育勅話の果たしている役割を有つものを考える必要はないかというのがわれわれの問題であります．」
>
> ［1950 年 11 月 18 日付，朝日新聞「私はこう考える一教育勅語に代るもの」］
>
> ② 清瀬一郎文部大臣
> 　「たとえば教育基本法というものがありますが，書いてあることそれ自身はちっともまちがわない．個人の人格を完成する．真理と正義を愛する．責任を重んずる．ということが書いてあり，それ自身わたくしも心から賛成でありますが，一つ穴があいている．個人と世界を直結しているが，その中間に立つ国という観念がちっともない．わが日本国は，一民族で一国家を作り，ことばも同じで，共通の歴史をもっているのです．なかなかこれでわが国はいいところがあるのです．この祖国に向かって信愛の感をもつ，すなわち国を愛する心というものは伝統的に持ちきたったものであってこれをまっさつするということはできません．」（1956 年 1 月 2 日，NHK「朝の教養」放送を通じての「年頭のあいさつ」）
>
> ［久保義三著「昭和教育史　下」三一書房，1994 年］
>
> ③ 荒木万寿夫文部大臣
> 　「終戦直後の米軍の占領政策は，日本をどのようにして立ち上がれないようにするかに根本目標があった．現行憲法は，このような考えのもとに草案を押しつけられたもので，この憲法に従って，さらに教育基本法がつくられた．したがって，憲法も教育基本法も，日本人の総意が盛られ，自由な意思が表明されているとはいえない．憲法については，憲法調査会が足がけ 4 年にわたって再検討しており，教育基本法についても，総選挙後，広く学識経験者を集めて再検討にとりかかりたい」（1960 年 10 月 15 日，参議院文教委員会での発言）．

［堀尾輝久著『いま，教育基本法を読む』岩波書店，2002 年］

＜資料＞ I-31　池田・ロバートソン会談覚書（1953 年 10 月）（日本政府特使として派遣された<br>自由党政調会長の池田勇人（後首相）と米国国務次官補ロバートソンが，日本独立後の防衛<br>問題につき会談した際の覚書）

> （ハ）会談当事者は日本国民の防衛に対する責任感を増大させるような日本の空気を助長することが最も重要であることに同意した．日本政府は教育および広報によって日本に愛国心と自衛のための自発的精神が成長するような空気を助長することに第一の責任をもつものである．

［『朝日新聞』，1953 年 10 月 25 日付］

6 月に，「後期中等教育の拡充整備について」を中央教育審議会に諮問し，「期待される人間像」を第 1 に，「後期中等教育のあり方」を第 2 に検討するよう指示した．この中央教育審議会の

<資料> I-32　「期待される人間像」中央教育審議会答申
「後期中等教育の拡充整備について」（1966 年 10 月）の「別記」

> 　1　正しい愛国心をもつこと
> 　真の愛国心とは，自国の価値をいっそう高めようとする心がけであり，その努力である．自国の存在に無
> 関心であり，その価値の向上に努めず，ましてその価値を無視しようとすることは自国を憎むこととももなろう．
> われわれは正しい愛国心をもたなければならない．
> 　2　象徴に敬愛の念をもつこと
> 　日本の歴史をふりかえるならば，天皇は日本国および日本国民統合の象徴として，ゆるがぬものをもって
> いたことが知られる．日本国憲法はそのことを，「天皇は，日本国の象徴であり日本国民統合の象徴であって，
> この地位は，主権の存する日本国民の総意に基く．」という表現で明確に規定したのである．もともと象徴と
> は象徴されるものが実体としてあってはじめて象徴としての意味をもつ．そしてこの際，象徴としての天皇
> の実体をなすものは，日本国および日本国民の統合ということである．しかも象徴するものは象徴されるも
> のを表現する．もしそうであるならば，日本国を愛するものが，日本国の象徴を愛するということは，論理
> 上当然である．
> 　天皇への敬愛の念をつきつめていけば，それは日本国への敬愛の念に通ずる．けだし日本国の象徴たる天
> 皇を敬愛することは，その実体たる日本国を敬愛することに通ずるからである．このような天皇を日本の象
> 徴として自国の上にいただいてきたところに，日本国の独自な姿がある．

　最終答申が 1966（昭和 41）年に出された．同答申中に「別記」として付された「期待される人間像」
（<資料> I-32）には，分（能力）に応じて（甘んじて）仕事に打ち込み，「社会奉仕の精神」
を持ち，「天皇への敬愛の念」と「日本国への敬愛の念」を持つことが，日本人としての［期
待される人間像］であると指摘されている．教育勅語で示されていた「国体観」と臣民が守る
べき諸徳目と極めて類似した「期待される人間像」の考え方は，教育基本法の教育理念を空洞
化するものであったから，当然の如く大方の批判を浴びることになった．

<資料> I-33　教育改革国民会議報告―教育を変える 17 の提言（2000 年 12 月）

> （これからの教育を考える視点）
> 　私たちは，このような現状を改革し，日本と世界の未来を担う次世代の教育をよりよきものにするために，
> 次の三つの視点が重要であると考える．
> 　第一は，子どもの社会性を育み，自立を促し，人間性豊かな日本人を育成する教育を実現するという視点
> である．
> 　自分自身を律し，他人を思いやり，自然を愛し，個人の力を超えたものに対する畏敬の念を持ち，伝統文
> 化や社会規範を尊重し，郷土や国を愛する心や態度を育てるとともに，社会生活に必要な基本的な知識や教
> 養を身に付ける教育は，あらゆる教育の基礎に位置付けられなければならない．このような当たり前の教育
> の基本をおろそかにしてきたことが，今日の日本の教育の危機の根底にある．家庭や学校はもとより，社会
> 全体がこの教育の基本の実現に向けて共通理解を図り，取り組む必要がある．

<資料> I-34　中央教育審議会中間報告「新しい時代にふさわしい教育基本法と教育基本振興計画
　　　の在り方について」（2002 年 11 月）

> （1）教育基本法見直しの視点
> ④「公共」に主体的に参画する意識や態度の涵（かん）養の視点
> （日本人のアイデンティティ（伝統，文化の尊重，郷土や国を愛する心）の視点，国際性の視点）
> 　国際社会を生きる教養ある日本人として，自らが国際社会の一員であることを自覚し国際社会に貢献しよ
> うとする意識とともに，自らのアイデンティティの基礎となる伝統，文化を尊重し，郷土や国を愛する心を
> 持つことが重要である．そして，このような自らの国を愛し，平和のうちに生存する権利を守ろうとする国
> 民一人一人の思いが，我が国だけではなく，同じ思いを持つ他国の人々も尊重しなければならないという国
> 際的な視点に通じるものとなる．しかしながら，教育基本法には，このような視点が明示されていない．
> 　また，「公共」に主体的に参画する意識や態度の涵（かん）養を図るためにも，国や社会，その伝統や文化
> について正しく理解し，愛着を持つことが重要である．

　だが，ここで，留意しておくべきことは，露骨な能力主義原理に基づく青少年の選別（差別）の教育のあり方と，それがもたらす諸矛盾を天皇（国家）への敬愛と奉仕を中核とする心の教育を通して隠蔽（補完）しようとする教育政策の基本的方向性は，その後1980年代から現在まで続く教育改革の中でも，前者はいわゆる「新自由主義」に基づく市場原理主義教育（教育における規制緩和・民営化と競争原理の導入）として，後者は「新保守主義」に基づく国家主義的教育（君が代・日の丸の指導義務化，国旗・国歌法の制定と教員管理の強化）として，一層先鋭化されて継承されていったことである．

　中曽根内閣の下で内閣直属諮問機関として設置された臨時教育審議会（1984-87年）の答申では，その設置目的に「教育基本法の精神にのっとり，その実現を期して」（臨時教育審議会設置法）という規定が盛り込まれていたこともあって，教育基本法そのものの改正にまでは踏み込まず，「教育の自由化」の名の下に教育の規制緩和と市場原理の導入の諸提案が盛り込まれていた．そこでは同時に，「国を愛する心」を持った「世界の中の日本人」を教育する必要性も指摘されていた．

　さらに，小渕首相の「戦後教育の総点検」という要請に基づいて設置された教育改革国民会議（首相の私的諮問機関）は，2000（平成12）年12月にまとめた最終報告（＜資料＞I-33）で，奉仕活動の導入とともに，「新しい時代にふさわしい教育基本法を」として，教育基本法の改正も提起した．この教育改革国民会議の提起を受けて，文部科学省は2001（平成13）年1月に「レインボープラン」（21世紀教育新生プラン）を作成し，ついに同年11月には戦後教育史上初めてとなる，教育基本法の「改正」についての諮問を中央教育審議会に行った．そして，中央教育審議会は，2002（平成14）年11月に「新しい時代にふさわしい教育基本法と教育振興基本計画の在り方について」の中間報告を発表し（＜資料＞I-34），そこでは明確に「国を愛する心」を盛り込んだ教育基本法の改正の方向性が示されていた．

　以上のような経過を経て，安倍晋三内閣の下で，教育基本法を大きく改正する法律（改正教育基本法）（＜資料＞I-35）が，激しい反対の声を押し切る形で，2006年（平成18）12月15日，国会で可決・成立，同年12月22日に公布・施行された．1947年制定の教育基本法と2006年制定の改正教育基本法を比較し，どこがどのように変更となったのか確認してみよう．

## (2) シュタイナー学校の教育理念と教育活動

　本章の最後に，我が国の一般的な教育の考え方とは大きく異なるユニークな学校，シュタイナー学校について検討し，教育の本質や目的をより深く考えてみよう．

　いわゆるシュタイナー学校（自由ヴァルドルフ学校）とは，ルドルフ・シュタイナー（＜資料＞I-37）の人間観（人智学）と教育思想に基づく教育を行っている学校である．第一次世界大戦終結の翌年の1919年，南ドイツの工業都市シュツットガルトに，企業家エミール・モルトの資金援助の下で，最初のシュタイナー学校は創設された．現在（2020年時点）では，この学校の姉妹校は全世界に約1,100校を数えるまでになり，このうちドイツ国内には約240校設置されている．日本でも，子安美知子著『ミュンヘンの小学生』（中公新書，1975年）の出版が大きな契機となり，シュタイナー教育への関心が高まるとともに，各地でシュタイナー学校設立の動きも活発化していった．しかし，現在までに設立されている日本各地の「シュタイナー学校」（現在8校）は，私立学校としての認可を与えられた2校以外では，そこで学んでいる子どもたちの学籍は公立学校に置いているという，変則的な就学形態を余儀なくされて

<資料> I-35　教育基本法（2006 年 12 月 22 日　法律第 120 号）

　我々日本国民は，たゆまぬ努力によって築いてきた民主的で文化的な国家を更に発展させるとともに，世界の平和と人類の福祉の向上に貢献することを願うものである．

　我々は，この理想を実現するため，個人の尊厳を重んじ，真理と正義を希求し，公共の精神を尊び，豊かな人間性と創造性を備えた人間の育成を期するとともに，伝統を継承し，新しい文化の創造を目指す教育を推進する．

　ここに，我々は，日本国憲法の精神にのっとり，我が国の未来を切り拓（ひら）く教育の基本を確立し，その振興を図るため，この法律を制定する．

第 1 章　教育の目的及び理念
（教育の目的）
第 1 条　教育は，人格の完成を目指し，平和で民主的な国家及び社会の形成者として必要な資質を備えた心身ともに健康な国民の育成を期して行われなければならない．
（教育の目標）
第 2 条　教育は，その目的を実現するため，学問の自由を尊重しつつ，次に掲げる目標を達成するよう行われるものとする．
一　幅広い知識と教養を身に付け，真理を求める態度を養い，豊かな情操と道徳心を培うとともに，健やかな身体を養うこと．
二　個人の価値を尊重して，その能力を伸ばし，創造性を培い，自主及び自律の精神を養うとともに，職業及び生活との関連を重視し，勤労を重んずる態度を養うこと．
三　正義と責任，男女の平等，自他の敬愛と協力を重んずるとともに，公共の精神に基づき，主体的に社会の形成に参画し，その発展に寄与する態度を養うこと．
四　生命を尊び，自然を大切にし，環境の保全に寄与する態度を養うこと．
五　伝統と文化を尊重し，それらをはぐくんできた我が国と郷土を愛するとともに，他国を尊重し，国際社会の平和と発展に寄与する態度を養うこと．
（生涯学習の理念）
第 3 条　国民一人一人が，自己の人格を磨き，豊かな人生を送ることができるよう，その生涯にわたって，あらゆる機会に，あらゆる場所において学習することができ，その成果を適切に生かすことのできる社会の実現が図られなければならない．
（教育の機会均等）
第 4 条　すべて国民は，ひとしく，その能力に応じた教育を受ける機会を与えられなければならず，人種，信条，性別，社会的身分，経済的地位又は門地によって，教育上差別されない．
②　国及び地方公共団体は，障害のある者が，その障害の状態に応じ，十分な教育を受けられるよう，教育上必要な支援を講じなければならない．
③　国及び地方公共団体は，能力があるにもかかわらず，経済的理由によって修学が困難な者に対して，奨学の措置を講じなければならない．

第 2 章　教育の実施に関する基本
（義務教育）
第 5 条　国民は，その保護する子に，別に法律で定めるところにより，普通教育を受けさせる義務を負う．
②　義務教育として行われる普通教育は，各個人の有する能力を伸ばしつつ社会において自立的に生きる基礎を培い，また，国家及び社会の形成者として必要とされる基本的な資質を養うことを目的として行われるものとする．
③　国及び地方公共団体は，義務教育の機会を保障し，その水準を確保するため，適切な役割分担及び相互の協力の下，その実施に責任を負う．
④　国又は地方公共団体の設置する学校における義務教育については，授業料を徴収しない．
（学校教育）
第 6 条　法律に定める学校は，公の性質を有するものであって，国，地方公共団体及び法律に定める法人のみが，これを設置することができる．
②　前項の学校においては，教育の目標が達成されるよう，教育を受ける者の心身の発達に応じて，体系的な教育が組織的に行われなければならない．この場合において，教育を受ける者が，学校生活を営む上で必要な規律を重んずるとともに，自ら進んで学習に取り組む意欲を高めることを重視して行われなければならない．

（大学）

第7条　大学は，学術の中心として，高い教養と専門的能力を培うとともに，深く真理を探究して新たな知見を創造し，これらの成果を広く社会に提供することにより，社会の発展に寄与するものとする.

②　大学については，自主性，自律性その他の大学における教育及び研究の特性が尊重されなければならない.

（私立学校）

第8条　私立学校の有する公の性質及び学校教育において果たす重要な役割にかんがみ，国及び地方公共団体は，その自主性を尊重しつつ，助成その他の適当な方法によって私立学校教育の振興に努めなければならない.

（教員）

第9条　法律に定める学校の教員は，自己の崇高な使命を深く自覚し，絶えず研究と修養に励み，その職責の遂行に努めなければならない.

②　前項の教員については，その使命と職責の重要性にかんがみ，その身分は尊重され，待遇の適正が期せられるとともに，養成と研修の充実が図られなければならない.

（家庭教育）

第10条　父母その他の保護者は，子の教育について第一義的責任を有するものであって，生活のために必要な習慣を身に付けさせるとともに，自立心を育成し，心身の調和のとれた発達を図るよう努めるものとする.

②　国及び地方公共団体は，家庭教育の自主性を尊重しつつ，保護者に対する学習の機会及び情報の提供その他の家庭教育を支援するために必要な施策を講ずるよう努めなければならない.

（幼児期の教育）

第11条　幼児期の教育は，生涯にわたる人格形成の基礎を培う重要なものであることにかんがみ，国及び地方公共団体は，幼児の健やかな成長に資する良好な環境の整備その他適当な方法によって，その振興に努めなければならない.

（社会教育）

第12条　個人の要望や社会の要請にこたえ，社会において行われる教育は，国及び地方公共団体によって奨励されなければならない.

②　国及び地方公共団体は，図書館，博物館，公民館その他の社会教育施設の設置，学校の施設の利用，学習の機会及び情報の提供その他の適当な方法によって社会教育の振興に努めなければならない.

【学校，家庭及び地域住民等の相互の連携協力】

第13条　学校，家庭及び地域住民その他の関係者は，教育におけるそれぞれの役割と責任を自覚するとともに，相互の連携及び協力に努めるものとする.

（政治教育）

第14条　良識ある公民として必要な政治的教養は，教育上尊重されなければならない.

②　法律に定める学校は，特定の政党を支持し，又はこれに反対するための政治教育その他政治的活動をしてはならない.

（宗教教育）

第15条　宗教に関する寛容の態度，宗教に関する一般的な教養及び宗教の社会生活における地位は，教育上尊重されなければならない.

②　国及び地方公共団体が設置する学校は，特定の宗教のための宗教教育その他宗教的活動をしてはならない.

第3章　教育行政

（教育行政）

第16条　教育は，不当な支配に服することなく，この法律及び他の法律の定めるところにより行われるべきものであり，教育行政は，国と地方公共団体との適切な役割分担及び相互の協力の下，公正かつ適正に行われなければならない.

②　国は，全国的な教育の機会均等と教育水準の維持向上を図るため，教育に関する施策を総合的に策定し，実施しなければならない.

③　地方公共団体は，その地域における教育の振興を図るため，その実情に応じた教育に関する施策を策定し，実施しなければならない.

④　国及び地方公共団体は，教育が円滑かつ継続的に実施されるよう，必要な財政上の措置を講じなければならない.

（教育振興基本計画）
第17条　政府は，教育の振興に関する施策の総合的かつ計画的な推進を図るため，教育の振興に関する施策についての基本的な方針及び講ずべき施策その他必要な事項について，基本的な計画を定め，これを国会に報告するとともに，公表しなければならない．
②　地方公共団体は，前項の計画を参酌し，その地域の実情に応じ，当該地方公共団体における教育の振興のための施策に関する基本的な計画を定めるよう努めなければならない．

第4章　法令の制定
第18条　この法律に規定する諸条項を実施するため，必要な法令が制定されなければならない．
附　則
（施行期日）
　この法律は，公布の日から施行する．

いる．

　ところで，シュタイナー教育が究極的に志向しているもの（教育理念）は，単なる情操豊かな人間の育成でも，ましてや知的なエリートの育成でもない．シュタイナー教育は，健康な身体と豊かな内面性と高い倫理性を兼ね備えた人間，つまり身体と魂（心）と精神とが調和的・

<資料> I-36　「愛国心」教育の一つの具体化

# 通知表に「愛国」評価欄
## 福岡市立小ほぼ半数で　6年生社会の1項目

福岡市で，ほぼ半数の市立小学校の通知表に「国を愛する心情」「日本人としての自覚」といった評価項目が設けられていることが分かり，論議を呼んでいる。通知表のモデルを作った同市校長会は「学習指導要領に沿った。問題はない」と説明しているが，「在日外国人の子どもに対する人権侵害だ」との批判が出ている。

通知表には教科ごとにいくつかの評価項目があり，それぞれ3段階で評価する。「国を愛する心情」などは，6年生の社会の四つの評価項目のうちの一つとして，今年初めて校長会のモデル版に盛られた。このモデルを使うかどうかは各校の判断だが，市内144校中52校が採用した。そのほかモデルをもとに十数校も盛り込んだ。

1学期の通知表を見た在日コリアンの親たちがこの欄に気づき，市民団体「ウリ・サフェ（私たちの社会）」（鄭琪満会長）が10月，「児童に愛国心を競わせることになり，憲法に保障された思想・良心の自由を侵す」として評価項目の削除などを申し入れた。福岡県弁護士会に人権救済も申し立てている。

[『朝日新聞』2002年12月1日付]

＜資料＞I-37　ルドルフ・シュタイナー

**20世紀の古典**

ルドルフ・シュタイナー

**世界に広がる教育の夢**

広島大学教授　広瀬　俊雄

　一九七〇年代以降、とみに注目されるに至ったルドルフ・シュタイナー（一八六一—一九二五）の業績は、「シュタイナー教育」の名で知られる教育の分野だけでなく、ゲーテ研究、人智学、社会三層化運動、芸術、建築、医療、農業、キリスト者共同体など広い分野に及んでいる。

　その中心にあるのは、人智学である。人智学とは、人智および世界の中心に宿る目に見えない霊性、神性の認識を課題とする学問的方法の体系をいう。彼はこの人智学の立場で、科学を尊重しつつも、森羅万象をもっぱら物質で解釈する物質主義的世界観の横行を批判している。

　現代人の多くは物質主義に科学主義に汚染され、本性の欲求である、奥深い充実した生き方をすることができない。シュタイナーはこの現実に注目し、人々がその時代風潮と利己心の誘惑にいかに打ち勝ち、充実した生き方を享受できるか、という問題に取り組んだ。

　彼のいう充実した生き方とは、学問、芸術、宗教、道徳などによる精神的な生活を主柱に据えつつ、職業的経済的な生活、法的政治的な生活を営み、さらにその中で自己と他者とを高めることであった。そしてこれを享受することは、万人の願いであり権利であるという。

　それはどうすれば実現できるのか。そこで決定的な役割をはたすのが教育である。彼によると、学校教育を終えた後、充実した生き方を享受できるかどうかは、幼児期から青年期までの教育によって決まるという。適切な教育を受けるならば、こどもは生きる力を具備し、充実した深い生き方の道を歩むことができる。そうでない場合、その道は閉ざされてしまう。

　シュタイナーは、教育をこのうえなく重視し、一九一九年、ドイツのシュツットガルトに画期的な学校を設立した。知育偏重の打破のもとに、こどもの発達段階と個性が重視され、みずみずしい知性と心の育成や、豊かな芸術性と国際性が求められた。この学校の教育方法は今や世界の六十カ国に広まり、高い評価を受けている。ユネスコはシュタイナーの学校をプロジェクト校に指定し、ドイツのコール前首相もわが子をシュタイナー教育にゆだねた。

　シュタイナーの残した教育と学校は、荒廃した教育の再生を求めて努力する多くの人々を、今も元気づけ鼓舞してやまない。

[『朝日新聞』1999年11月22日付]

　全面的に発達した人間の育成を，より直接的には意志（意）と感情（情）と思考（知）とが調和的・全面的に発達した人間の育成を目的としている．シュタイナーによれば，こうした人間に内在する諸能力が調和的に開花した人間こそが「自由な人間」（der freie Mensch）であり，教育とはこの自らの歩むべき方向性を自分で思考しかつそれを実行できる人間である「自由な人間」を育成することに他ならない（＜資料＞I-38 ①）．シュタイナー教育が「自由への教育」（Erziehung zur Freiheit）と称されるのはこのためである．前述したわが国の教育基本法が教育の目的として「人格の完成」を掲げたとき，そこで意図されたことは，根本的にはシュタイナーのいう「自由な人間」の育成とほぼ一致するものであった．意味内容が必ずしも明確では

<資料> I-38　シュタイナーの著作からの抜粋

① 私共が子どもを単に精神と魂の傾面からのみ教育するのではなく，子どもを精神・魂・肉体一体の全人として捉えて教育することを重視しておりますことは，これまでの講演からおわかり頂けたことと存じます．……生における自己の方向を，自ら決断できる自由人を育成することこそ，ヴァルドルフ学校が最重要視している目標であります．　　　　　　　　　　　[『現代の教育はどうあるべきか』佐々木政昭訳，人智学出版社]

② 現代において絶対に必要なことは，学校を完全に自由な精神生活に根差したものとすることである．教えられ，教育されるべき内容は，成長していく人間とその個々の素質との認識からのみ得られるものでなければならない．本当の意味での人間学が教育の基礎となり，授業の根底とならなければならない．現存の社会秩序を保つために何を知り何ができなければならないかを問うのではなくて，育ち行く人間の中に何が素質として備わっているか，この人間の中で何を展開し成長させてやることができるのかが問われねばならないのである．　　　　　　　　　　　　　　　　　　　　[「精神科学と社会問題」河西善治訳，人智学出版社]

③ 幼児にとって模倣と手本が教育の呪文であるとすれば，今問題にしている年頃（＝児童期）の場合には，追従と権威がそのような呪文となる．押し付けられた権威ではなく，当然のように生じた権威を子どもが直接霊的な直観内容として受け取り，それによって，良心，習慣，傾向を育成し，気質に正しい方向づけを与えられ，この世の諸事物を新たな眼をもって眺めることができるようになること，このことが大切なのである．」　　　　　　　　　　　　　　　　　　　　　[『霊学の観点からの子供の教育』高橋巖訳，イザラ書房]

④ 歯の生え替わりの時期から思春期に至るまでの子どもは，いつでも現在の中に生き，現在にだけ興味を抱いています．この時期の子どもは世界は美しいはずだ，と信じています．世界は美しいのだから，授業も美しいはずだ，と子どもが無意識に信じているのですから，先生が実物教育にしばしば見られるような，新味のない，まったく功利的な態度に終始してしまえば，子どもの心にかなった授業はできません．授業は芸術体験となるように構成されなければなりません．　　　　　[『教育の基礎としての一般人間学』高橋巖訳，筑摩書房]

⑤ 子どもをこのように芸術的に活動させますと，これによって子どもの心には自己が豊饒すぎるという感情—この感情が極めて重要なのでありますが—が絶えず引き起こされるのであります．知性によって人間の魂は貧しくなり，その内面は荒涼としたものになるのでありますが，芸術的な取り扱いを受けますと人間の内面は豊かになるのでありまして，やがて豊饒すぎるがゆえに，この豊かさを和らげようという要求が起こるのであります．かくして子どもによって体験された生き生きとしたイメージをもつ芸術的なものは，自然に，より「貧しい」概念および観念へと向かうのであり，かくして芸術的なものを減ずること，すなわち知性化の要求が起こるのであります．子どもを芸術的なものに浸した後，芸術的感情から知的なものが発達するように致しますならば，この芸術的要素は身体を過度に硬化させることなく，正しく強化するよう身体に入りこんで適当な度合を保つのであります．　　　　[『現代の教育はどうあるべきか』佐々木政昭訳，人智学出版社]

ないと言われる「生きる力」の概念も，この「人格の完成」や「自由な人間」の育成の視点から基礎づけることができるだろう．

　では，「自由な人間」の育成，つまり「自由への教育」はどの様にして行われるのだろうか．その際にシュタイナーが最も重視した視点は，子ども理解（認識）に基づく教育という原則であった（<資料> I-38 ②）．教育における子どもの理解（認識）と子どもの発達段階に即することの重要性という考え方自体は，ルソーやペスタロッチーに象徴される近代教育思想の基本原則と合致するものであるが，シュタイナーはこの近代教育思想を一層徹底させる形で独自の教育方法論を確立した．そのシュタイナーの教育思想と方法論に基づく教育活動は，1919 年のシュタイナー学校の創設以来の約 100 年にわたって基本的には変わることなく実践され続けてきている．その主な特徴的教育活動を 3 点に絞って紹介してみよう．

　第 1 にシュタイナー学校は 12 年間一貫の教育を行う学校である．シュタイナー学校は，1919 年創設時は 8 年制の初等学校であったが，順次学年を加えて最終的には 12 年制の初等・中等学校として完成された．この 12 年間の間は，原則としてクラス替えも落第もない一貫教

育が行われる．階級や性別さらに能力による差別（選別）を一切廃して，万人に12年間の教育を保障するシュタイナー学校の教育活動は，創設当初はもとより今日でもなお極めて先駆的な試みとなっている．

　第2にシュタイナー学校では，1年生の時の担任が同じクラスを8年生まで継続して担任するという8年間担任制が実践されている．8年間担任制の根拠としては，歯牙交代から思春期までの児童期（第2・7期）の子どもの成長・発達をその「気質」を尊重しつつ見守ること，児童期の子どもの「権威感情」に応えること（＜資料＞I-38 ③），児童期の学習に必要な連続性と芸術的構成を維持することなどが指摘される．

　第3に，シュタイナー学校においては，あらゆる授業が芸術体験となるように構成される．シュタイナーによれば，特に日本の小学校から中学校に相当する児童期は，人間の内的能力（魂）の中でも感情および意志の発達する時期とされ，この時期の子どもたちは思考（知性）ではなく感情を通して世界を理解するという本性を有している（＜資料＞I-38 ④）．このため，主要教科が学ばれる「エポック授業」（主要授業）でも，1年生から開始される2つの外国語の授業においても，あらゆる知識が芸術的要素（水絵画，線描画，音楽，身体活動など）に包まれて伝達されるのである．シュタイナーによれば，この芸術体験としての学習によって感情や意志が十分に発達すると，次には知的活動（思考）が活性化し，青年期（14歳から21歳までの第3・7年期）になると感情および意志と結合した本来の意味での思考（知性）が本格的に発達することができるのである（＜資料＞I-38 ⑤）．シュタイナー学校では，こうした子どもたちの意志と感情と結合した知識，つまり「生きた知識」の獲得をめざしていることから，単なる知識（概念）＝「死んだ知識」の集積としての教科書は使用せず，また「死んだ知識」の獲得の有無を確認するためのテストも廃止しているのである．

＜図＞I-8　シュタイナー学校（ドイツ・ブレーメン市）の正面玄関（筆者撮影）．
　　人間と同じく，校舎も生命を持つ生きた建築として設計されている．

<図> I-9　シュタイナー学校 2 年
　　　生（ドイツ・ブレーメン
　　　市）の子どもたち（筆者
　　　撮影）.
　　　　黒板のフォルメン（線
　　　描画）は，算数のエポッ
　　　ク授業で先生が描いた
　　　もの.

<図> I-10　シュタイナー学校（ド
　　　　イツ・ドルトムント市)
　　　　の生徒のノート（筆者
　　　　撮影）.
　　　　　1 年生のアルファベッ
　　　　トの学習で，王様（King）
　　　　をクレヨンで描いてから，
　　　　Ｋ という抽象的な文字を
　　　　生みだしていく.

<図> I-11　シュタイナー学校（ド
　　　　イツ・ドルトムント市)
　　　　の 2 年生の教室の黒板
　　　　絵（筆者撮影）.
　　　　　担任教師が，授業展
　　　　開と関連した場面を色
　　　　チョークで色彩豊かに
　　　　描いたもの．1 週間後
　　　　には別の場面が描かれ
　　　　る．この黒板は観音開
　　　　きになっていて，授業
　　　　で使用する時は開けら
　　　　れる.

＜図＞I-12　シュタイナー学校（ドイツ・シュツットガルト市）の 10 年生の工芸の授業風景（筆者撮影）.
　この学校では，1 年生から 12 年生まで一貫して，手仕事や工芸や製本といった授業も重要な教育活動として共通に行われている.

# II章　子どもの権利と教育思想

　1989年11月に，国連総会は「児童の権利に関する条約」（Convention on the Rights of the Child）を採択した．この条約は，第3条で，この条約を批准した国は「児童の最善の利益」を考慮すべきこと，また第6条で「児童が生命に対する固有の権利」をもち，国は「生存及び発達を可能な最大限の範囲において確保する」ことを求めた．つまり，文明誕生から数千年を経て，国際条約によって子どもの生存権や発達権，意見表明権などが認められ，それを保障する責務がわれわれ人類に課せられたのである．

　この歴史は，たんなる大人の所有物としての存在から，固有の権利を有する存在への子ども観また教育観の転換の歴史といえよう．子ども観転換の一つの大きな契機は，ルソーによる「子どもの発見」であるといわれる．それは，子どもの生存と発達を保障する支援を行う必要性を説く最初のものであった．ルソー以後，このような考え方は，さまざまな教育家や思想家によって発展的に受け継がれ，児童中心主義の思想や運動をへて，子どもを発達や学習の主体として理解する近代的な教育観を成立させた．この章では，ルソー以降の代表的な教育思想家や運動家の思想や活動と，教育や福祉に関わる子どもの権利が国際的に保障されるようになる過程と現代の状況を概観してみよう．

## 1　子どもの発見

<図> II-1

スウォッドリング　　　　　　　　　　　　　　　貴族の子ども

[宮沢康人著『世界子どもの歴史6』第一法規出版，
1985年, p.23]

[江藤恭二著『世界子どもの歴史　5』
第一法規出版, 1985年, p.44]

<図> II-2

物乞いをする貧民の子ども 　貧しい農民の子ども 　　　17世紀の民衆学校の情景

[江藤恭二著『世界子どもの歴史 　5』第一法規出版, 1985年, p.65, 51]

## (1) 絶対王政期の子ども

　ルソーは『エミール』のなかで, 子どもの手足を拘束するような育児習慣（スウォッドリング）を批判し, このような不条理な習慣は, 母親がみずからの享楽のためにその責任を放棄し, 育児を乳母に任せきりにすることから生じたとしている. ルソーが批判したこのような教育は, もっぱら貴族や上流階級の家庭で行われていたものである. 社交生活が中心の家庭では, 両親は育児をかえりみず, 子どもの教育はもっぱら召使いや家庭教師にゆだねていた. また, 社交生活に入るための準備（作法やダンスなど）が彼らのおもな教育であり, 子どもは外見的にも内面的にも, まさに「小さな大人」であることが求められた（<図> II-1）.

　一方民衆の子どもの多くは, 極度の貧しさのなかで悲惨な生活を余儀なくされ, 物乞いによって一家の生活を支えるものもいた. 啓蒙専制君主によって学校が普及した18世紀のドイツでも, 学校に通ったのは子ども全体の四分の一程度に過ぎず, 出席も不規則なものであった.

　その学校も, 一般に教育内容は宗教の教義が中心であり, 施設はきわめて不潔で粗末であったとされる. また, 教師の多くが兼業者で, 無知・無教養なものも多かったとされる（<図> II-2）.

## (2) ルソーの略歴と思想

<図> II-3　ルソー［ルソー著／長尾十三二ほか訳『エミール1』明治図書, 1969年］

### ① 略歴　Jean-Jacques Rousseau　1712-1778

　フランスの思想家. スイスに生まれ, 青年期の放浪生活, サロンでの啓蒙思想家らとの交わりをへて, 本格的な著述活動に入る. 1762年に, 二大主著ともいえる『社会契約論』と『エミール』を発表した. 乳幼児期から青年期に至るまでの教育について述べた『エミール』は, フランスやジュネーヴの政府から危険思想として発禁処分を受けたが, ヨーロッパ各国の思想界に絶大な影響を与えた. 『エミール』での「子どもの発見」＝従来の子ども観・教育観の転換は, ペスタロッチーやフレーベルなどをへて, 児童中心主義の教育運動へと発展的に受け継がれた.

### ② 思想

　ルソーは，人間が自然状態において善であることを前提として，子どもに「小さな大人」であることを強要する伝統的な子ども観・教育観を否定し，不必要な知的・道徳的教育を排除する合自然的な消極教育を説いた．それは放任を意味するのではなく，子どもの心身の発達に応じて，子どもの自由と自己活動を重視し，必要な教育的配慮を要求するものである．また，彼は，子どもにおいては感覚がもっともはじめに形成され，それが知的発達の欠くことのできない基盤となると考え，感覚教育の重要性を唱えた．また，権利としての子どもの自由という彼の思想は，20世紀における子どもの権利に関する宣言や条約という大きな潮流へと発展した．

<資料> II-1

① 人間の平等
　自然の秩序のもとでは，人間はみな平等であって，その共通の天職は人間であることだ．
②「自然に帰れ」・消極教育
　万物をつくる者の手をはなれるときすべてはよいものであるが，人間の手にうつるとすべてが悪くなる．……こんにちのような状態にあっては，生まれたときから他の人々のなかにほうりだされている人間は，だれよりもゆがんだ人間になるだろう．
　人は子どもというものを知らない．……このうえなく賢明な人々でさえ……子どもにはなにが学べるかを考えない．かれらは子どものうちに大人をもとめ，大人になるまえに子どもがどういうものであるかを考えない．……とにかく，まずなによりもあなたがたの生徒をもっとよく研究することだ．
　初期の教育はだから純粋に消極的でなければならない．それは美徳や真理を教えることではなく，心を不徳から，精神を誤謬からまもってやることにある．あなたがたがなに一つしないで，なに一つさせないでいられるなら……やがてかれは，あなたがたに導かれて，人間のなかでこのうえなく賢明な者になるだろう．こうしてはじめにはなにもしないことによって，あなたがたはすばらしい教育をほどこしたことになるだろう．……慎重な人は長い時間をかけて自然を洞察しなければならない．……十分に生徒を観察しなければならない．まず，生徒の性格の芽ばえを完全に自由に伸ばさせることだ．
③ 感覚教育
　わたしたちのうちに最初に形づくられ，完成される能力は感覚である．だから，それを最初に育てあげなければならない．……感覚を訓練することはただそれをもちいることではない．感覚をとおして正しく判断することを学ぶことであり，いわば感じることを学ぶことだ．

[ルソー著／今野一雄訳『エミール』上巻　岩波文庫，1964年]

## 2　産業革命と子どもの生活

### (1) ペスタロッチーの略歴と思想

<図> II-4　ペスタロッチー[ペスタロッチー著／梅根悟訳『政治と教育』明治図書，1965年]

① **略歴　Johann Heinrich Pestalozzi 1746-1827**

　スイスの教育家．チューリッヒの大学で，神学，法律を学び，ルソーの思想に影響を受ける．農場経営の失敗の後に，孤児の救済と教育にあたる．フランス革命前後の政治的・社会的・経済的な激動期に，シュタンツ，ブルクドルフ，イヴェルドンなどでの教育実践をとおして，独自の教育理論と方法を構築した．後出のオーエンやフレーベルなど多くの人々が彼の学園を訪れ，その実践と理論は，当時のヨーロッパの教育界に絶大な影響を及ぼした．また，その影響はアメリカを経由して日本にも及び，彼の方法は「開発主義教授法」として，明治期の日本の学校にも広く用いられた．『隠者の夕暮』，『リーンハルトとゲルトルート』，『白

鳥の歌』など多くの著書がある.

## ② 思想

　ペスタロッチーは，その生涯をとおして，あらゆる人間が身分や貧富の差を問わず平等であること，また，その人間性を陶冶（教育）することによって社会を変革することの重要性を説いた．教育に関しては，人間が本来もっている素質や力を自発的・合自然的に発達させること，心（心情）・頭（精神）・手（技能）を調和的に発達させること，直観を重視し，それらの諸力を実際的な生活活動をとおして教育することなどをとりわけ強調した．また，彼は家庭や母親の役割を重視し，とくに家庭の情愛が道徳的諸力の教育の基盤になると考えた.

<資料> II-2

| |
|---|
| ① 人間性の平等<br>　玉座の上にあっても，木の葉の屋根の陰にあっても同じ人間，その本質における人間，その人間は何であろうか.<br>② 教育の目的<br>　人間の本性のこの内的諸能力を，純粋な人間の知恵へと一般的に向上発展させることは，最もいやしい人間にとっても陶冶の一般的目的である.<br>③ 基礎陶冶<br>　基礎陶冶の理念は，人間の心情，人間の精神，および人間の技術の諸能力と諸素質とを合自然的に発展させ，形成することの理念と見なされなければならないという結論が生まれる.<br>④ 心（心情）・頭（精神）・手（技術）<br>　人間を人間の本性の一般力において，すなわち心情，精神，および手として捉えることだけが，いかなる事情においても正しいということが証明される真理であり，そのことだけが人間を実際に，真に，合自然的に陶冶するのである.<br>⑤ 生活が陶冶（教育）する<br>　知的観点においては，基礎陶冶の理念は，その教育原則を<生活が陶冶する>という全く同じ言葉で言うことができる.<br>⑥ 直観教授<br>　人間の本性は，感性的に明らかになった表象を自分自身の中で明晰な概念へと高める．人間の本性は，その直観の対象を自主的な力でまとめ，分類し，そして相互に比較する．……個々の直観対象の明らかな意識から，その対象についての正しい思考や判断への転移を，合自然的に組織され，しかも心理学的な順序に配列された教授手段によって容易にする技術ほど，現実に非常に完全で着実なものはない. |

[ペスタロッチー著／東岸克好ほか訳『隠者の夕暮，白鳥の歌，基礎陶冶の理念』玉川大学出版部，1989年]

<図> II-5　シュタンツのペスタロッチー ［ペスタロッチー著／前原寿ほか訳『ゲルトルート教育法・シュタンツ便り』玉川大学出版部，1987年]

<図> II-6

子ども市場　　　　　　　　雇用主から賃金を受け取るレンガ工場で働く子どもたち

[宮沢康人著『世界子どもの歴史　6』第一法規出版，1985 年，p.198，p.206]

煙突少年　（Elizabeth, L : *Children at work 1830-1855*,
Longman, 1981）

　当時，煙突掃除を業務とする清掃業者には 5，6 歳から 10 歳くらいまでの男子が雇われていて，住居や事務所の煙突のススを取り除く作業をさせられていた．彼らは煙突の内壁をブラシでこするだけではなかった．塩水の中で皮膚をこすって固くしたうえで煙突の内壁を自分自身の皮膚でこすりながらはい登り，文字どおり体ごとススを除去したのである．煙突の太さは 30 センチ四方のものが多かったので，年少の少年しかこの作業をすることができなかった．煙突少年の酷使が始まったのは，18 世紀に入り住居や事務所の暖房用に石炭が大量に消費されるようになってからのことである．煙突少年を使わずに機械を利用して煙突のススを掃除するには，当時の技術水準では煙突をかなり太く作らざるをえなかった．そこで安価ですむ小さな煙突が設置され，煙突少年が重宝されたわけである．また機械で清掃すればススの塊が煙突から下に落ちてカーペットや家具を汚しかねないため，業者だけではなく依頼者側でも煙突少年が歓迎されていたのである．
　煙突少年には不幸な者が多く，不義の子どもなど出生上歓迎されないなどの事情により母親から業者に売られた場合も少なくなかった．このために彼らは人間らしく扱ってもらうことができなかった．例えば，彼らはススで真っ黒になった顔や体を石鹸で洗ってもらうことがほとんどなかった．また嫌がる子どもを無理矢理煙突に入れて，暖炉に火をたき下からいぶりだすような形で掃除をさせた例もあった．このような過酷な仕事のために，少年たちは皆健康を害するようになり，幼くして癌で亡くなる者が多かった．
　このような残虐な酷使に対して，人道的な見地から年少者による煙突掃除を禁止するための運動が 1770年頃より始まった．けれども当時はいろいろな障害があり，清掃業者が煙突少年を雇うことを禁止する法律が制定されたのは，ようやく 1840 年になってからのことであった．それでもその法律の罰則規定が緩いことや，太い煙突に改造する費用が高くつくことを嫌がる人たちの思惑もからんで，清掃業者による煙突少年の酷使は依然として続いていた．その後 1875 年になって，煙突少年を雇用していないことを警察が確認したうえで毎年清掃業者の事業免許を更新するということに法改正がなされたことにより，この残虐な制度がようやく廃止されたのだった．

[江藤恭二著『子どもの教育の歴史』名古屋大学出版会，1992 年]

## (2) 産業革命期の子ども

　産業革命の進行につれて，工場における機械生産が増大したことによって，成人男子の労働力よりも，賃金の安い女子や子どもの労働が必要とされた．都市部のスラム街には失業者があふれた．家内工業が主流の時代には，貧しいながらも家族のきずなは保たれていたが，そのような家庭生活をもはや維持することはできなくなった．育児や教育がおろそかにされ，放置・放任される子どもが増えた．子どもの死亡率は高く（1840年代イギリスのある都市では，子どものうちの47%が5歳未満で死亡したとされる），子殺しも横行したという．一方，低賃金とはいえ子どもは家計を支える貴重な労働力であり，一日十数時間にも及ぶ労働に追いやられた．そのなかには，過酷な労働によって健康を損なうものも少なからずいた（＜図＞II-6）．

## (3) オーエンの略歴と思想

### ① 略歴　Robert Owen 1771-1858

＜図＞II-7　オーエン［オーエン著／渡辺義晴訳『社会変革と教育』明治図書，1963年］

　イギリスの経営者・社会改革家．イギリスの産業革命期に店員から身をおこし，紡績工場の支配人となる．知識人との交わりをとおして教養を深め，工場経営者として活躍する．空想的社会主義の立場から，労働者の理想的共同体の実現を試みるとともに，工場法制定や選挙法改正などの運動に尽力した．1816年，ニュー・ラナークに，みずからの性格形成論にもとづく学校「性格形成学院」（＜図＞II-8）を開設して，乳幼児から青年までの教育を実践する．また，アメリカのニュー・ハーモニーでも，ペスタロッチーの教育理念を取り入れた学校の建設に取り組んだ．「性格形成学院」の幼児学校は，現在の保育園の発祥ともいわれ，その後のイギリスの幼児学校の発展にも大きな影響を与えた．

### ② 思想

　オーエンは，過重な労働と低い賃金にあえぐ産業革命期の労働者の劣悪な生活環境を，工場

＜資料＞ II-3

> ① 人間の性格形成と環境・教育
> 　一般に性格は個人のために形成されるのであって，個人によって形成されるものではない．
> 　この問題についてなんらかの知識をもっている人びとは，いわゆる＜人間は環境の子である＞ということ，人間とは，生涯のどの時点をとってみても，かれをとりかこんだ環境の諸条件と，かれの生まれながらの性質とが一緒になったものによってこさえられたものにほかならないこと，をよく知っております．
> 　私が考えているような人間の全面的変革を実現するためには新しい環境を用意することが必要ですが，この環境は……すでによく知られている自然の諸法則にぴったり一致しており，どんな鋭敏なひとでもそこに自然法則からそれたものをみつけることができないほどのものでなくてはならない，ということであります，……私は，すべての子どもの性質，習慣，情操はかれらのために形成されるべきものだと考えております．そしてこういうものをうまく形成していくには，なによりも賞罰とか競争といった考えをすっかり排除しなければなりません．またもしかれらの性格があるべきものでないとすれば，その誤りはかれらの教師とその他のかれらの環境の条件からくるのだと思います．
> ② 実物教授
> 　そんなわけですから，あたらしい学校の子どもには，系統的に有益な知識を得させる教育をほどこさねばなりません．それは実物教育によるべきです．子どもの反省力と判断力は，かれらの前に提示された経験的事実から正確な結論をひきだすように習熟していくだろうと思います．

[オーエン著／渡辺義晴訳『社会変革と教育』明治図書，1963年]

<図> II-8　ニュー・ラナーク性
格形成学院の子どもたち［宮
沢康人著『世界子どもの歴史
6』第一法規出版，1985年，
p230，p229］

や住宅，衣食などの改善によって向上させること，また悲惨な児童労働から子どもを解放し，相応の教育を与えることなど，産業革命がもたらした弊害を解消するための社会的な改革に取り組んだ．彼の性格形成論では，人間形成における環境と教育の役割が強調され，よりよい教育環境の構築の必要性や，性格形成における幼児期の重要性などが説かれる．「性格形成学院」の教育の特徴は，自他の利益と幸福をめざすことの強調，子どもの自己活動や実物教授，生産労働の重視，賞罰や競争の廃止などである．また，校舎の施設・設備，採光・換気・暖房，子どもの衣服などにまで細心の注意が払われた．

## (4) モニトリアル・システム

19世紀はじめころから盛んに行われた教授法であり，ベル・ランカスター方式，助教法などとも呼ばれた．子どもは学習の進度別に班に編成され，各班には教師の教授を手伝う助教（上級の生徒から選ばれ，モニターと呼ばれた）が配置された．教師の教授の後に，助教は各班の子どもの学習を確認した．教師が助教に教え，助教が子どもに直接教えることも行われた．少ない経費，労力，施設で，多数の子どもを効率的に教えようとする一斉教授法であり，今日の「学級」を単位とする教育の契機となったとされる．しかし，その画一的・機械的・形式的な方法，厳しい競争原理や賞罰の導入，記憶を中心とした学習，貧困な教授内容（オーエンがこの点を批判している）など問題点も多かった（<図> II-9）．

<図> II-9

ランカスター式学校　　　　ランカスター式学校の教室と　　　　ランカスター式学校の罰
の教室の見取図　　　　　　　授業風景

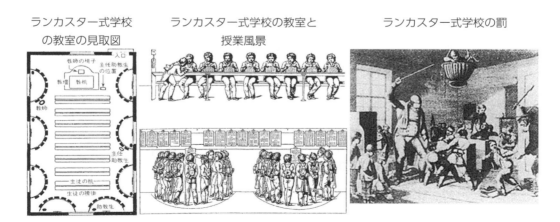

［長尾十三二著『世界子どもの歴史　8』第一法規出版，1985年，p.47，p.49，p.52］

## （5）フレーベルの略歴と思想

<図> II-10　フレーベル [フレーベル著／小原国芳ほか監修『フレーベル全集　第1巻』玉川大学出版部，1977年]

### ① 略歴　Friedrich Wilhelm August Fröbel 1782-1852

　ドイツの教育家．林務官の見習い，測量技師，農場書記などの職をへて，教育実践の道に入る．イエナ，ゲッティンゲン，ベルリン大学で，数学，鉱物学，言語学，結晶学などを学んだ．ペスタロッチーの理論と実践に強い影響を受けた．各地でさまざまな教育実践や教員養成を行いながら，みずからの教育理論を構築する．後に，独自の理論にもとづく幼稚園遊具「恩物」（<図> II-11）を開発し，その普及につとめた．1840年には，世界で初めての幼稚園「一般ドイツ幼稚園」を開設した．著書に，『人間の教育』，『母の歌と愛撫の歌』（<図> II-12）などがある．その教育思想と方法は世界各国に普及し，日本の幼児教育にも多大の影響を与えた．

### ② 思想

　フレーベルの教育思想の基盤には，あらゆるものは永遠の法則によって支配され，その法則の根底には神が存在するという万有在神論がある．彼によれば，子どものなかにも，そのような神性が存在し，それにもとづく子どもの活動は必ず善なのである．したがって，子どもに内在する神性が，子どもみずからの自発的で創造的な活動をとおして表現されるように，教育は無用の干渉を避け，そのような活動を援助しなければならない．このような意味から，子ども

<資料> II-4

---

**① 永遠の法則と神**

　すべてのもののなかに，永遠の法則が，宿り，働き，かつ支配している．この法則は，外なるもの，すなわち自然のなかにも，内なるもの，すなわち精神のなかにも，自然と精神を統一するもの，すなわち生命のなかにも，つねに同様に明瞭に，かつ判明に現われてきたし，またげんに現われている．……このすべてのものを支配する法則の根底に……永遠に存在する統一者が，必然的に存在している．……この統一者が，神である．……すべてのもののなかに，神的なものが，神が，宿り，働き，かつ支配している．

**② 人間の教育**

　人間を刺激し，指導して，その内的な法則を，その神的なものを，意識的に，また自己の決定をもって，純粋かつ完全に表現させるようにすること，およびそのための方法や手段を提示すること，これが，人間の教育である．

　教育，教授，および教訓は，根源的に，またその第一の根本特徴において，どうしても受動的，追随的（たんに防御的，保護的）であるべきで，決して命令的，規定的，干渉的であってはならない．

**③ 発達の連続性**

　各発達段階にきわめて明確な限界を設けること，これは……人類の発展や連続的形成の阻止や破壊をもたらすのである．……少年が少年となり，青年が青年となるのは，その年齢に達したからではなく，かれが，そこで，幼年期を，さらに少年期を，かれの精神や心情や身体の諸要求に忠実に従って，生き抜いてきたからである．

**④ 遊びの意義**

　遊戯することないし遊戯は，幼児の発達つまりこの時期の人間の発達の最高の段階である．というのは，遊戯とは……すなわち内なるものそのものの必要と要求に基づくところの，内なるものの表現にほかならないからである．遊戯は，この段階の人間の最も純粋な精神的所産であり……喜びや自由や満足や自己の内外の平安や世界との和合をうみだすのである．あらゆる善の源泉は，遊戯のなかにあるし，また遊戯から生じてくる．

---

[フレーベル著／荒井武訳『人間の教育』上巻　岩波文庫，1964年]

<図> II-11 恩物（第1から第6まで）

［酒井玲子ほか編「写真によるフレーベルの生涯と活動」玉川大学出版部，1982年，p.88-90］

第1恩物と遊び方

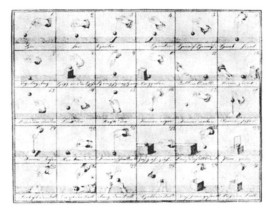

第2恩物

第3恩物と第4恩物

第5恩物と第6恩物（右は第5恩物の展開例）

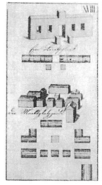
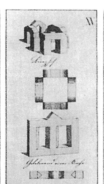
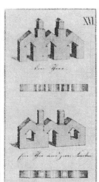

の連続的な発達の過程において，幼児期の遊び，少年期の労働や生産的活動などが強調されるのである．保育における母親や家庭の役割，遊びや労作の意義の強調といった彼の思想は，大きな今日的な意味をもつものである．

<図> II-12　お菓子づくり（『母の歌と愛撫の歌』より）

[フレーベル著／小原国芳ほか監修『フレーベル全集　第5巻』玉川大学出版部，1981年，p.74-75]

お菓子づくり

お菓子づくりの遊びのなかにも，
立派な意味があるのでしょうね．——
ええ，はっきりありますよ．
仕事がうまくできて
みんなを喜ばせるためには，
みんながてきぱきと，
いろいろな役割を，
それぞれ果たさなければなりません．

さあ　やってみましょう
お菓子を焼きましょう
ぺたり　ぺたりとのばしましょう
パン屋さんがいっています
"さあよろしい　すぐにお菓子をもっておいで
でないとオーブンが冷えますぞ"——
"はい　パン屋さん
わたしがつくった上等なお菓子
ぼうやがたべるおいしいお菓子
じょうずに焼いてくださいな
すぐにもお菓子が焼けるよう
オーブンの奥に入れますよ"

## 3　新教育運動と子どもの権利
### (1) エレン・ケイの略歴と思想

<図> II-13　エレン・ケイ［エレン・ケイ著／原田実訳『児童の世紀』久山社，1995年］

#### ① 略歴　Ellen Key 1849-1926

　スウェーデンの女性思想家．学校へは行かず，父母の薫陶と独学で教養を身につけ，スペンサー，ダーウィン，ルソー，ニーチェらに思想的な影響を受けた．教職のほかに，著述家，女性運動家として活躍した．1900年刊行の著書『児童の世紀』は，各国語に翻訳され，児童中心主義の新教育運動隆盛のきっかけをつくった．

#### ② 思想

　ケイは，指摘されているとおり，まさに生命至上主義者，子ども本位主義者，母性の鑽仰者である．彼女は，教育が児童心理学などの科学的な児童研究にもとづくべきこと，子どもの本性を抑圧することなく，人格の自由で完全な自己発達を助長すべきことを主張した．また，教育の基盤として，子どもが，愛情豊かで平和で健全な家庭に生まれることの必要性を説いた．その思想には，教育における家庭や母性の重要性の強調，労作教育の重視，体罰や賞罰不要論など，現代の教育に

も示唆を与えるところが多い.

<資料> Ⅱ-5

> ① 児童の世紀
> やがて二十世紀は子供の世紀，児童の世紀となるであろう．最初に先ず児童の性格が理解され，そして次に，その理解された純な児童性が保護されることによって，それは実現されるであろう.
> ② 母親と子ども
> このことについては，婦人にはただ一つの義務，ただ一つの正しい義務があるばかりであると言いたい．……その義務とは，婦人が新しい生命である子供を生むにあたっては，必ず恋愛と純粋とのうちにおいて，健康と美とのうちにおいて，十分なる夫婦諧和のうちにおいて，完全なる夫婦同意において，また完全なる夫婦共通の幸福のうちにおいて，これをなさなければならないということである.
> ③ 子どもの本質と教育
> 教育家たちは……性悪とか人間の罪業とかいうことを信じて教育をつづけている．しかし新しく考えねばならないことは……子供の欠点のほとんどすべては徳の萌芽を包む硬い殻たるに過ぎないという思想である．だから，自然をして静かにおもむろにその成り行くがままにあらしめて，ただ周囲の情勢をその自然の働きを助けしめるように配慮してゆくことが，新しい教育法である．これこそほんとうの教育である.
> 教育は，子供がそのうちにいて成長し得る美しい世界を外面的にもまた精神的にも作らなければならぬ．そうした世界のうちに，子供をして，他人の境界を侵さない限り，自由に動作せしめるのが，今後の教育の目的であろう.
> 自然的教育の妙技は……直接の干渉を避けるところにある．全注意を挙げて，子供の周囲を管理し，併せてその自然にまかせた教育を監視するところにある.

[エレン・ケイ著／原田実訳『児童の世紀』福村出版，1953 年]

## (2) モンテッソーリの略歴と思想

<図> Ⅱ-14　モンテッソーリ［モンテッソーリ著／阿部真美子訳『自発的活動の原理』明治図書，1990 年]

### ① 略歴　Maria Montessori 1870-1952

イタリアの女性教育家．ローマ大学に学び，イタリアで初の女性医学博士となる．卒業後，障害児の治療と教育にあたる．再び大学で教育学や心理学などを学んだ後，ローマのスラム街に開設された「子どもの家」で，幼児期の健常児に独自の教育方法を実践して効果をあげる．1909 年に出版された主著『子どもの家の幼児教育に適用された科学的教育学の方法』は各国語に翻訳され（『モンテッソーリ・メソッド』として知られる），世界的な反響を呼んだ．ヨーロッパやアメリカやインドなどで，モンテッソーリ教育の普及に努め，教員養成コースの指導にあたった．現在も，日本を含めた多くの国で，モンテッソーリ教育の実践が行われている.

### ② 思想

モンテッソーリは，子どもを，生命の法則にもとづいてみずから発達するものととらえ，教育はその発達を抑圧することなく，援助しなければならないと主張する．したがって，教育の役割は，子どもの活動に自由を与え，適正な発達をうながす環境を，子どもの回りに構成することである．「敏感期」と呼ばれる適切な時期をとらえて，適切な刺激を与えれば，「注意力の集中現象」が生じ，子どもはみずから望ましい発達を遂げることができると彼女は考えた．また彼女は，とりわけ幼児の感覚の訓練を重視した．このような訓練などのために考案された特殊な教具（<図> Ⅱ-15）が，モンテッソーリ教育の代名詞的な存在となっている.

<図> II-15　モンテッソーリ教具

［岩田陽子著『モンテッソーリ教育（理論と実践）第3巻』学習研究社，1978年，p.35-44]

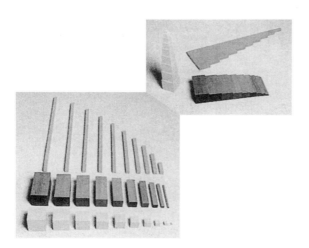

<資料> II-6

① 子どもの本質

　子どもの生命は抽象的な観念ではない．それは個々の子どもの生命である．そこには唯一の真の生物学的表示ー生きている個人ーがある．……子どもは，成長する身体と発達する精神である．ーこれらの生理学的，心理学的二形式は，一つの永久的な根源，即ち生命それ自身を持つ．われわれは，これらの成長の二形式に内在する神秘的な力を傷つけたり押しつぶしたりしてはならない．

　　　　　　　　　　　［モンテッソーリ著／阿部真美子ほか訳『モンテッソーリ・メッソド』明治図書，1977年]

② 教育の役割＝自由の保障と環境構成

　発達の諸法則がそこにはあります．それらのものは，観察され，確かめられ，したがわれなければなりません．子どもは，自然の発達法則の中で発達の自由が与えられなければなりません．

　　　　　　　　　　　［モンテッソーリ著／林信二郎ほか訳『モンテッソーリの教育』あすなろ書房，1980年]

　こんな具合に私達は，教育とは先生が与えるものでなく，人間一人一人が自発的に展開させる自然な過程であることを発見いたしました．……先生はしゃべるのが仕事ではなくて，適切に準備された環境の中で子供に文化的活動を行わせるような一連の動機を用意し整えるのが仕事になります．

　　　　　　　　　　　［モンテッソーリ著／武田正実訳『創造する子供』エンデルレ書店，1978年]

③ 敏感期と注意力の集中現象

　敏感期というのは，発育のうちにすなわち生き物の幼児期にあらわれる特別敏感な状態のことであります．それは一時的のもので，その生物に一定の能力を獲得させるのに役だつだけです．それが済めば，その敏感な状態は消えます．　　　　　　　　　　［モンテッソーリ著／鼓常良訳『幼児の秘密』国土社，1979年]

　精神的成長に適する環境に置かれた幼児は突然一つの教具に注意を固定させ，そこに組み込まれた目的に専心し，同じ練習を繰り返し続けるという現象が見られる．……これが精神的成長と密接に関連する行為の発端と考えられる現象である．……この事実が精神的構築の基礎であり，教育の鍵なのである．

　　　　　　　　　　　［モンテッソーリ著／阿部真美子訳『自発的活動の原理』明治図書，1990年]

## (3) デューイの略歴と思想

<図> Ⅱ-16 デューイ
［デューイ著／金丸弘幸訳『民主主義と教育』玉川大学出版部, 1984 年］

### ① 略歴　John Dewey 1859-1952

　アメリカの哲学者, 教育学者. ジョンズ・ホプキンス大学大学院で哲学を学ぶ. ミシガン大学やシカゴ大学などで教鞭をとるとともに, アメリカ心理学会会長, 進歩主義教育協会名誉会長などの要職を歴任した. シカゴ大学では実験学校を開設し, その実践は世界的な注目を浴びた. 教育に関する代表的な著作に, 『学校と社会』(1899 年), 『民主主義と教育』(1916 年) などがある. 彼の実験主義・道具主義にもとづく教育理論は, アメリカの進歩主義教育や世界の新教育運動に, また, とりわけ戦後の日本の教育改革に絶大な影響を与えた.

### ② 思想

　デューイによれば, 人間は環境に働きかけ, 自己を変革しながら環境に適応していくものであり, その際, 観念が実験的な仮説あるいは道具として使用される. このような適応の過程＝「経験のたえざる再構成」が発達であり, 生活であり, 教育そのものである. したがって, 学習においては, 子どもが, 思考を呼び起こされるような生活さながらの経験的場面におかれ, みずから問題に対する解決策を模索し, 仮説をたて検証するといった経験が重視される. このような学校は, まさに一つの小さな社会＝大きな社会生活の一部でなければならず, 学校での教育は, 社会生活における人間形成と連続するものでなければならないとされる. また, 彼は, 子どもから何かを「抽だす」ことを過度に強調する行き過ぎた児童中心主義を批判し, 子どもの活動を方向づけることは, それを抑圧することではないと考えた.

<資料> Ⅱ-7

① 新教育
　旧教育は, これを要約すれば, 重力の中心が子どもたち以外にあるという一言につきる. 重力の中心が, 教師・教科書, その他どこであろうとよいが, とにかく子ども自身の直接の本能と活動以外のところにある. ……いまやわれわれの教育に到来しつつある変革は, 重力の中心の移動である. ……このたびは子どもが太陽となり, その周囲を教育の諸々のいとなみが回転する. 子どもが中心であり, この中心のまわりに諸々のいとなみが組織される. 　　　　　［デューイ著／宮原誠一訳『学校と社会』岩波文庫, 1957 年］
② 子どもの発達と教育
　教育は発達である, といわれるならば……われわれの正味の結論は, 生活は発達であり, 発達すること, 成長することが生活なのだということである. このことを……教育的表現に翻訳するならば, それは, (1) 教育の過程はそれ自体を越えるいかなる目的ももっていない, すなわち, それはそれ自体の目的なのだ, ということ, および, (2) 教育の過程は連続的な再編成, 改造, 変形の過程なのだ, ということになるのである. 　　　　　［デューイ著／松野安男訳『民主主義と教育』上巻　岩波文庫, 1975 年］
　教育とは, 経験の意味を増加させ, その後の経験の進路を方向づける能力を高めるように経験を改造ないし再組織することである. (同上)
③ 教授法の要点
　まず第一に, 生徒に本物の経験的場面を与えなければならない. ……第二に, この場面の中で, 本物の問題が, 思考を呼び起こす刺激として, 現われ出なければならない. 第三に, 生徒は, それを処理するのに必要な, 情報をもつべきであり, 観察を行うべきである. 第四に, 解決案が生徒の心に浮かび, しかも, 生徒がそれを整然と展開する責任をもつべきである. 第五に, 生徒は, 自分の考えを適用して試し, それらの意味を明らかにし, 自分でそれらの妥当性を見出す機会と必要とを持つべきである. (同上)

## (4) ワロンの略歴と思想

<図> II-17　ワロン［ワロンほか著／竹内良知訳『ワロン・ピアジェ教育論』明治図書，1979年］

### ① 略歴　Henri Wallon 1879-1962

　フランスの児童心理学者．高等師範学校を卒業し，パリ大学で医学を学ぶ．障害児の治療にたずさわり，心理学者，教育運動家としても活躍した．著書に『児童における性格の起源』（1932年）などがある．新教育運動の国際的連帯組織である「国際新教育連盟」のフランス支部において中心的役割をはたし，第二次世界大戦後は文部大臣や国会議員を務めた．1947年，戦後のフランスの教育改革の方向性を示したランジュバン・ワロン改革案を文部省に提出した．また，世界教員組合連盟の委員長，フランス国立職業指導研究所所長，心理学研究所副所長などを歴任した．

### ② 思想

　ワロンは，科学的な心理学によって子どもの発達の特性を理解し，それにふさわしい社会的・教育的環境を構築することの重要性を主張した．その人間観の特徴の一つは，人間を社会的存在としてとらえることである．それは，彼が新教育運動をみずから推進しながらも，それが，ともすれば，子どもを社会から切り離して，それ自体で発達するものとして理解しようとする傾向が強いことを批判する姿勢にも現れている．新教育連盟などをとおして，「子どもの権利」の社会的な認知と実現とを求めたワロンらの活動が，ユネスコの結成，後出の「児童の権利に関する宣言」へと結実する．

<資料> II-8

　① 新教育と子どもの権利
　これまで新教育は何をしてきたかと申しますと，それはすぐれて有益な仕事をしてまいりました．新教育は大人にたいして子どもの権利を宣言してきたのであります．疑いもなく，子どもの権利はずっと昔，すでに，ジャン・ジャック・ルソーによって……主張されておりました．しかし……大人はまず自分の権利を認めさせましたが……子どもの権利を承認するにはかなりの年月が，いってみれば150年の年月がかかりました．……子どもの権利とは何か？ それは子どもの本性を尊重させ，子どものなかにある固有の諸資質を尊重させ，子どもは大人でないこと，大人ではないから子どもには大人とちがった扱いが必要なこと，大人は子どもに自分の感じ方や考え方や規律をおしつける権利をもっていないことを承認させる権利のことであります．
　　　　　　　　　　　　　　　　　　　　　　（1932年国際新教育連盟第6回大会での演説）

　② 子どもの発達と社会
　子どもの能力の発達を尊重しなければならぬという意味で，子どもの自由を尊重しなくてはならないことはたしかであります．しかし子どもがそれ自身だけでそれ自身によって発達しうる能力をもっているとみなされることが多すぎました．……有機体というものは，それがそこで発展する環境がなくては説明できるものではありません．……子どもは能力をそれ自体として発達させるのではありません．じっさいには，子どもは生まれたときから，周囲に自分を適応させるのであります．
　子どもにとって最初にあるものは何でしょうか．自然でしょうか．これはまったく間違った幻想だとわたしは思います．……子どもの最初の関係は社会関係であります．子どもは生まれたときから社会化された存在，社会に結びつけられた存在であります．
　子どもの最初の関心は……周囲の人びととコミュニケーションをはじめることであります．したがって，子どもが適応する最初の対象は物質的世界ではなく，物理的世界ではなくて，社会，彼をとりまく小さな社会であります．それは彼をとりまく諸々の個人なのであります．

［ワロン他著／竹内良知訳『ワロン・ピアジェ教育論』明治図書，1979年］

## (5) 児童の権利に関するジュネーヴ宣言（ジュネーヴ宣言）Declaration of the Rights of the Child

　第一次世界大戦終結後の 1920 年 1 月，多くの子どもたちにも犠牲を強いた悲惨な戦争を二度と引き起こさないという決意のもとに国際連盟が結成され，1924 年 9 月，同連盟第 5 回総会は「児童の権利に関するジュネーヴ宣言」を採択した．宣言が成立した背景には，新教育運動などをとおして，発達や教育における「子どもの権利」の社会的な自覚が，世界的な高まりをみせたことがあった．前文は，人類が「児童に対して最善のものを与えるべき義務」を有し，この宣言に掲げるすべて事項を，差別なくすべての子どもに保障すべきであることを述べている．この「児童に対して最善のものを与える」という基本的な精神は，後の「児童の権利に関する宣言」や「児童の権利に関する条約」へと，発展的に継承されていく．また，第 2 条や第 3 条に端的にみられるように，子どもを保護や救済の対象としてとらえるという色彩が強いことも，この宣言の特徴である．

<資料> II-9　児童の権利に関するジュネーヴ宣言（ジュネーヴ宣言）

1924 年 9 月 26 日・国際連盟総会第 5 会期採択
　「ジュネーヴ宣言」として一般に知られる当「児童の権利宣言」により，すべての国の男女は，人類が児童に対して最善のものを与えるべき義務を負うことを認め，人種，国籍または信条に関する一切の事由に関わりなくすべての児童に，以下の諸事項を保障すべきことを宣言し，かつ自己の義務として受諾する．
1　児童は，身体的ならびに精神的の両面における正常な発達に必要な諸手段を与えられなければならない．
2　飢えた児童は食物を与えられなければならない．病気の児童は看病されなければならない．発達の遅れている児童は援助されなければならない．非行を犯した児童は更生させられなければならない．孤児および浮浪児は住居を与えられ，かつ援助されなければならない．
3　児童は，危難の際には，最初に救済を受ける者でなければならない．
4　児童は，生計を立て得る地位におかれ，かつ，あらゆる形態の搾取から保護されなければならない．
5　児童は，その才能が人類同胞への奉仕のために捧げられるべきである，という自覚のもとで育成されなければならない．

## 4　子どもの権利の国際的保障

## (1) 世界人権宣言 Universal Declaration of Human Rights

　第二次世界大戦直後の 1945 年 10 月，「国際連合憲章」にもとづき，国際連合が結成された．翌年，国際連合はその経済社会理事会に対して，前出のジュネーヴ宣言のような児童の権利宣言を作成することを求めた．それに先だって，世界の恒久的な平和のためには，あらゆる人間の基本的な人権の尊重こそが不可欠であるという認識のもとに，1948 年 12 月，第 3 回国連総会は，「世界人権宣言」を採択した．

　その前文は，「人類社会のすべての構成員の固有の尊厳と平等で譲ることのできない権利とを承認することは，世界における自由，正義及び平和の基礎である」として，あらゆる人民と国とが「達成すべき共通の基準」として，この宣言を公布するとしている．そのなかでは，自由・平等（第 1 条），差別の禁止（第 2 条），生命・身体の安全（第 3 条），裁判を受ける権利（第 10 条），財産権（第 17 条），思想・良心・宗教の自由（第 18 条），表現の自由（第 19 条），参政権（第 21 条），労働権（第 23 条）などの市民的・経済的・政治的・文化的な権利について述べられている．第 25 条の 2 では，母子が特別な保護と援助を受ける権利を有すること，児童が嫡出であるか否か問わず，同等の社会的保護を受けることを規定している．また，第 26

<資料> II-10　世界人権宣言（抄）

> 第1条　すべての人間は，生まれながらにして自由であり，かつ，尊厳と権利とについて平等である．人間は，理性と良心とを授けられており，互いに同胞の精神をもつて行動しなければならない．
> 第2条　1　すべて人は，人種，皮膚の色，性，言語，宗教，政治上その他の意見，国民的若しくは社会的出身，財産，門地その他の地位又はこれに類するいかなる事由による差別をも受けることなく，この宣言に掲げるすべての権利と自由とを享有することができる．
> 第3条　すべて人は，生命，自由及び身体の安全に対する権利を有する．
> 第6条　すべて人は，いかなる場所においても，法の下において，人として認められる権利を有する．
> 第7条　すべての人は，法の下において平等であり，また，いかなる差別もなしに法の平等な保護を受ける権利を有する．すべての人は，この宣言に違反するいかなる差別に対しても，また，そのような差別をそそのかすいかなる行為に対しても，平等な保護を受ける権利を有する．
> 第9条　何人も，ほしいままに逮捕，拘禁，又は追放されることはない．
> 第10条　すべて人は，自己の権利及び義務並びに自己に対する刑事責任が決定されるに当つて，独立の公平な裁判所による公正な公開の審理を受けることについて完全に平等の権利を有する．
> 第14条　1　すべて人は，迫害を免れるため，他国に避難することを求め，かつ，避難する権利を有する．
> 第15条　1　すべて人は，国籍をもつ権利を有する．
> 　2　何人も，ほしいままにその国籍を奪われ，又はその国籍を変更する権利を否認されることはない．
> 第17条　1　すべて人は，単独で又は他の者と共同して財産を所有する権利を有する．
> 　2　何人も，ほしいままに自己の財産を奪われることはない．
> 第18条　すべて人は，思想，良心及び宗教の自由に対する権利を有する．この権利は，宗教又は信念を変更する自由並びに単独で又は他の者と共同して，公的に又は私的に，布教，行事，礼拝及び儀式によつて宗教又は信念を表明する自由を含む．
> 第19条　すべて人は，意見及び表現の自由に対する権利を有する．この権利は，干渉を受けることなく自己の意見をもつ自由並びにあらゆる手段により，また，国境を越えると否とにかかわりなく，情報及び思想を求め，受け，及び伝える自由を含む．
> 第20条　1　すべての人は，平和的集会及び結社の自由に対する権利を有する．
> 第21条　1　すべての人は，直接に又は自由に選出された代表者を通じて，自国の政治に参与する権利を有する．
> 第23条　1　すべて人は，勤労し，職業を自由に選択し，公正かつ有利な勤労条件を確保し，及び失業に対する保護を受ける権利を有する．
> 第25条　1　すべて人は，衣食住，医療及び必要な社会的施設等により，自己及び家族の健康及び福祉に十分な生活水準を保持する権利並びに失業，疾病，心身障害，配偶者の死亡，老齢その他不可抗力による生活不能の場合は，保障をうける権利を有する．
> 　2　母と子とは，特別の保護及び援助を受ける権利を有する．すべての児童は，嫡出であると否とを問わず，同じ社会的保護を受ける．
> 第26条　1　すべて人は，教育を受ける権利を有する．教育は，少なくとも初等の及び基礎的の段階においては，無償でなければならない．初等教育は，義務的でなければならない．技術教育及び職業教育は，一般に利用できるものでなければならず，また，高等教育は，能力に応じ，すべての者にひとしく開放されていなければならない．
> 　2　教育は，人格の完全な発展並びに人権及び基本的自由の尊重の強化を目的としなければならない．教育は，すべての国又は人種的若しくは宗教的集団の相互間の理解，寛容及び友好関係を増進し，かつ，平和の維持のため，国際連合の活動を促進するものでなければならない．
> 　3　親は，子に与える教育の種類を選択する優先的権利を有する．

条では，教育を受ける権利，初等教育の義務制・無償制，教育の目的や方針，親の子どもに与える教育の種類の選択権などについて述べている．人権に関する普遍的な国際規範として，また後出の「児童の権利に関する宣言」の基盤として，この宣言の果たした役割は大きいといえる．

## (2) 児童の権利に関する宣言（児童の権利宣言）Declaration of the Rights of the Child

　国際連合では，その発足当初から児童の権利宣言の作成が懸案であったが，世界人権宣言と国連憲章とにもとづく新たな児童の権利宣言の作成が求められるようになった．社会委員会，

経済社会理事会，人権委員会などにおいて宣言案の審議が行われ，1959 年 11 月第 14 回国連総会において，「児童の権利に関する宣言」が満場一致で採択された．このような審議の過程では，ポーランドのように，それを宣言ではなく条約とすべきであるとの意見もみられた．

その前文は，ジュネーヴ宣言，国連憲章，世界人権宣言などの精神を基盤として，人類が「児童に対し，最善のものを与える義務を負うものである」と明記し，両親や政府，諸団体などに対し，児童の権利と自由の保障を求めている．第 1 条では，あらゆる児童が例外なく，また差別なく，この宣言に掲げる権利を有することを明記している．その権利とは，特別の保護を受ける権利（第 2 条），調和的な発達の機会と便宜を与えられる権利（第 2 条），姓名・国籍をもつ権利（第 3 条），障害児が特別の教育や保護を受ける権利（第 5 条），家庭のなかで愛情と理解のもとに生育する権利（第 6 条），教育・保護・救済を受ける権利（第 7，8 条），放任や虐

<資料> Ⅱ-11 児童の権利に関する宣言（児童の権利宣言）（抄）

第 1 条 児童は，この宣言に掲げるすべての権利を有する．すべての児童は，いかなる例外もなく，自己またはその家族のいずれについても，その人種，皮膚の色，性，言語，宗教，政治上その他の意見，国民的もしくは社会的出身，財産，門地その他の地位のため差別を受けることなく，これらの権利を与えられなければならない．

第 2 条 児童は，特別の保護を受け，また，健全，かつ，正常な方法および自由と尊厳の状態の下で身体的，知能的，道徳的，精神的および社会的に成長することができるための機会および便益を，法律その他の手段によって与えられなければならない．この目的のために法律を制定するに当っては，児童の最善の利益について，最高の考慮が払われなければならない．

第 3 条 児童は，その出生の時から姓名および国籍をもつ権利を有する．

第 4 条 児童は，社会保障の恩恵を受ける権利を有する．児童は，健康に発育し，かつ，成長する権利を有する．この目的のため，児童とその母は，出産前後の適当な世話を含む特別の世話および保護を与えられなければならない．児童は，適当な栄養，住居，レクリエーションおよび医療を与えられる権利を有する．

第 5 条 身体的，精神的または社会的に障害のある児童は，その特殊な事情により必要とされる特別の治療，教育および保護を与えられなければならない．

第 6 条 児童は，その人格の完全な，かつ，調和した発展のため，愛情と理解とを必要とする．児童は，できるかぎり，その両親の責任の下にある保護の中で，また，いかなる場合においても，愛情と道徳的および物質的保障とのある環境の下で育てられなければならない．幼児は，例外的な場合を除き，その母から引き離されてはならない．社会および公の機関は，家庭のない児童および適当な生活維持の方法のない児童に対して特別の養護を与える義務を有する．子供の多い家庭に属する児童については，その援助のため，国その他の機関による費用の負担が望ましい．

第 7 条 児童は，教育を受ける権利を有する．その教育は，少なくとも初等の段階においては，無償，かつ，義務的でなければならない．児童は，その一般的な教養を高め，機会均等の原則に基づいて，その能力，判断力ならびに道徳的および社会的責任感を発達させ，社会の有用な一員となりうるような教育を与えられなければならない．

児童の教育および指導について責任を有する者は，児童の最善の利益をその指導の原則としなければならない．その責任は，まず第 1 に児童の両親にある．

児童は，遊戯およびレクリエーションのための充分な機会を与えられる権利を有する．その遊戯およびレクリエーションは，教育と同じような目的に向けられなければならない．社会および公の機関は，この権利の享有を促進するために努力しなければならない．

第 8 条 児童は，あらゆる状況にあって，最初に保護および救済を受けるべき者の中に含められなければならない．

第 9 条 児童は，あらゆる形態の放任，虐待および搾取から保護されなければならない．児童は，いかなる形態においても売買の対象にされてはならない．

児童は，適当な最低年令に達する前に雇用されてはならない．児童は，いかなる場合にも，その健康および教育に有害であり，またはその身体的，精神的もしくは道徳的発達を妨げる職業もしくは雇用に，従事させられまたは従事することを許されてはならない．

第 10 条 児童は，人種的，宗教的その他の形態による差別を助長するおそれのある慣行から保護されなければならない．児童は，理解，寛容，諸国民間の友愛，平和および四海同胞の精神の下に，また，その力と才能が，人類のために捧げられるべきであるという充分な意識のなかで，育てられなければならない．

待や搾取から保護される権利（第9条）などである.

　この宣言は，子どもを社会的な弱者＝保護や救済の対象としてのみ理解するのではなく，権利や自由の主体としてとらえようとする姿勢も認められる点で評価される．その基本的な精神は，後出の「児童の権利に関する条約」へと発展的に受け継がれている.

### ◆宣言と条約

　「世界人権宣言」や「児童の権利に関する宣言」は，国連総会で採択された「宣言」である．それらはあくまで，各国政府に対し，内容の履行・尊重を道義的に求めたものといえる．それに対し，「児童の権利に関する条約」は「条約」であって，締約国は，その条約に法的に拘束されることになる．日本は1990年9月に署名，1994年4月に批准，同条約は1994年5月に公布され，国内法的な効力をもつものとして発効した．これまでに，160カ国を越える国々が同条約を批准している.

### (3) 児童の権利に関する条約（子どもの権利条約）Convention on the Rights of the Child

　1978年2月，ポーランド政府は国連人権委員会に対し，児童の権利に関する宣言の条約化を求めた．当初は，「国際児童年」の条約化が期待されたが，その後，条約案の作成・修正の審議が重ねられ，1989年に条約の成立をめざすこととなった．同年，人権委員会で条約案が採択され，社会経済理事会をへて，同年11月，第44回国連総会において全会一致で採択された.

　前文では，国連憲章・世界人権宣言・人権に関する国際規約・児童の権利に関する宣言・ジュネーヴ宣言などの精神にもとづき，子どものさまざまな権利を保障するという意図を明示している．本文は3部54条からなり，児童の定義（第1条）から始まって，差別の禁止（第2条），生命に対する権利（第6条），生存と発達の確保（第6条），父母からの分離の禁止（第9条），意見を表明する権利（第12条），表現の自由（第13条），思想・良心・宗教の自由（第14条），結社・集会の自由（第15条），プライバシーの保護（第16条），情報や資料の利用の確保（第17条），虐待や放置や搾取からの保護（第19条），生活水準についての権利（第27条），教育についての権利（第28条），教育の目的（第29条），麻薬などからの保護（第33条），性的搾取や虐待からの保護（第34条），武力紛争からの保護（第38条）などについて述べている．さらに，この条約を実効あるものとするため，締約国が適当な立法・行政措置を行い（第4条），条約の規定を成人や児童に広く知らせ（第42条），条約に掲げられた権利の実現のためにとった措置，これらの権利に関してもたらされた進歩に関して，「児童の権利に関する委員会」に定期的に報告すること（第44条）を義務づけている.

### ◆子どもか児童か

　民間訳の多くが「子ども」の権利条約を，政府訳が「児童」の権利条約を採用している．「子ども」か「児童」かをめぐっては，両者をそれぞれ支持する人々の間に論争がある．その論点は，権利の主体を表すものとしてどちらの表現が妥当か，法制上あるいは法律用語としてどちらが妥当か，権利の主体であるchildにとってどちらが身近かといった点である．いずれにせよ，childは，18歳未満のすべてのもの（法律によってそれより早く成人したものを除く）を意味する（第1条）.

<資料> Ⅱ-12　「子どもの権利条約翻訳・創作コンテスト」最優秀作品（抄）

第3条　子どもにいちばんの幸せを，ね.
1　法律をつくるとき,
　法律に合わせて何かするとき,
　何が"いい"か"わるい"か決めるとき,
　そのほかいろいろあるけど,
　ぼくら子どもについて
　大人が何かするときは,
　ぼくら子どもにいちばんいいように,
　ということをまず考えてほしい.

第3条
1　児童に関するすべての措置をとるに当たっては，公的若しくは私的な社会福祉施設，裁判所，行政当局又は立法機関のいずれによって行われるものであっても，児童の最善の利益が主として考慮されるものとする.

第6条　いのちのこと.
1　ぼくらは生きてていいんだ.
　ほかの人に殺されていいはずがない.
　苦しんでなきゃいけないとか,
　痛い思いをしなきゃいけない,
　なんてことは,
　絶対ない.

第6条
1　締約国は，すべての児童が生命に対する固有の権利を有することを認める.

第12条　ぼくらだって，言いたいことがある.
1　赤ちゃんのうちはむりかもしれないけど,
　少し大きくなったら,
　自分に関係あるすべてのことについて,
　いろんな意見，思い，考えをもつ.
　それはみんな,
　どんどんほかの人に伝えていいんだ.
　国は，大人たちがぼくらの年や成長をしっかり考えて,
　きちんと受けとめるように，してほしい.

第12条
1　締約国は，自己の意見を形成する能力のある児童がその児童に影響を及ぼすすべての事項について自由に自己の意見を表明する権利を確保する. この場合において，児童の意見は，その児童の年齢及び成熟度に従って相応に考慮されるものとする.

第31条　遊び，遊ぶ，遊べ，遊んじゃえ！
1　ぼくら子どもは,
　ぐあいがわるいときや疲れたときは,
　もちろん休んでいい.
　勉強や仕事のあいまにだって，休みは必要だ.
　そしてヒマな時間もね.
　そういうときは,
　ぼくらの年に合った遊びをしたり,
　みんなでいろんな楽しいことをしたり,
　本を読んだり,
　絵をかいたり，なにかつくったり，スポーツをしたり,
　好きなようにしていいんだ.
2　ぼくらがそうやっていろんなことをするために,
　国はそれを大事にして，応援してほしい.
　そのためのチャンスが,
　みんなに同じようにいきわたるように，とかさ.

第31条
1　締約国は，休息及び余暇についての児童の権利並びに児童がその年齢に適した遊び及びレクリエーションの活動を行い並びに文化的な生活及び芸術に自由に参加する権利を認める.
2　締約国は，児童が文化的及び芸術的な生活に十分に参加する権利を尊重しかつ促進するものとし，文化的及び芸術的な活動並びにレクリエーション及び余暇の活動のための適当かつ平等な機会の提供を奨励する.

第42条　さて，知らせるか.
　国はこの「子どもの権利条約」を,
　大人だけじゃなく，子どもみーんなに,
　ちゃんと広く知らせてほしい.

第42条
　締約国は，適当かつ積極的な方法でこの条約の原則及び規定を成人及び児童のいずれにも広く知らせることを約束する.

[小口尚子ほか著『子どもによる子どものための「子どもの権利条約」』小学館，1995年]

＜資料＞ II-13　児童の権利に関する条約（抄）（平成6年5月16日条約第2号）（政府訳）

前文

この条約の締約国は，

国際連合憲章において宣明された原則によれば，人類社会のすべての構成員の固有の尊厳及び平等のかつ奪い得ない権利を認めることが世界における自由，正義及び平和の基礎を成すものであることを考慮し，

国際連合加盟国の国民が，国際連合憲章において，基本的人権並びに人間の尊厳及び価値に関する信念を改めて確認し，かつ，一層大きな自由の中で社会的進歩及び生活水準の向上を促進することを決意したことに留意し，

国際連合が，世界人権宣言及び人権に関する国際規約において，すべての人は人権，皮膚の色，性，言語，宗教，政治的意見その他の意見，国民的若しくは社会的出身，財産，出生又は他の地位等によるいかなる差別もなしに同宣言及び同規約に掲げるすべての権利及び自由を享有することができることを宣明し及び合意したことを認め，

国際連合が，世界人権宣言において，児童は特別な保護及び援助についての権利を享有することができることを宣明したことを想起し，

家族が，社会の基礎的な集団として，並びに家族のすべての構成員特に児童の成長及び福祉のための自然な環境として，社会においてその責任を十分に引き受けることができるよう必要な保護及び援助を与えられるべきであることを確信し，

児童が，その人格の完全なかつ調和のとれた発達のため，家庭環境の下で幸福，愛情及び理解のある雰囲気の中で成長すべきであることを認め，

児童が，社会において個人として生活するため十分な準備が整えられるべきであり，かつ，国際連合憲章において宣明された理想の精神並びに特に平和，尊厳，寛容，自由，平等及び連帯の精神に従って育てられるべきであることを考慮し，

児童に対して特別な保護を与えることの必要性が，1924年の児童の権利に関するジュネーヴ宣言及び1959年11月20日に国際連合総会で採択された児童の権利に関する宣言において述べられており，また，世界人権宣言，市民的及び政治的権利に関する国際規約（特に第23条及び第24条），経済的，社会的及び文化的権利に関する国際規約（特に第10条）並びに児童の福祉に関係する専門機関及び国際機関の規程及び関係文書において認められていることに留意し，

児童の権利に関する宣言において示されているとおり「児童は，身体的及び精神的に未熟であるため，その出生の前後において，適当な法的保護を含む特別な保護及び世話を必要とする.」ことに留意し，

国内の又は国際的な里親委託及び養子縁組を特に考慮した児童の保護及び福祉についての社会的及び法的な原則に関する宣言，少年司法の運用のための国際連合最低基準規則（北京規則）及び緊急事態及び武力紛争における女子及び児童の保護に関する宣言の規定を想起し，

極めて困難な条件の下で生活している児童が世界のすべての国に存在すること，また，このような児童が特別の配慮を必要としていることを認め，

児童の保護及び調和のとれた発達のために各人民の伝統及び文化的価値が有する重要性を十分に考慮し，

あらゆる国特に開発途上国における児童の生活条件を改善するために国際協力が重要であることを認めて，次のとおり協定した.

第1部

第1条　この条約の適用上，児童とは，18歳未満のすべての者をいう. ただし，当該児童で，その者に適用される法律によりより早く成年に達したものを除く.

第2条　1　締約国は，その管轄の下にある児童に対し，児童又はその父母若しくは法定保護者の人種，皮膚の色，性，言語，宗教，政治的意見その他の意見，国民的，種族的若しくは社会的出身，財産，心身障害，出生又は他の地位にかかわらず，いかなる差別もなしにこの条約に定める権利を尊重し，及び確保する.

2　締約国は，児童がその父母，法定保護者又は家族の構成員の地位，活動，表明した意見又は信念によるあらゆる形態の差別又は処罰から保護されることを確保するためのすべての適当な措置をとる.

第3条　1　児童に関するすべての措置をとるに当たっては，公的若しくは私的な社会福祉施設，裁判所，行政当局又は立法機関のいずれによって行われるものであっても，児童の最善の利益が主として考慮されるものとする.

2　締約国は，児童の父母，法定保護者又は児童について法的に責任を有する他の者の権利及び義務を考慮に入れて，児童の福祉に必要な保護及び養護を確保することを約束し，このため，すべての適当な立法上及び行政上の措置をとる.

　3　締約国は，児童の養護又は保護のための施設，役務の提供及び設備が，特に安全及び健康の分野に関し並びにこれらの職員の数及び適格性並びに適正な監督に関し権限のある当局の設定した基準に適合することを確保する.

第4条　締約国は，この条約において認められる権利の実現のため，すべての適当な立法措置，行政措置その他の措置を講ずる. 締約国は，経済的，社会的及び文化的権利に関しては，自国における利用可能な手段の最大限の範囲内で，また，必要な場合には国際協力の枠内で，これらの措置を講ずる.

第5条　締約国は，児童がこの条約において認められる権利を行使するに当たり，父母若しくは場合により地方の慣習により定められている大家族若しくは共同体の構成員，法定保護者又は児童について法的に責任を有する他の者がその児童の発達しつつある能力に適合する方法で適当な指示及び指導を与える責任，権利及び義務を尊重する.

第6条　1　締約国は，すべての児童が生命に対する固有の権利を有することを認める.

　2　締約国は，児童の生存及び発達を可能な最大限の範囲において確保する.

第7条　1　児童は，出生の後直ちに登録される. 児童は，出生の時から氏名を有する権利及び国籍を所得する権利を有するものとし，また，できる限りその父母を知りかつその父母によって養育される権利を有する.

　2　締約国は，特に児童が無国籍となる場合を含めて，国内法及びこの分野における関連する国際文書に基づく自国の義務に従い，1の権利の実現を確保する.

第8条　1　締約国は，児童が法律によって認められた国籍，氏名及び家族関係を含むその身元関係事項について不法に干渉されることなく保持する権利を尊重することを約束する.

　2　締約国は，児童がその身元関係事項の一部又は全部を不法に奪われた場合には，その身元関係事項を速やかに回復するため，適当な援助及び保護を与える.

第9条　1　締約国は，児童がその父母の意思に反してその父母から分離されないことを確保する. ただし，権限のある当局が司法の審査に従うことを条件として適用のある法律及び手続に従いその分離が児童の最善の利益のために必要であると決定する場合は，この限りでない. このような決定は，父母が児童を虐待し若しくは放置する場合又は父母が別居しており児童の居住地を決定しなければならない場合のような特定の場合において必要となることがある. （2～4項　略）

第12条　1　締約国は，自己の意見を形成する能力のある児童がその児童に影響を及ぼすすべての事項について自由に自己の意見を表明する権利を確保する. この場合において，児童の意見は，その児童の年齢及び成熟度に従って相応に考慮されるものとする.

　2　このため，児童は，特に，自己に影響を及ぼすあらゆる司法上及び行政上の手続において，国内法の手続規則に合致する方法により直接に又は代理人若しくは適当な団体を通じて聴取される機会を与えられる.

第13条　1　児童は，表現の自由についての権利を有する. この権利には，口頭，手書き若しくは印刷，芸術の形態又は自ら選択する他の方法により，国境とのかかわりなく，あらゆる種類の情報及び考えを求め，受け及び伝える自由を含む.

　2　1の権利の行使については，一定の制限を課することができる. ただし，その制限は，法律によって定められ，かつ，次の目的のため必要とされるものに限る.

　　(a) 他の者の権利又は信用の尊重

　　(b) 国の安全，公の秩序又は公衆の健康若しくは道徳の保護

第14条　1　締約国は，思想，良心及び宗教の自由についての児童の権利を尊重する.

　2　締約国は，児童が1の権利を行使するに当たり，父母及び場合により法定保護者が児童に対しその発達しつつある能力に適合する方法で指示を与える権利及び義務を尊重する.

　3　宗教又は信念を表明する自由については，法律で定める制限であって公共の安全，公の秩序，公衆の健康若しくは道徳又は他の者の基本的な権利及び自由を保護するために必要なもののみを課することができる.

第15条　1　締約国は，結社の自由及び平和的な集会の自由についての児童の権利を認める.

　2　1の権利の行使については，法律で定める制限であって国の安全若しくは公共の安全，公の秩序，公衆の健康若しくは道徳の保護又は他の者の権利及び自由の保護のため民主的社会において必要なもの以外のいかなる制限も課することができない.

第16条　1　いかなる児童もその私生活，家族，住居若しくは通信に対して恣意的に若しくは不法に干渉され又は名誉及び信用を不法に攻撃されない.

　2　児童は，1の干渉又は攻撃に対する法律の保護を受ける権利を有する.

第17条　1　締約国は，大衆媒体（マス・メディア）の果たす重要な機能を認め，児童が国の内外の多様な情報源からの情報及び資料，特に児童の社会面，精神面及び道徳面の福祉並びに心身の健康の促進を目的とした情報及び資料を利用することができることを確保する. このため，締約国は，

　　(a) 児童にとって社会面及び文化面において有益であり，かつ，第29条の精神に沿う情報及び資料を大衆媒体（マス・メディア）が普及させるよう奨励する.

　(b)　国の内外の多様な情報源（文化的にも多様な情報源を含む.）からの情報及び資料の作成，交換及び普及における国際協力を奨励する.

　(c)　児童用書籍の作成及び普及を奨励する.

　(d)　少数集団に属し又は原住民である児童の言語上の必要性について大衆媒体（マス・メディア）が特に考慮するよう奨励する.

　(e)　第 13 条及び次条の規定に留意して，児童の福祉に有害な情報及び資料から児童を保護するための適当な指針を発展させることを奨励する.

第 18 条　1　締約国は，児童の養育及び発達について父母が共同の責任を有するという原則についての認識を確保するために最善の努力を払う．父母又は場合により法定保護者は，児童の養育及び発達についての第一義的な責任を有する．児童の最善の利益は，これらの者の基本的な関心事項となるものとする.

2　締約国は，この条約に定める権利を保障し及び促進するため，父母及び法定保護者が児童の養育についての責任を遂行するに当たりこれらの者に対して適当な援助を与えるものとし，また，児童の養護のための施設，設備及び役務の提供の発展を確保する.

3　締約国は，父母が働いている児童が利用する資格を有する児童の養護のための役務の提供及び設備からその児童が便益を受ける権利を有することを確保するためのすべての適当な措置をとる.

第 19 条　1　締約国は，児童が父母，法定保護者又は児童を監護する他の者による監護を受けている間において，あらゆる形態の身体的若しくは精神的な暴力，傷害若しくは虐待，放置若しくは怠慢な取扱い，不当な取扱い又は搾取（性的虐待を含む.）からその児童を保護するためすべての適当な立法上，行政上，社会上及び教育上の措置をとる.

2　1の保護措置には，適当な場合には，児童及び児童を監護する者のために必要な援助を与える社会的計画の作成その他の形態による防止のための効果的な手続並びに1に定める児童の不当な取扱いの事件の発見，報告，付託，調査，処置及び事後措置並びに適当な場合には司法の関与に関する効果的な手続を含むものとする.

第 20 条　1　一時的若しくは恒久的にその家庭環境を奪われた児童又は児童自身の最善の利益にかんがみその家庭環境にとどまることが認められない児童は，国が与える特別の保護及び援助を受ける権利を有する.

2　締約国は，自国の国内法に従い，1の児童のための代替的な監護を確保する.

3　2の監護には，特に，里親委託，イスラム法のカファーラ，養子縁組又は必要な場合には児童の監護のための適当な施設への収容を含むことができる．解決策の検討に当たっては，児童の養育において継続性が望ましいこと並びに児童の種族的，宗教的，文化的及び言語的な背景について，十分な考慮を払うものとする.

第 23 条　1　締約国は，精神的又は身体的な障害を有する児童が，その尊厳を確保し，自立を促進し及び社会への積極的な参加を容易にする条件の下で十分かつ相応な生活を享受すべきであることを認める.

(2〜4 項　略)

第 24 条　1　締約国は，到達可能な最高水準の健康を享受すること並びに病気の治療及び健康の回復のための便宜を与えられることについての児童の権利を認める．締約国は，いかなる児童もこのような保健サービスを利用する権利が奪われないことを確保するために努力する.

2　締約国は，1の権利の完全な実現を追求するものとし，特に，次のことのための適当な措置をとる.

　(a)　幼児及び児童の死亡率を低下させること.

　(b)　基礎的な保健の発展に重点を置いて必要な医療及び保健をすべての児童に提供することを確保すること.

　(c)　環境汚染の危険を考慮に入れて，基礎的な保健の枠組みの範囲内で行われることを含めて，特に容易に利用可能な技術の適用により並びに十分に栄養のある食物及び清潔な飲料水の供給を通じて，疾病及び栄養不良と戦うこと.

　(d)　母親のための産前産後の適当な保健を確保すること.

　(e)　社会のすべての構成員特に父母及び児童が，児童の健康及び栄養，母乳による育児の利点，衛生（環境衛生を含む.）並びに事故の防止についての基礎的な知識に関して，情報を提供され，教育を受ける機会を有し及びその知識の使用について支援されることを確保すること.

　(f)　予防的な保健，父母のための指導並びに家族計画に関する教育及びサービスを発展させること.

3　締約国は，児童の健康を害するような伝統的な慣行を廃止するため，効果的かつ適当なすべての措置をとる.

4　締約国は，この条において認められる権利の完全な実現を漸進的に達成するため，国際協力を促進し及び奨励することを約束する．これに関しては，特に，開発途上国の必要を考慮する.

第 28 条　1　締約国は，教育についての児童の権利を認めるものとし，この権利を漸進的にかつ機会の平等を基礎として達成するため，特に

　(a)　初等教育を義務的なものとし，すべての者に対して無償のものとする.

　(b) 種々の形態の中等教育（一般教育及び職業教育を含む．）の発展を奨励し，すべての児童に対し，これらの中等教育が利用可能であり，かつ，これらを利用する機会が与えられるものとし，例えば，無償教育の導入，必要な場合における財政的援助の提供のような適当な措置をとる．

　(c) すべての適当な方法により，能力に応じ，すべての者に対して高等教育を利用する機会が与えられるものとする．

　(d) すべての児童に対し，教育及び職業に関する情報及び指導が利用可能であり，かつ，これらを利用する機会が与えられるものとする．

　(e) 定期的な登校及び中途退学率の減少を奨励するための措置をとる．

2　締約国は，学校の規律が児童の人間の尊厳に適合する方法で及びこの条約に従って運用されることを確保するためのすべての適当な措置をとる．

3　締約国は，特に全世界における無知及び非識字の廃絶に寄与し並びに科学上及び技術上の知識並びに最新の教育方法の利用を容易にするため，教育に関する事項についての国際協力を促進し，及び奨励する．これに関しては，特に，開発途上国の必要を考慮する．

第29条　1　締約国は．児童の教育が次のことを指向すべきことに同意する．

　(a) 児童の人格，才能並びに精神的及び身体的な能力をその可能な最大限度まで発達させること．

　(b) 人権及び基本的自由並びに国際連合憲章にうたう原則の尊重を育成すること．

　(c) 児童の父母，児童の文化的同一性，言語及び価値観，児童の居住国及び出身国の国民的価値観並びに自己の文明と異なる文明に対する尊重を育成すること．

　(d) すべての人民の間の，種族的，国民的及び宗教的集団の間の並びに原住民である者の間の理解，平和，寛容，両性の平等及び友好の精神に従い，自由な社会における責任ある生活のために児童に準備させること．

　(e) 自然環境の尊重を育成すること．

2　この条又は前条のいかなる規定も，個人及び団体が教育機関を設置し及び管理する自由を妨げるものと解してはならない．ただし，常に，1に定める原則が遵守されること及び当該教育機関において行われる教育が国によって定められる最低限度の基準に適合することを条件とする．

第30条　種族的，宗教的若しくは言語的少数民族又は原住民である者が存在する国において，当該少数民族に属し又は原住民である児童は，その集団の他の構成員とともに自己の文化を享有し，自己の宗教を信仰しかつ実践し又は自己の言語を使用する権利を否定されない．

第31条　1　締約国は，休息及び余暇についての児童の権利並びに児童がその年齢に適した遊び及びレクリエーションの活動を行い並びに文化的な生活及び芸術に自由に参加する権利を認める．

2　締約国は，児童が文化的及び芸術的な生活に十分に参加する権利を尊重しかつ促進するものとし，文化的及び芸術的な活動並びにレクリエーション及び余暇の活動のための適当かつ平等な機会の提供を奨励する．

第32条　1　締約国は，児童が経済的な搾取から保護され及び危険となり若しくは児童の教育の妨げとなり又は児童の健康若しくは身体的，精神的，道徳的若しくは社会的な発達に有害となるおそれのある労働への従事から保護される権利を認める．

2　締約国は，この条の規定の実施を確保するための立法上，行政上，社会上及び教育上の措置をとる．このため，締約国は，他の国際文書の関連規定を考慮して，特に，

　(a) 雇用が認められるための1又は2以上の最低年齢を定める．

　(b) 労働時間及び労働条件についての適当な規則を定める．

　(c) この条の規定の効果的な実施を確保するための適当な罰則その他の制裁を定める．

第33条　締約国は，関連する国際条約に定義された麻薬及び向精神薬の不正な使用から児童を保護し並びにこれらの物質の不正な生産及び取引における児童の使用を防止するための立法上，行政上，社会上及び教育上の措置を含むすべての適当な措置をとる．

第34条　締約国は，あらゆる形態の性的搾取及び性的虐待から児童を保護することを約束する．このため，締約国は，特に，次のことを防止するためのすべての適当な国内，2国間及び多数国間の措置をとる．

　(a) 不法な性的な行為を行うことを児童に対して勧誘又は強制すること．

　(b) 売春又は他の不法な性的な業務において児童を搾取的に使用すること．

　(c) わいせつな演技及び物において児童を搾取的に使用すること．

第35条　締約国は，あらゆる目的のための又はあらゆる形態の児童の誘拐，売買又は取引を防止するためのすべての適当な国内，2国間及び多数国間の措置をとる．

第36条　締約国は，いずれかの面において児童の福祉を害する他のすべての形態の搾取から児童を保護する．

第37条　締約国は，次のことを確保する．

　(a) いかなる児童も，拷問又は他の残虐な，非人道的な若しくは品位を傷つける取扱い若しくは刑罰を受けないこと．死刑又は釈放の可能性が無い終身刑は，18歳未満の者が行った犯罪について科さないこと．

(b) いかなる児童も，不法にまたは恣意的にその自由を奪われないこと．児童の逮捕，抑留または拘禁は，法律に従って行うものとし，最後の解決手段として最も短い適当な期間のみ用いること．

(c) 自由を奪われたすべての児童は，人道的に，人間の固有の尊厳を尊重して，かつ，その年齢の者の必要を考慮した方法で取り扱われること．特に，自由を奪われたすべての児童は，成人とは分離されないことがその最善の利益であると認められない限り成人とは分離されるものとし，例外的な事情がある場合を除くほか通信及び訪問を通じてその家族との接触を維持する権利を有すること．

(d) 自由を奪われたすべての児童は，弁護人その他適当な援助を行う者と速やかに接触する権利を有し，裁判所その他の権限のある，独立の，かつ，公平な当局においてその自由の剥奪の合法性を争い並びにこれについての決定を速やかに受ける権利を有すること．

第38条 1 締約国は，武力紛争において自国に適用される国際人道法の規定で児童に関係を有するものを尊重し及びこれらの規定の尊重を確保することを約束する．

2 締約国は，15歳未満の者が敵対行為に直接参加しないことを確保するためのすべての実行可能な措置をとる．

3 締約国は，15歳未満の者を自国の軍隊に採用することを差し控るものとし，また，15歳以上18歳未満の者の中から採用するに当たっては，最年長者を優先させるよう務める．

4 締約国は，武力紛争において文民を保護するための国際人道法に基づく自国の義務に従い，武力紛争の影響を受ける児童の保護及び養護を確保するためのすべての実行可能な措置をとる．

第39条 締約国は，あらゆる形態の放置，搾取若しくは虐待，拷問若しくは他のあらゆる形態の残虐な，非人道的な若しくは品位を傷つける取扱い若しくは刑罰又は武力紛争による被害者である児童の身体的及び心理的な回復及び社会復帰を促進するためのすべての適当な措置をとる．このような回復及び復帰は，児童の健康，自尊心及び尊厳を育成する環境において行われる．

第40条 1 締約国は，刑法を犯したと申し立てられ，訴追され又は認定されたすべての児童が尊厳及び価値についての当該児童の意識を促進させるような方法であって，当該児童が他の者の人権及び基本的自由を尊重することを強化し，かつ，該当児童の年齢を考慮し，更に，該当児童が社会に復帰し及び社会において建設的な役割を担うことがなるべく促進されることを配慮した方法により取り扱われる権利を認める．

2 このため，締約国は，国際文書の関連する規定を考慮して，特に次のことを確保する．

(a) いかなる児童も，実行の時に国内法又は国際法により禁じられていなかった作為又は不作為を理由として刑法を犯したと申し立てられ，訴追され又は認定されないこと．

(b) 刑法を犯したと申し立てられ又は訴追されたすべての児童は，少なくとも次の保障を受けること．

  (i) 法律に基づいて有罪とされるまでは無罪と推定されること．

  (ii) 速やかにかつ直接に，また，適当な場合には当該児童の父母又は法定保護者を通じてその罪を告げられること並びに防御の準備及び申立てにおいて弁護人その他適当な援助を行う者を持つこと．

  (iii) 事案が権限のある，独立の，かつ，公平な当局又は司法機関により法律に基づく公正な審理において，弁護人その他適当な援助を行う者の立会い及び，特に当該児童の年齢又は境遇を考慮して児童の最善の利益にならないと認められる場合を除くほか，当該児童の父母又は法定保護者の立合いの下に遅滞なく決定されること．

  (iv) 供述又は有罪の自白を強要されないこと．不利な証人を尋問し又はこれに対し尋問させること並びに対等の条件で自己のための証人の出席及びこれに対する尋問を求めること．

  (v) 刑法を犯したと認められた場合には，その認定及びその結果科せられた措置について，法律に基づき，上級の，権限のある，独立の，かつ，公平な当局又は司法機関によって再審理されること．

  (vi) 使用される言語を理解すること又は話すことができない場合には，無料で通訳の援助を受けること．

  (vii) 手続のすべての段階において当該児童の私生活が十分に尊重されること．

3 締約国は，刑法を犯したと申し立てられ，訴追され又は認定された児童に特別に適用される法律及び手続の制定並びに当局及び施設の設置を促進するよう努めるものとし，特に，次のことを行う．

(a) その年齢未満の児童は刑法を犯す能力を有しないと推定される最低年齢を設定すること．

(b) 適当なかつ望ましい場合には，人権及び法的保護が十分に尊重されていることを条件として，司法上の手続に訴えることなく当該児童を取り扱う措置をとること．

4 児童がその福祉に適合し，かつ，その事情及び犯罪の双方に応じた方法で取り扱われることを確保するため，保護，指導及び監督命令，カウンセリング，保護観察，里親委託，教育及び職業訓練計画，施設における養護に代わる他の措置等の種々の処置が利用し得るものとする．

第41条 この条約のいかなる規定も，次のものに含まれる規定であって児童の権利の実現に一層貢献するものに影響を及ぼすものではない．

(a) 締約国の法律

(b) 締約国について効力を有する国際法

　　　　第2部

第42条　締約国は，適当かつ積極的な方法でこの条約の原則及び規定を成人及び児童のいずれにも広く知らせることを約束する．

第43条　1　この条約において負う義務の履行の達成に関する締約国による進捗の状況を審査するため，児童の権利に関する委員会（以下「委員会」という．）を設置する．委員会は，この部に定める任務を行う．

2　委員会は，徳望が高く，かつ，この条約が対象とする分野において能力を認められた10人の専門家で構成する．委員会の委員は，締約国の国民の中から締約国により選出されるものとし，個人の資格で職務を遂行する．その選出に当たっては，衡平な地理的配分及び主要な法体系を考慮に入れる．（3～12項　略）

第44条　1　締約国は，(a) 当該締約国についてこの条約が効力を生ずる時から2年以内に，(b) その後は5年ごとに，この条約において認められる権利の実現のためにとった措置及びこれらの権利の享受についてもたらされた進歩に関する報告を国際連合事務総長を通じて委員会に提出することを約束する．

2　この条の規定により行われる報告には，この条約に基づく義務の履行の程度に影響を及ぼす要因及び障害が存在する場合には，これらの要因及び障害を記載する．当該報告には，また，委員会が当該国における条約の実施について包括的に理解するために十分な情報を含める．

3　委員会に対して包括的な最初の報告を提出した締約国は，1 (b) の規定に従って提出するその後の報告においては，既に提供した基本的な情報を繰り返す必要はない．

4　委員会は，この条約の実施に関連する追加の情報を締約国に要請することができる．

5　委員会は，その活動に関する報告を経済社会理事会を通じて2年ごとに国際連合総会に提出する．

6　締約国は，1の報告を自国において公衆が広く利用できるようにする．

## 5　わが国における子どもの権利保障の現状と課題

### (1) 戦後期子どもの権利尊重への転換

　戦後の日本においては，子ども固有の人権への覚醒と学校教育・児童福祉等の分野において子どもの権利保障施策が展開された．新憲法の下，家庭においてはイエ制度が廃止され「個人の尊厳と両性の本質的平等」原理に基づくべきこと（民法改正），教育は国家のためではなく個々の子どもの「人格の完成」がめざされるべきこと（教育基本法の制定）など，子どもをめぐる基本理念と子ども関連政策の根本的見直しが行われた（＜資料＞ II-14）．

　1951（昭和26）年5月5日に制定された児童憲章は，戦後の子ども観の転換を知る上で重要である（＜資料＞ II-15）．12項からなるこの憲章は，国会議員，民間人らから成る同憲章制定会議により作成され，法的拘束性がない点（同年6月4日付厚生省局長通達は，国および地方公共団体が本憲章の実現は「道徳的規範」であり「法的責任」を負うものでない，と明言している），また内容的にも「守られる」「みちびかれる」などの文言のとおり，主として子どもを擁護の客体とみる点で，子どもの主体性を重視する今日的子どもの人権保障論には到達していない．しかし同憲章は前述の国連による児童権利宣言（1959年）より先んじて制定され，その理念は子を親の所有物とする戦前の子ども観からの脱却・転換を宣明したところに先駆性が認められ，現代の子ども関連施策が抱える諸課題の解決指針としての意義はなお失われていない．

　これら戦後期の法律や児童憲章の制定過程においては，教育，児童福祉，社会保障，少年司法など各分野における子どもの権利保障の視点から多様な意見が交わされ，西欧の教育思想に基づく子ども観が戦後ようやく我が国の子ども施策に結実したといえよう．

### (2)「児童の権利に関する条約」と子どもの権利保障の実質化

　子どもをめぐる状況は，戦後経済の復興・成長，政策の転換とともに，大きく揺れた．学校

<資料> II-14　戦後法制に見る子どもの権利保障への転換（いずれも制定時の規定）

---

**教育基本法**（昭和22年3月31日　法律第25号）
第1条　（教育の目的）教育は，人格の完成をめざし，平和的な国家及び社会の形成者として，真理と正義を愛し，個人の価値をたっとび，勤労と責任を重んじ，自主的精神に充ちた心身ともに健康な国民の育成を期して行われなければならない．

**児童福祉法**（昭和22年12月12日　法律第164号）
第1条　すべて国民は，児童が心身ともに健やかに生まれ，且つ，育成されるように努めなければならない．
第2条　国及び地方公共団体は，児童の保護者とともに，児童を心身ともに健やかに育成する責任を負う．
第3条　前2条に規定するところは，児童の福祉を保障するための原理であり，この原理は，すべて児童に関する法令の施行にあたって，常に尊重されなければならない．

**少年法**（昭和23年7月13日　法律第168号）
（この法律の目的）
第1条　この法律は，少年の健全な育成を期し，非行のある少年に対して性格の矯正及び環境の調整に関する保護処分を行うとともに，少年及び少年の福祉を害する成人の刑事事件について特別の措置を講ずることを目的とする．
（審判の方式）
第22条　審判は，懇切を旨として，和やかに行うとともに，非行のある少年に対し自己の非行について内省を促すものとしなければならない．
2　審判はこれを公開しない．

**労働基準法**（昭和22年4月7日　法律第49号）
（最低年齢）
第56条　満15歳に満たない児童は，労働者として使用してはならない．（2項略）

＊これらの法律が，その後どのように改正されたかについても確認してみよう．

---

<資料> II-15　「児童憲章」（昭和26年5月5日：児童憲章制定会議制定）

---

　われらは，日本国憲法の精神にしたがい，児童に対する正しい観念を確立し，すべての児童の幸福をはかるために，この憲章を定める．
　児童は，人として尊ばれる．
　児童は，社会の一員として重んぜられる．
　児童は，よい環境の中で育てられる．
　一　すべての児童は，心身ともに健やかにうまれ，育てられ，その生活を保障される．
　二　すべての児童は，家庭で，正しい愛情と知識と技術をもつて育てられ，家庭に恵まれない児童には，これにかわる環境が与えられる．
　三　すべての児童は，適当な栄養と住居と被服が与えられ，また，疾病と災害からまもられる．
　四　すべての児童は，個性と能力に応じて教育され，社会の一員としての責任を自主的に果たすように，みちびかれる．
　五　すべての児童は，自然を愛し，科学と芸術を尊ぶように，みちびかれ，また，道徳的心情がつちかわれる．
　六　すべての児童は，就学のみちを確保され，また，十分に整った教育の施設を用意される．
　七　すべての児童は，職業指導を受ける機会が与えられる．
　八　すべての児童は，その労働において，心身の発育が阻害されず，教育を受ける機会が失われず，また，児童としての生活がさまたげられないように，十分に保護される．
　九　すべての児童は，よい遊び場と文化財を用意され，悪い環境からまもられる．
　十　すべての児童は，虐待・酷使・放任その他不当な取扱からまもられる．あやまちをおかした児童は，適切に保護指導される．
　十一　すべての児童は，身体が不自由な場合，または精神の機能が不充分な場合に，適切な治療と教育と保護が与えられる．
　十二　すべての児童は，愛とまことによって結ばれ，よい国民として人類の平和と文化に貢献するように，みちびかれる．

<資料> Ⅱ-16「児童の権利に関する条約」について（通知）
（平成 6 年 5 月 20 日文初高第 149 号文部事務次官）

　このたび、「児童の権利に関する条約」（以下「本条約」という。）が平成 6 年 5 月 16 日条約第 2 号をもって公布され、平成 6 年 5 月 22 日に効力を生ずることとなりました。本条約の概要及び全文等は別添のとおりです。

　本条約は、世界の多くの児童（本条約の適用上は、児童 18 歳未満のすべての者と定義されている。）が、今日なお貧困、飢餓などの困難な状況に置かれていることにかんがみ、世界的な視野から児童の人権の尊重、保護の促進を目指したものであります。

　本条約は、基本的人権の尊重を基本理念に掲げる日本国憲法、教育基本法（昭和 22 年 3 月 31 日法律第 25 号）並びに我が国が締約国となっている「経済的、社会的及び文化的権利に関する国際規約（昭和 54 年 8 月 4 日条約第 6 号）」及び「市民的及び政治的権利に関する国際規約（昭和 54 年 8 月 4 日条約第 7 号）」等と軌を一にするものであります。したがって、本条約の発効により、教育関係について特に法令等の改正の必要はないところでありますが、もとより、児童の人権に十分配慮し、一人一人を大切にした教育が行われなければならないことは極めて重要なことであり、本条約の発効を契機として、更に一層、教育の充実が図られていくことが肝要であります。このことについては、初等中等教育関係者のみならず、広く周知し、理解いただくことが大切であります。

　また、教育に関する主な留意事項は下記のとおりでありますので、貴職におかれましては、十分なご配慮をお願いします。

　なお、各都道府県教育委員会にあっては管下の各市町村教育委員会及び関係機関に対して、また、各都道府県知事にあっては所管の私立学校及び学校法人等に対して、国立大学長にあっては管下の学校に対して、主旨の徹底を図るようお願いします。

　　記

1　学校教育及び社会教育を通じ、広く国民の基本的人権尊重の精神が高められるようにするとともに、本条約の主旨にかんがみ、児童が人格を持った一人の人間として尊重されなければならないことについて広く国民の理解が深められるよう、一層の努力が必要であること。
　この点、学校（小学校、中学校、高等学校、高等専門学校、盲学校、聾（ろう）学校、養護学校及び幼稚園をいう。以下同じ。）においては、本条約の主旨を踏まえ、日本国憲法及び教育基本法の精神にのっとり、教育活動全体を通じて基本的人権の尊重の精神の徹底を一層図っていくことが大切であること。
　また、もとより、学校において児童生徒等に権利及び義務をともに正しく理解をさせることは極めて重要であり、この点に関しても日本国憲法や教育基本法の精神にのっとり、教育活動全体を通じて指導すること。

2　学校におけるいじめや校内暴力は児童生徒の心身に重大な影響を及ぼす深刻な問題であり、本条約の趣旨をふまえ、学校は、家庭や地域社会との緊密な連携の下に、真剣な取組の推進に努めること。また、学校においては、登校拒否及び高等学校中途退学の問題について十分な認識を持ち、一人一人の児童生徒等に対する理解を深め、その個性を尊重し、適切な指導が行えるよう一層の取組を行うこと。

3　体罰は、学校教育法第 11 条により厳に禁止されているものであり、体罰禁止の徹底に一層務める必要があること。

4　本条約第 12 条から第 16 条までの規定において、意見を表明する権利、表現の自由についての権利等の権利について定められているが、もとより学校においては、その教育目的を達成するために必要な合理的範囲内で児童生徒等に対し、指導や指示を行い、また校則を定めることができるものであること。
　校則は、児童生徒等が健全な学校生活を営みよりよく成長発達していくための一定のきまりであり、これは学校の責任と判断において決定されるべきものであること。
　なお、校則は、日々の教育指導にも関わるものであり、児童生徒等の実態、保護者の考え方、地域の実情等を踏まえ、より適切なものとなるよう引き続き配慮すること。

5　本条約第 12 条 1 の意見を表明する権利については、表明された児童の意見がその年齢や成熟の度合いによって相応に定めたものであり、必ず反映されるということまでをも求めているものではないこと。
　なお、学校においては、児童生徒等の実態を十分把握し、一層きめ細かな適切な教育指導に留意すること。

6　学校における退学、停学及び訓告の懲戒処分は真に教育的配慮をもって慎重かつ的確に行わなければならず、この際には、当該児童生徒等から事情や意見を聴く機会をもつなど児童生徒等の個々の状況に十分留意し、その措置が単なる制裁にとどまることなく真に教育的効果を持つものとなるよう配慮すること。
　また、学校教育法第 26 条の出席停止の措置を適用する際には、当該児童生徒や保護者の意見をよく聴く機会を持つことに配慮すること。

7　学校における国旗・国歌の指導は，児童生徒等が自国の国旗・国家の意義を理解し，それを尊重する心情と態度を育てるとともにすべての国の国旗・国歌に対して等し敬意を表する態度を育てるためのものであること．その指導は，児童生徒等が国民として必要とされる基礎的・基本的な内容を身につけるために行うものであり，もとより児童生徒等の思想・良心を制約しようというものではないこと．今後とも国旗・国歌に関する指導の充実を図ること．
8　本条約についての教育指導に当たっては，「児童」のみならず「子ども」という語を適宜使用することも考えられること．

における体罰や校則による管理主義的傾向や過度な受験競争，いじめ，不登校などが問題化し，家庭においては経済格差による子どもの貧困，虐待，非行など，また地域社会の教育力低下も進行し，子どもの権利の侵害事例が目立つに至った（→第 III 章 3（3）参照）．

　あたかもこの状況に警鐘を鳴らすように 1989（平成元）年国連総会において児童の権利に関する条約が採択された．5 年後に日本が批准した際の文部事務次官通知（＜資料＞ II-16）には，当時の学校教育の実態から，政府の苦しい立場が表われている．

　その後，いくつの分野では同条約の理念に基づく法令等の制定や改正が見られ，子ども関連政策に子どもの権利保障の理念が徐々に反映されるようになる（＜資料＞ II-17）．児童の権利に関する条約は，当時衰退傾向にあった日本の子どもの権利保障を実体的に回復の方向に転じ，また国際的枠組の中で拡充させる役割を果たした．

## ① 子どもの権利の現代的保障

　本条約は，近代の教育思想家が唱道してきた子どもの特性とそれを継承する過去の国際的諸宣言を集約し，子どもに関する諸権利を包括的に明示したものとなっている．締約国は条約が保障する子どもの権利と，子ども施策に関する国内法令との整合性を確保する責務を負うこととなった．その際，憲法の人権条項と本条約の個別条項との同質性から，子どもが大人と同様に基本的人権の享有主体であることを再認識することが重要である．以下の諸条項と憲法条文との相似性や批准以後の国内法の制定・改正への影響について考えてみよう．
○ 差別の禁止（2 条），○ 子どもの「最善の利益」の考慮（3 条），○ 生命・生存・発達の権利（6 条），○ 子どもの意見表明権（12 条），○ プライバシー（16 条），○ 児童虐待から守られる権利（19 条），○ 障害児の権利（23 条），○ 教育を受ける権利（28・29 条），○ 休息・遊びの権利（31 条），○ 性的搾取・虐待から守られる権利（34 条），○ 犯した過ちから立ち直る権利（40 条）

## ② 子どもの権利保障を促進する国際的枠組

　本条約は，締約国における子どもの権利を国際的枠組の中で維持・向上させる仕組みを定める．すなわち，「義務の履行の達成に関する締約国による進捗状況を審査するため，児童の権利に関する委員会（Committee on the Rights of the Child = CRC）を設置する」（43 条）こととし，「締約国は，…5 年ごとに，この条約において認められる権利の実現のためにとった措置及びこれらの権利の享受についてもたらされた進歩に関する報告（reports）」を同委員会に提出しなければならない（44 条）．また CRC は政府報告（＜資料＞ II-18）と並んで，日弁連など民間の NPO 等からのいわゆるカウンターレポートを受領することもあり（＜資料＞ II-19），政府が報告する子ども関連政策に対し懸念事項や勧告を提示する．最新の日本政府報告とそれに対応する CRC の「総括所見」を検索すると現在の日本の子ども施策の問題点がわかる（＜資料＞ II-20）．

<資料> Ⅱ-17 児童の権利に関する条約批准による国内子ども関連法の整備 (下線は引用者)

---

〇 子ども・若者育成支援推進法 (2009 年制定)
(目的)
第 1 条 この法律は，子ども・若者が次代の社会を担い，その健やかな成長が我が国社会の発展の基礎をなすものであることにかんがみ，日本国憲法及び児童の権利に関する条約の理念にのっとり，子ども・若者をめぐる環境が悪化し，社会生活を円滑に営む上での困難を有する子ども・若者の問題が深刻な状況にあることを踏まえ，子ども・若者の健やかな育成，子ども・若者が社会生活を円滑に営むことができるようにするための支援その他の取組 (以下「子ども・若者育成支援」という.) について，その基本理念，国及び地方公共団体の責務並びに施策の基本となる事項を定めるとともに，子ども・若者育成支援推進本部を設置すること等により，他の関係法律による施策と相まって，総合的な子ども・若者育成支援のための施策 (以下「子ども・若者育成支援施策」という.) を推進することを目的とする.
(基本理念)
第 2 条 子ども・若者育成支援は，次に掲げる事項を基本理念として行われなければならない.
　　一 一人一人の子ども・若者が，健やかに成長し，社会とのかかわりを自覚しつつ，自立した個人としての自己を確立し，他者とともに次代の社会を担うことができるようになることを目指すこと.
　　二 子ども・若者について，個人としての尊厳が重んぜられ，不当な差別的取扱いを受けることがないようにするとともに，その意見を十分に尊重しつつ，その最善の利益を考慮すること.
　　三 子ども・若者が成長する過程においては，様々な社会的要因が影響を及ぼすものであるとともに，とりわけ良好な家庭的環境で生活することが重要であることを旨とすること.
　　四 子ども・若者育成支援において，家庭，学校，職域，地域その他の社会のあらゆる分野におけるすべての構成員が，各々の役割を果たすとともに，相互に協力しながら一体的に取り組むこと.
　　五 子ども・若者の発達段階，生活環境，特性その他の状況に応じてその健やかな成長が図られるよう，良好な社会環境 (教育，医療及び雇用に係る環境を含む. 以下同じ.) の整備その他必要な配慮を行うこと.
　　六 教育，福祉，保健，医療，矯正，更生保護，雇用その他の各関連分野における知見を総合して行うこと.
　　七 修学及び就業のいずれもしていない子ども・若者その他の子ども・若者であって，社会生活を円滑に営む上での困難を有するものに対しては，その困難の内容及び程度に応じ，当該子ども・若者の意思を十分に尊重しつつ，必要な支援を行うこと.
〇 民法 (2011 年改正)
(離婚後の子の監護に関する事項の定め等) 766 条 ① 父母が協議上の離婚をするときは，子の監護をすべき者，父又は母と子との面会及びその他の交流，子の監護に要する費用の分担その他の子の監護について必要な事項は，その協議で定める. この場合においては，子の利益を最も優先して考慮しなければならない.
　　(②〜④ 項・略)
(監護及び教育の権利義務) 820 条 親権を行う者は，子の利益のために子の監護及び教育をする権利を有し，義務を負う.
(懲戒) 822 条 親権を行う者は，第 820 条の規定による監護及び教育に必要な範囲内でその子を懲戒することができる.
(親権停止の審判) 834 条の 2 ① 父又は母による親権行使が困難又は不適当であることにより子の利益を害するときは，家庭裁判所は，子，その親族，未成年後見人，未成年後見監督人又は検察官の請求により，その父又は母について，親権停止の審判をすることができる. (② 項・略)
〇 児童福祉法 (2016 年改正)
第 1 条 全て児童は，児童の権利に関する条約の精神にのっとり，適切に養育されること，その生活を保障されること，愛され，保護されること，その心身の健やかな成長及び発達並びにその自立が図られることその他の福祉を等しく保障される権利を有する. (平成 28 年 法律 63 号全改)
第 2 条 ① 全て国民は，児童が良好な環境において生まれ，かつ，社会のあらゆる分野において，児童の年齢及び発達の程度に応じて，その意見が尊重され，その最善の利益が優先して考慮され，心身ともに健やかに育成されるよう努めなければならない.
② 児童の保護者は，児童を心身ともに健やかに育成することについて第一義的責任を負う.
③ 国及び地方公共団体は，児童の保護者とともに，児童を心身ともに健やかに育成する責任を負う.
〇 労働基準法 (1998 年改正)
第 56 条 ① 使用者は，児童が満 15 歳に達した日以後の 3 月 31 日が終了するまで，これを使用してはならない.
　　(② 項・略)
〇 家事事件手続法 (2011 年制定)
第 65 条 家庭裁判所は，親子，親権又は未成年後見に関する家事審判その他未成年者である子 (未成年被後見人を含む. 以下この条において同じ.) がその結果により影響を受ける家事審判の手続においては，子の陳述の聴取，家庭 裁判所調査官による調査その他の適切な方法により，子の意思を把握するように努め，審判をするに当たり，子の年齢及び発達の程度に応じて，その意思を考慮しなければならない.

＜資料＞ II-18　児童の権利に関する条約　第4・5回日本政府報告（抄）（2017（平成29）年6月）

---

3.　一般原則（第2条，3条，6条，12条）
　（2）児童の最善の利益（第3条），児童の意見の尊重（第12条）（最終見解パラグラフ38, 40 (a) (b), 44）
38.　（最終見解パラグラフ43, 44）学校においては，校則の制定，カリキュラムの編成等は，児童個人に関する事項とは言えず，第12条1項でいう意見を表明する権利の対象となる事項ではない．しかし，児童の発達段階に応じて，校則の見直しにあたり，アンケートの実施や学級会・生徒会での討議の場を設けたり，高等学校において，生徒の選択を生かしたカリキュラムの編成等の工夫を行うなど，必要に応じて，児童の意見を考慮した学校運営を実施している．

---

＜資料＞ II-19　子どもの権利に関する政府報告に対する民間団体のカウンターレポート（2017年9月）

---

（4）子どもの意見の尊重（第12条）（政府報告パラ36, 37, 38, 39, 40, 41（157），42, 43について）
32.　最終見解パラ43, 44の，政策決定過程を含むすべての事項について，子どもが十分に表明する権利を促進するための措置を強化する勧告は，追求されていない．政府報告パラ36, 37, 38, 39, 40, 41（157），42, 43は，十分に表明する権利を保障しているとはいえず，勧告に応えているとはいえない…．
33.　条約第12条第1項は，「自己に影響を及ぼすすべての事項」を対象としており，校則の制定，カリキュラムの編成が，「条約第12条1項でいう意見を表明する権利の対象となる事項ではない」とする政府の見解は，誤っている…．

---

［子どもの権利条約に基づく第4回・第5回日本政府報告に関する日本弁護士連合会の報告書］

＜資料＞ II-20　子どもの権利委員会（CRC）日本の第4回・第5回統合定期報告書に関する総括所見

（2019年3月）

---

III.　主要な懸念領域および勧告
C.　一般原則（条約第2条，第3条，第6条および第12条）（抄）
<u>子どもの意見の尊重</u>
22.　意見を聴かれる子どもの権利についての一般的意見12号（2009年）を想起しながら，委員会は，締約国に対し，子どもの脅迫および処罰を防止するための保護措置をとりつつ，意見を形成することのできるいかなる子どもに対しても，年齢制限を設けることなく，その子どもに影響を与えるすべての事柄について自由に意見を表明する権利を保障し，かつ，子どもの意見が正当に重視されることを確保するよう，促す．委員会はさらに，締約国が，意見を聴かれる権利を子どもが行使できるようにする環境を提供するとともに，家庭，学校，代替的養護および保健医療の現場，子どもに関わる司法手続および行政手続ならびに地域コミュニティにおいて，かつ環境問題を含むあらゆる関連の問題に関して，すべての子どもが意味のある形でかつエンパワーされながら参加することを積極的に促進するよう，勧告するものである．

---

［CRC/C/JPN/CO/4-5 配布：一般 2019年3月5日　原文：英語　日本語訳：子どもの権利条約
NGOレポート連絡会議　https://www26.atwiki.jp/childrights/pages/319.html］

## (3) 自治体における「子どもの権利条例」制定の進展

　地方自治体レベルでは「児童の権利に関する条約」の理想を地域から実現するため，「子どもの権利条例」を制定する動向が広がりを見せている．2000（平成12）年の川崎市子どもの権利に関する条例がその先駆となって以来，多数の自治体において相次いで制定されてきた（＜図＞ II-18，＜資料＞ II-21）．子どもは地域の中で成長するという意味において，これら自治体では，条例を制定し運用していくプロセスの中で，子どもの権利保障の重要性を大人と子どもが共に考える契機になっているといえる．

　条例が地域の子どもの権利を真に保障する機能をもつか，「絵に描いた餅」にすぎないかは，条例中に，子どもに関する施策について子どもが意見表明し何らかの形で参画する仕組が設定されているか，子どもの権利が侵害されたと疑われる場合に，中立公正な立場から救済し権利を回復する権限をもつ機関が置かれているか，などが評価の指標として重要である．身近な自治体に類似の条例がないか検索し，それぞれの特色を比較してみるとよい．

<図> Ⅱ-18　川崎市子どもの権利に関する行動計画（概要版の一部）

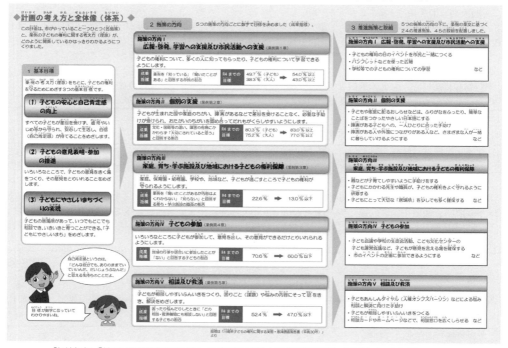

[川崎市「第6次川崎市子どもの権利に関する行動計画」2021年10月14日,
https://www.city.kawasaki.jp/450/page/0000118006.html]


<資料> Ⅱ-21　青森市子どもの権利条例（平成24年12月25日制定　平成24年青森市条例第73号）

　青森市は豊かな青い森に抱かれたまちです．森では，木々，草花，鳥や虫など数え切れない生きとし生けるものが生まれ，育まれています．これらが互いに深く結びつき，共に支え合う森は，新たないのちのゆりかごであり続けます．

　私たちは，この青森市が，生きる力みなぎる子どもが育つ大きなゆりかごであって欲しいと願っています．

　そこでは，子どもと大人が育ち合い，学び合う関係が大切にされなければなりません．そのことによって，子どもは，他者を尊重しながら共に支え合い，青森市の文化や伝統を受け継ぎ，未来を切り開いていくことができるのです．

　日本は，世界の国々と児童の権利に関する条約を結び，子どもだからこそ認められるべき権利を保障し，自分らしく生きることを大切にすると約束しています．

　市は，この条約に基づき「子どもに関係のあることを行うときには，子どもにとって今もっとも良いことは何かを第1に考える」という「子どもの最善の利益」（同条約第3条）を基本理念として，子どもが健やかに育つための環境づくりを進めてきました．

　市が設置した青森市こども委員会の子どもたちは，子どもの権利について学ぶ中で，「人はそれぞれ個性をもち，誰もが大切な存在として同じところ，違うところを認め合うことが大事である」，「大人は，子どもの意見に最後まで耳を傾けてほしい」，「ちょっとしたことでも，『あなたには，こういう良いところがある．』と言ってほしい」と宣言しています（平成23年3月子ども宣言文）．

　私たちは，子どもが他者と共に生き支え合う市民として成長する青い森のまちづくりをめざし，子どもの権利を保障することを表明し，この条例を制定します．

第1章　総則
（目的）
第1条　この条例は，子どもが愛情をもって育まれ，毎日をのびのびと生き，自分らしく豊かに成長し，発達していくことができるよう，子どもにとって大切な権利の保障を図ることを目的とします．

（定義）

第2条　この条例で，次に掲げる用語の意味は，それぞれ次に定めるとおりとします.

(1) 子ども　18歳未満の人その他これと等しく権利を認めることが適当であると規則に定める人をいいます.

(2) 大人　過去に子どもであった全ての人をいいます.

(3) 保護者　親や親に代わり子どもを養育する人をいいます.

(4) 育ち学ぶ施設　保育所，学校，児童養護施設その他子どもが育ち，学ぶことを目的として通園し，通学し，入所し，利用する施設をいいます.

（基本的な考え方）

第3条　子どもの権利の保障は，次の基本的な考え方に従って進められなければなりません.

(1) 子どもの最善の利益を優先して考えること.

(2) 子ども一人一人が権利の主体として尊重されること.

(3) 子どもの成長と発達に配慮した支援が行われること.

（大人の責務）

第4条　保護者は，子育ての第1の責任者として，子どもの権利を尊重しなければなりません.

2　育ち学ぶ施設の関係者は，子どもが自分らしく成長し，発達していくために育ち学ぶ施設が大切な役割を持つことを認識し，子どもの権利を尊重しなければなりません.

3　地域住民は，地域が子どもの成長と発達にとって重要な場であることを認識し，子どもの権利を尊重しなければなりません.

4　第1項の保護者，第2項の育ち学ぶ施設の関係者，第3項の地域住民のほか，大人は子どもの権利を尊重しなければなりません.

第2章　子どもにとって大切な権利

（子どもにとって大切な権利の保障と互いの権利の尊重）

第5条　子どもには，成長し，発達していくために，この章に定める大切な権利が保障されなければなりません.

2　子どもは，自分の権利が尊重されるのと同じように，他人の権利を尊重しなければなりません.

（安心して生きる権利）

第6条　子どもには，安心して生きるために，次のことが保障されなければなりません.

(1) 命が守られ，平和で安全な環境のもとで暮らすこと.

(2) 愛情をもって育まれること.

(3) 食事，医療，休息が保障され，健康的な生活を送ること.

(4) いじめ，虐待，体罰その他身体的，精神的暴力と有害な環境から守られること.

(5) 性別，国籍，障害などを理由に，いかなる差別も受けないこと.

(6) 困っているときや不安に思っているときには，相談し，支援を受けることができること.

（自分らしく生きる権利）

第7条　子どもには，自分らしく生きるために，次のことが保障されなければなりません.

(1) 自分の個性や他人との違いを認められ，一人の人間として尊重されること.

(2) 自分自身の夢や希望を持ち，可能性に挑戦すること.

(3) プライバシーや自らの名誉が守られること.

(4) 自分が思ったことや感じたことを表現すること.

(5) 自分にとって必要な情報や知識を得ること.

(6) 自分にとって大事なことを年齢や成長に応じて，適切な助言や支援を受け，自分で決めること.

(7) 安心して過ごすことができる時間や居場所を持つこと.

（豊かで健やかに育つ権利）

第8条　子どもには，豊かで健やかに育つために，次のことが保障されなければなりません.

(1) 遊ぶこと.

(2) 学ぶこと.

(3) 芸術やスポーツに触れ親しむこと.

(4) 青森の文化，歴史，伝統，自然に触れ親しむこと.

(5) まちがいや失敗をしたとしても，適切な助言や支援を受けることができること.

（意見を表明し参加する権利）

第9条　子どもには，他人の意見を尊重しつつ，自分の意見を表明し，社会に参加するために，次のことが保障されなければなりません.

(1) 家庭，育ち学ぶ施設，地域などで，自分の意見を表明すること.
(2) 自分にとって重要な決定が行われる場合は，自分の意見を主張できること.
(3) 自分の表明した意見に対し，適切に配慮されること.
(4) 仲間をつくり，集まり，活動すること.


第3章　子どもにとって大切な権利の保障に関する市の責務と取組
(子どもの権利の普及啓発と学習支援)
第10条　市は，子どもの権利の普及を図るため，子どもと大人が共にこの条例と子どもの権利について適切に学び，理解するための機会を提供するものとします.
2　市は，毎年11月20日を「青森市子どもの権利の日」とし，この日にふさわしい活動を行うものとします.
(子どもの育ちへの支援)
第11条　市は，子どもの豊かな育ちを支援するため，次のことに取り組むよう努めなければなりません.
(1) 子どもに健全で多様な生活体験や交流の場と機会を提供すること.
(2) 子どもが安心して過ごすことができる居場所づくりを進めるとともに，子どもが相談できる場と意見表明し社会に参加する機会を提供すること.
(保護者への支援)
第12条　市は，保護者が安心して子育てができるよう支援に努めなければなりません.
2　市は，特別に支援が必要な保護者に対しては，それに応じた支援に努めなければなりません.
(子どもの命と安全を守る取組)
第13条　市は，いじめ，虐待，体罰その他身体的，精神的暴力の防止と早期発見に努めるとともに，それら子どもの権利の侵害からの救済に必要な取組を実施するものとします.
2　市は，子どもが薬物，犯罪などの被害を受けないように，必要な取組を実施するものとします.
(子ども会議)
第14条　市は，市政などについて，子どもが意見を表明し参加する場として，青森市子ども会議（以下「子ども会議」といいます.）を置きます.
2　市は，子どもに関わることを検討するときは，子ども会議の意見を尊重するよう努めなければなりません.
(子どもの権利の保障の行動計画と検証)
第15条　市は，この条例の目的を達成するため，子どもの権利の保障に関する行動計画（以下「行動計画」といいます.）を定めるものとします.
2　行動計画の検証は，青森市健康福祉審議会条例（平成18年青森市条例第43号）に定める児童福祉専門分科会で行うものとします.
3　行動計画の検証を実施するに当たっては，子ども会議の意見を尊重するよう努めなければなりません.


第4章　子どもにとって大切な権利の侵害からの救済と回復
(相談と救済)
第16条　市は，子どもの権利の侵害に関する相談や救済について，関係機関などと相互に協力と連携を図るとともに，子どもの権利の侵害の特性に配慮した対応に努めなければなりません.
(子どもの権利擁護委員)
第17条　市長は，子どもの権利の侵害について，子どもやその関係者から相談や救済の申立てを受け，その救済と権利の回復のために必要な調査，助言，支援などを行い，これらの調査などの結果を踏まえた是正措置や制度改善の勧告や要請を行うなどのため，青森市子どもの権利擁護委員（以下「委員」といいます.）を置きます.（委員の職務）
第18条　委員の職務は，次に掲げるとおりとします.
(1) 子どもやその関係者から相談を受け，助言，支援，関係者間の調整を行うこと.
(2) 子どもやその関係者から救済の申立てを受け，事実の調査や関係者間の調整を行うこと.
(3) 子どもやその関係者から救済の申立てがなくても，その救済と権利の回復のために必要があると認めるときは，事実の調査や関係者間の調整を行うこと.
(4) 第2号，第3号の規定による調査などの結果，必要があると認めるときは，是正措置や制度改善について，関係する市の機関に対する勧告や市の機関以外のものに対する要請を行うこと.
(5) 第4号の規定により勧告や要請を行った後に，必要があると認めるときは，その是正措置などの状況に関しこれらの勧告などを受けたものに報告を求め，その内容を救済の申立てを行った人などに伝えること.
2　委員は，第1項第2号，第3号の事実の調査を次の方法により行うことができます.
(1) 関係する市の機関に対し説明を求め，その保有する文書その他の記録の閲覧や提出を要求し，実地に調

査すること．

(2) 必要な限度において市の機関以外のものに対し，資料の提出，説明その他の必要な協力を求めること．

（委員の人数，任期など）

第19条 委員は，3人以内とします．

2 委員は，人格が優れ，子どもの権利に関し専門的知識と経験を持つ人のうちから，市長が委嘱します．

3 委員の任期は3年とし，再任を妨げません．

4 委員は，職務上知ることができた秘密を漏らしてはなりません．委員の職を離れた後も同様とします．

5 委員は，第4項に定めるもののほか，その職務を遂行するに当たって，次のことを守らなければなりません．

(1) 子どもやその関係者の人権について，十分に配慮すること．

(2) 相談や救済の申立てなどの内容に応じ，関係機関などと協力して，その職務を行うこと．

6 市長は，委員が第4項前段の規定に違反したことが判明したときやその職務の遂行に必要な適格性を欠くと認めるときは，これを解嘱するものとします．

（勧告の尊重と委員への協力）

第20条 第18条第1項第4号の規定により勧告を受けた市の機関は，その勧告の内容を十分に尊重しなければなりません．

2 第1項に定めるもののほか，市の機関は，委員の職務に積極的に支援や協力をしなければなりません．

3 市の機関以外のものは，委員の職務に協力をするよう努めなければなりません．

（調査相談専門員）

第21条 市長は，子どもの権利の侵害について，子どもやその関係者から相談を受け，委員と連携し，必要な調査，助言，支援を行うため，調査相談専門員を置きます．

第5章 雑則

（委任）

第22条 この条例の施行に関し必要な事項は，市長が別に定めます．

附則（施行期日）この条例は，公布の日から施行します．ただし，第4章の規定は，公布の日から起算して6月を超えない範囲内において規則で定める日から施行します．

＊地方自治体による子どもの権利条例と，国連で採択された児童の権利に関する条約が保障する子どもの権利を比較してみよう．

## (4) 子どもの権利保障の現実と政策課題

　内閣府の調査によると，日本の子どもの自殺が2020（令和2）年は過去最多の499人となりコロナ禍の影響でさらに増加傾向にある．物質的に豊かになったとされる現代日本で子どもの「生きる権利」が保障されていないことをどう受け止めるべきか．児童の権利に関する条約が保障する子どもの権利の4領域中，「生きる権利」はとりわけ途上国の子どもを対象として想定したはずであるが，飢餓や戦争とは異なる文脈で今や日本の子どもにとってもその保障が重要な柱となっている．また，さまざまな害悪から「守られる権利」，健やかに「育つ権利」，そして意見を表明し社会に「参加する権利」はどうであろうか．家庭における児童虐待やヤングケアラー，経済的格差，学校におけるいじめ，体罰，不合理な校則，有害なネット環境などに対して，子どもの「守られる権利」「育つ権利」は十分に保障されているだろうか．そのような窮状にある子どもは自己の立場を表明する機会，「参加する権利」を与えられているだろうか．

　少子化の急激な進行に呼応して，国政レベルでは2022（令和4）年「こども基本法」（＜資料＞II-22）の制定とともに「こども家庭庁」が創設されることとなったが，いかなる省庁体制であれ，また地方レベルにおいても，「児童の最善の利益」の視点からそれぞれが担う子ども関連施策を不断に洗い直すことが求められている．

<資料> Ⅱ-22　こども基本法　法律第 77 号（令和 4 年 6 月 22 日）

第 1 章　総則

（目的）

第 1 条　この法律は，日本国憲法及び児童の権利に関する条約の精神にのっとり，次代の社会を担う全ての こどもが，生涯にわたる人格形成の基礎を築き，自立した個人としてひとしく健やかに成長することができ， 心身の状況，置かれている環境等にかかわらず，その権利の擁護が図られ，将来にわたって幸福な生活を 送ることができる社会の実現を目指して，社会全体としてこども施策に取り組むことができるよう，こど も施策に関し，基本理念を定め，国の責務等を明らかにし，及びこども施策の基本となる事項を定めると ともに，こども政策推進会議を設置すること等により，こども施策を総合的に推進することを目的とする.

（定義）

第 2 条　この法律において「こども」とは，心身の発達の過程にある者をいう.

2　この法律において「こども施策」とは，次に掲げる施策その他のこどもに関する施策及びこれと一体的に 講ずべき施策をいう.

　　一　新生児期，乳幼児期，学童期及び思春期の各段階を経て，おとなになるまでの心身の発達の過程を通 じて切れ目なく行われるこどもの健やかな成長に対する支援

　　二　子育てに伴う喜びを実感できる社会の実現に資するため，就労，結婚，妊娠，出産，育児等の各段階 に応じて行われる支援

　　三　家庭における養育環境その他のこどもの養育環境の整備

（基本理念）

第 3 条　こども施策は，次に掲げる事項を基本理念として行われなければならない.

　　一　全てのこどもについて，個人として尊重され，その基本的人権が保障されるとともに，差別的取扱い を受けることがないようにすること.

　　二　全てのこどもについて，適切に養育されること，その生活を保障されること，愛され保護されること， その健やかな成長及び発達並びにその自立が図られることその他の福祉に係る権利が等しく保障される とともに，教育基本法（平成 18 年法律第 120 号）の精神にのっとり教育を受ける機会が等しく与えら れること.

　　三　全てのこどもについて，その年齢及び発達の程度に応じて，自己に直接関係する全ての事項に関して 意見を表明する機会及び多様な社会的活動に参画する機会が確保されること.

　　四　全てのこどもについて，その年齢及び発達の程度に応じて，その意見が尊重され，その最善の利益が 優先して考慮されること.

　　五　こどもの養育については，家庭を基本として行われ，父母その他の保護者が第一義的責任を有すると の認識の下，これらの者に対してこどもの養育に関し十分な支援を行うとともに，家庭での養育が困難 なこどもにはできる限り家庭と同様の養育環境を確保することにより，こどもが心身ともに健やかに育 成されるようにすること.

　　六　家庭や子育てに夢を持ち，子育てに伴う喜びを実感できる社会環境を整備すること.

（国の責務）

第 4 条　国は，前条の基本理念（以下単に「基本理念」という.）にのっとり，こども施策を総合的に策定し， 及び実施する責務を有する.

（地方公共団体の責務）

第 5 条　地方公共団体は，基本理念にのっとり，こども施策に関し，国及び他の地方公共団体との連携を図 りつつ，その区域内におけるこどもの状況に応じた施策を策定し，及び実施する責務を有する.

（事業主の努力）

第 6 条　事業主は，基本理念にのっとり，その雇用する労働者の職業生活及び家庭生活の充実が図られるよう， 必要な雇用環境の整備に努めるものとする.

（国民の努力）

第 7 条　国民は，基本理念にのっとり，こども施策について関心と理解を深めるとともに，国又は地方公共 団体が実施するこども施策に協力するよう努めるものとする.

（年次報告）

第 8 条　政府は，毎年，国会に，我が国におけるこどもをめぐる状況及び政府が講じたこども施策の実施の 状況に関する報告を提出するとともに，これを公表しなければならない.

2　前項の報告は，次に掲げる事項を含むものでなければならない.

　　一　少子化社会対策基本法（平成 15 年法律第 133 号）第 9 条第 1 項に規定する少子化の状況及び少子化 に対処するために講じた施策の概況

　　二　子ども・若者育成支援推進法（平成 21 年法律第 71 号）第 6 条第 1 項に規定する我が国における子ども・

　　若者の状況及び政府が講じた子ども・若者育成支援施策の実施の状況
　三　子どもの貧困対策の推進に関する法律（平成 25 年法律第 64 号）第 7 条第 1 項に規定する子どもの
　　貧困の状況及び子どもの貧困対策の実施の状況

　　第 2 章　基本的施策
（こども施策に関する大綱）
第 9 条　政府は，こども施策を総合的に推進するため，こども施策に関する大綱（以下「こども大綱」という．）
　　を定めなければならない．
2　こども大綱は，次に掲げる事項について定めるものとする．
　一　こども施策に関する基本的な方針
　二　こども施策に関する重要事項
　三　前二号に掲げるもののほか，こども施策を推進するために必要な事項
3　こども大綱は，次に掲げる事項を含むものでなければならない．
　一　少子化社会対策基本法第 7 条第 1 項に規定する総合的かつ長期的な少子化に対処するための施策
　二　子ども・若者育成支援推進法第 8 条第 2 項各号に掲げる事項
　三　子どもの貧困対策の推進に関する法律第 8 条第 2 項各号に掲げる事項
4　こども大綱に定めるこども施策については，原則として，当該こども施策の具体的な目標及びその達成の
　　期間を定めるものとする．
5　内閣総理大臣は，こども大綱の案につき閣議の決定を求めなければならない．
6　内閣総理大臣は，前項の規定による閣議の決定があったときは，遅滞なく，こども大綱を公表しなければ
　　ならない．
7　前 2 項の規定は，こども大綱の変更について準用する．
（都道府県こども計画等）
第 10 条　都道府県は，こども大綱を勘案して，当該都道府県におけるこども施策についての計画（以下この
　　条において「都道府県こども計画」という．）を定めるよう努めるものとする．
2　市町村は，こども大綱（都道府県こども計画が定められているときは，こども大綱及び都道府県こども計
　　画）を勘案して，当該市町村におけるこども施策についての計画（以下この条において「市町村こども計画」
　　という．）を定めるよう努めるものとする．
3　都道府県又は市町村は，都道府県こども計画又は市町村こども計画を定め，又は変更したときは，遅滞な
　　く，これを公表しなければならない．
4　都道府県こども計画は，子ども・若者育成支援推進法第 9 条第 1 項に規定する都道府県子ども・若者計画，
　　子どもの貧困対策の推進に関する法律第 9 条第 1 項に規定する都道府県計画その他法令の規定により都道
　　府県が作成する計画であってこども施策に関する事項を定めるものと一体のものとして作成することができ
　　る．
5　市町村こども計画は，子ども・若者育成支援推進法第 9 条第 2 項に規定する市町村子ども・若者計画，
　　子どもの貧困対策の推進に関する法律第 9 条第 2 項に規定する市町村計画その他法令の規定により市町村
　　が作成する計画であってこども施策に関する事項を定めるものと一体のものとして作成することができる．
（こども施策に対するこども等の意見の反映）
第 11 条　国及び地方公共団体は，こども施策を策定し，実施し，及び評価するに当たっては，当該こども施
　　策の対象となるこども又はこどもを養育する者その他の関係者の意見を反映させるために必要な措置を
　　講ずるものとする．
（こども施策に係る支援の総合的かつ一体的な提供のための体制の整備等）
第 12 条　国は，こども施策に係る支援が，支援を必要とする事由，支援を行う関係機関，支援の対象となる
　　者の年齢又は居住する地域等にかかわらず，切れ目なく行われるようにするため，当該支援を総合的か
　　つ一体的に行う体制の整備その他の必要な措置を講ずるものとする．
（関係者相互の有機的な連携の確保等）
第 13 条　国は，こども施策が適正かつ円滑に行われるよう，医療，保健，福祉，教育，療育等に関する業務
　　を行う関係機関相互の有機的な連携の確保に努めなければならない．
2　都道府県及び市町村は，こども施策が適正かつ円滑に行われるよう，前項に規定する業務を行う関係機関
　　及び地域においてこどもに関する支援を行う民間団体相互の有機的な連携の確保に努めなければならない．
3　都道府県又は市町村は，前項の有機的な連携の確保に資するため，こども施策に係る事務の実施に係る協
　　議及び連絡調整を行うための協議会を組織することができる．
4　前項の協議会は，第 2 項の関係機関及び民間団体その他の都道府県又は市町村が必要と認める者をもって
　　構成する．

第14条 国は，前条第1項の有機的な連携の確保に資するため，個人情報の適正な取扱いを確保しつつ，同項の関係機関が行うこどもに関する支援に資する情報の共有を促進するための情報通信技術の活用その他の必要な措置を講ずるよう努めるものとする．

（この法律及び児童の権利に関する条約の趣旨及び内容についての周知）

第15条 国は，この法律及び児童の権利に関する条約の趣旨及び内容について，広報活動等を通じて国民に周知を図り，その理解を得るよう努めるものとする．

（こども施策の充実及び財政上の措置等）

第16条 政府は，こども大綱の定めるところにより，こども施策の幅広い展開その他のこども施策の一層の充実を図るとともに，その実施に必要な財政上の措置その他の措置を講ずるよう努めなければならない．

第3章 こども政策推進会議

（設置及び所掌事務等）

第17条 こども家庭庁に，特別の機関として，こども政策推進会議（以下「会議」という．）を置く．

2 会議は，次に掲げる事務をつかさどる．

一 こども大綱の案を作成すること．

二 前号に掲げるもののほか，こども施策に関する重要事項について審議し，及びこども施策の実施を推進すること．

三 こども施策について必要な関係行政機関相互の調整をすること．

四 前三号に掲げるもののほか，他の法令の規定により会議に属させられた事務

3 会議は，前項の規定によりこども大綱の案を作成するに当たり，こども及びこどもを養育する者，学識経験者，地域においてこどもに関する支援を行う民間団体その他の関係者の意見を反映させるために必要な措置を講ずるものとする．

（組織等）

第18条 会議は，会長及び委員をもって組織する．

2 会長は，内閣総理大臣をもって充てる．3 委員は，次に掲げる者をもって充てる．

一 内閣府設置法（平成11年法律第89号）第9条第1項に規定する特命担当大臣であって，同項の規定により命を受けて同法第11条の3に規定する事務を掌理するもの

二 会長及び前号に掲げる者以外の国務大臣のうちから，内閣総理大臣が指定する者

（資料提出の要求等）

第19条 会議は，その所掌事務を遂行するために必要があると認めるときは，関係行政機関の長に対し，資料の提出，意見の開陳，説明その他必要な協力を求めることができる．

2 会議は，その所掌事務を遂行するために特に必要があると認めるときは，前項に規定する者以外の者に対しても，必要な協力を依頼することができる．

（政令への委任）

第20条 前3条に定めるもののほか，会議の組織及び運営に関し必要な事項は，政令で定める．

附 則

（施行期日）

第1条 この法律は，令和5年4月1日から施行する．ただし，次の各号に掲げる規定は，この法律の公布の日又は当該各号に定める法律の公布の日のいずれか遅い日から施行する．

一 附則第10条の規定 こども家庭庁設置法（令和4年法律第75号）

二 附則第11条の規定 こども家庭庁設置法の施行に伴う関係法律の整備に関する法律（令和4年法律第76号）

（検討）

第2条 国は，この法律の施行後5年を目途として，この法律の施行の状況及びこども施策の実施の状況を勘案し，こども施策が基本理念にのっとって実施されているかどうか等の観点からその実態を把握し及び公正かつ適切に評価する仕組みの整備その他の基本理念にのっとったこども施策の一層の推進のために必要な方策について検討を加え，その結果に基づき，法制上の措置その他の必要な措置を講ずるものとする．

（第3条以下 省略）

**参考文献**

玉川大学教育学科編『教育の名著 80 選改題』玉川大学出版部，1988 年

教育の発見双書（『ルソーとその時代』ほか）同上，1987 年

公益財団法人 日本ユニセフ協会 Web ページ「子どもの権利条約」
　https://www.unicef.or.jp/about_unicef/about_rig.html（2022 年 4 月 20 日閲覧）

子どもの人権連（機関誌）『いんふぉめーしょん　子どもの人権連』（月刊）

日本子どもを守る会編『子ども白書』（年刊）かもがわ出版

喜多明人編著『子どもの学ぶ権利と多様な学び』エイデル研究所，2020 年

荒牧重人ほか編『解説　子ども条例』三省堂，2012 年

喜多明人ほか編著『子どもにやさしいまちづくり』（第 2 集）日本評論社，2013 年

木村草太編『子どもの人権を守るために』晶文社，2018 年

# Ⅲ章　日本の学校のあゆみ

　教育といえばわれわれはただちに学校教育のことを考えるように，現代において学校が人間形成に占める位置や役割は非常に大きい．教育＝学校教育と考えることは適切ではないが，学校はわれわれにとって極めて身近な存在である．しかし，いま学校が抱える問題は多く，その克服の道は険しいといわざるをえない．そして，「学校栄えて教育滅ぶ」といわれたり，脱学校論が横行したりする状況の中で，子ども・青年にとって学校とは何であるかを問い直してみる必要がある．そこで，ここでは日本の学校が近世から令和の現代までどのような変遷をたどってきたのか，どのような役割を果たしてきたかを考えてみよう．

## 1　近世の学校

　武家と庶民のあいだに厳格な差別をつけられた身分制社会の近世においては，それぞれの身分特有の教育機関がつくられた．武家の子弟を対象とした教育機関は，まず江戸幕府の経営する昌平坂学問所があり，儒学とりわけ朱子学に基づく教育が行われた．また諸藩でもその藩士の子弟のための藩校があり（＜図＞Ⅲ-1，2），儒学と武術による教育が行われた（＜図＞Ⅲ-4，5）．藩校は江戸初期から設けられていたものもあるが，多くは江戸後期・幕末期につくられ，この期の社会危機に対応して藩政改革を進めるための人材養成をめざす機関であった．

　一方，庶民の学校は寺子屋であった（＜図＞Ⅲ-3）．寺子屋の起源は室町時代末期にさかのぼるといわれているが，それが盛んに設けられるようになったのは江戸時代中期以降である．寺子屋での学習は，師匠の特定する手本（往来物）についての手習，読書そして計数の稽古（そろばん）が主であった（＜図＞Ⅲ-6）．

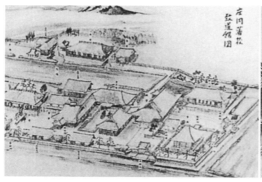
＜図＞Ⅲ-1　庄内藩校　致道館

＜図＞Ⅲ-2　致道館（山形県鶴岡市）[筆者撮影]

<図> III-3　寺子屋の風景
[唐沢博物館　所蔵]

<図> III-4　漢学の教科書『孟子』[山形県立博物
館教育資料館　所蔵　筆者撮影]

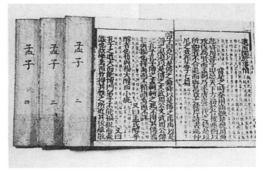

<図> III-5　漢学の教科書『論語』[山形県立
博物館教育資料館　所蔵　筆者撮影]

<図> III-6　寺子屋の教科書『庭訓往来』
[山形県立博物館教育資料館　所蔵　筆者撮影]

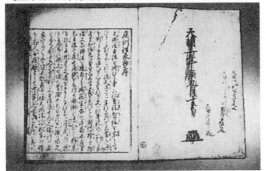

　その他の教育機関として，寺子屋よりやや程度の高い教育を施すことをねらいとした庶民対象の郷学があった．また，江戸後期より幕末期にかけては武家も庶民もともに勉強する私塾がふえ，身分をこえて機能した上に，漢学・国学・洋学・医学などの諸方面にわたっての人材を養成した．近世前期の塾として中江藤樹の藤樹書院，伊藤仁斎の堀川塾などが有名であり，後期では広瀬淡窓の咸宜園や吉田松陰の松下村塾が有名である．

## 2　戦前の学校

### (1) 近代化と明治初期の学校

　わが国の近代学校制度は，1872（明治5）年の「学制」の公布から出発した（＜資料＞ III-1）．当時の明治政府にとっての最大の課題は，欧米先進諸国からの外圧に対抗していくために，近代化をすみやかになしとげて独立国家としての体制をつくりあげることであった．「富国強兵」と「文明開化」を二大方針としていた明治政府の構想する近代化とは，西欧をモデルとし，それに追いつくことをめざす西欧化がその内容であった．

＜資料＞ III-1　学制（抄）（明治5年）

　学　制
　　大中小学区ノ事
第1章　全国ノ学政ハ之ヲ文部一省ニ統フ
第2章　全国ヲ大分シテ8大区トス之ヲ大学区ト称シ毎区大学校一所ヲ置ク

第3章　大学区ノ分別左ノ如シ

　　第1大区

　　　東京府　神奈川県　埼玉県　入間県　木更津県　足柄県　印旛県
　　　新治県　茨城県　群馬県　栃木県　宇都宮県　山梨県　静岡県
　　　　計1府13県東京府ヲ以テ大学本部トス

　　第2大区

　　　愛知県　額田県　浜松県　犬上県　岐阜県　三重県　度会県
　　　　計7県愛知県ヲ以テ大学本部トス

　　第3大区

　　　石川県　七尾県　新川県　足羽県　敦賀県　筑摩県
　　　　計6県石川県ヲ以テ大学本部トス

　　第4大区

　　　大阪府　京都府　兵庫県　奈良県　堺県　和歌山県　飾磨県
　　　豊岡県　高知県　名東県　香川県　岡山県　滋賀県
　　　　計2府11県大阪府ヲ以テ大学本部トス

　　第5大区

　　　広島県　鳥取県　島根県　北條県　小田県　石鉄県　神山県　山口県　浜田県
　　　　計9県広島県ヲ以テ大学本部トス

　　第6大区

　　　長崎県　佐賀県　八代県　白川県　美々津県　都城県　鹿児島県　小倉県
　　　大分県　福岡県　三潴県
　　　　計11県長崎県ヲ以テ大学本部トス

　　第7大区

　　　新潟県　柏崎県　置賜県　酒田県　若松県　長野県　相川県
　　　　計7県新潟県ヲ以テ大学本部トス

　　第8大区

　　　青森県　福島県　磐前県　水沢県　岩手県　秋田県　山形県　宮城県
　　　　計8県青森県ヲ以テ大学本部トス
　　　　総計3府72県

第4章　北海道ハ当分第八大区ヨリ之ヲ管ス他日別ニ区分スヘシ

第5章　1大学区ヲ分テ32中区トシ之ヲ中学区ト称ス区毎ニ中学校一所ヲ置ク全国8大区ニテ其数256所トス

第6章　1中学区ヲ分テ210小区トシ之ヲ小学区ト称ス区毎ニ小学校一所ヲ置ク1大区ニテ其数6720所全国ニテ53760所トス

第7章　中学区以下ノ区分ハ地方官其土地ノ広狭人口ノ疎密ヲ計リ便宜ヲ以テ郡区村市等ニヨリ之ヲ区分スヘシ

第8章　1中区内学区取締10名乃至12　3名ヲ置キ1名ニ小学区20或ハ30ヲ分チ持タシムヘシ此学区取締ハ専ラ区内人民ヲ勧誘シテ務テ学ニ就カシメ且学校ヲ設立シ或ハ学校ヲ保護スヘキノ事或ハ其費用ノ使用ヲ計ル等一切其受持所ノ小学区内ノ学務ニ関スル事ヲ担任シ又1中区内ニ関スル事ハ互ニ相論議シ専ラ便宜ヲ計リ区内ノ学事ヲ進歩セシメン事ヲ務ムヘシ

第12章　一般人民 華士族農工 商及婦女 ノ学ニ就クモノハ之ヲ学区取締ニ届クヘシ若シ子弟6歳以上ニ至リテ学ニ就カシメサルモノアラハ委シク其由ヲ学区取締ニ届ケシムヘシ 私塾家塾ニ入リ及ヒ巳ムヲ得サル事アリテ師ヲ 其ノ家ニ招キ稽古セシムルモ皆就学ト云フヘシ

第13章　学区取締ハ毎年2月区内人民子弟6歳以上ナルモノ前年学ニ就モノ幾人学ニ就カサルモノ幾人ト第1号ノ式ノ如ク表ヲ作リ之ヲ地方官ニ出シ地方官之ヲ集メテ4月中督学局ニ出スヘシ

　　○小　　学

第21章　小学校ハ教育ノ初級ニシテ人民一般必ス学ハスンハアルヘカラサルモノトス之ヲ区分スレハ左ノ数種ニ別ツヘシ然トモ均ク之ヲ小学ト称ス即チ尋常小学女児小学村落小学貧人小学小学私塾幼稚小学ナリ

第22章　幼稚小学ハ男女ノ子弟6歳迄ノモノ小学ニ入ル前ノ端緒ヲ教ルナリ

第23章　小学私塾ハ小学教科ノ免状アルモノ私宅ニ於テ教ルヲ称スヘシ

第24章　貧人小学ハ貧人子弟ノ自活シ難キモノヲ入学セシメン為ニ設ク其費用ハ富者ノ寄進金ヲ以テス是専ラ仁恵ノ心ヨリ組立ルモノナリ仍テ仁恵学校トモ称スヘシ

第25章　村落小学ハ僻遠ノ村落農民ノミアリテ教化素ヨリ開ケサルノ地ニ於テ其教則ヲ少シク省略シテ教ルモノナリ或ハ年巳ニ成長スルモノモ其生業ノ暇来リテ学ハシム是等ハ多ク夜学校アルヘシ

第26章　女児小学ハ尋常小学教科ノ外ニ女子ノ手芸ヲ教フ

第27章　尋常小学ヲ分テ上下2等トス此2等ハ男女共必ス卒業スヘキモノトス <sub>教則別冊アリ</sub>

　　　下等小学教科

　　1　綴字　読並盤上習字　　2　習字　字形ヲ主トス　　3　単語読　　　　　　4　会話読
　　5　読本　解意　　　　　6　修身　解意　　　　　7　書牘　解意並盤上習字　8　文法　　　解意
　　9　算術　九々数位加減乗除但洋法ヲ用フ　　　10　養生法　講義　　　　　11　地学大意
　12　窮理学大意　　　　　13　体術　　　　　　14　唱歌　当分之ヲ欠ク
　　　上等小学ノ教科ハ下等小学教科ノ上ニ左ノ条件ヲ加フ
　　1　史学大意　　2　幾何学罫画大意　　3　博物学大意　　4　化学大意
　　　其他ノ形情ニ因テハ学科ヲ拡張スル為メ左ノ4科ヲ斟酌シテ教ルコトアルヘシ
　　1　外国語学ノ1, 2　　2　記簿法　　3　画学　　4　天球学
　　　下等小学ハ6歳ヨリ9歳マテ上等小学ハ10歳ヨリ13歳マテニ卒業セシムルヲ法則トス但事情ニヨリ
　　　一概ニ行ハレサル時ハ斟酌スルモ妨ケナシトス
第28章　右ノ教科順序ヲ蹈マスシテ小学ノ科ヲ授ルモノ之ヲ変則小学ト云フ
　　　但私宅ニ於テ之ヲ教ルモノハ之ヲ家塾トス
　○中　学
第29章　中学ハ小学ヲ経タル生徒ニ普通ノ学科ヲ教ル所ナリ分チ上下2等トス2等ノ外工業学校商業学校
　　　通弁学校農業学校諸民学校アリ此外廃人学校アルヘシ
　　　下等中学ハ14歳ヨリ16歳マテ上等中学ハ17歳ヨリ19歳マテニ卒業セシムルヲ法則トス
　○大　学
第38章　大学は高尚ノ諸学ヲ教ル専門科ノ学校ナリ其学科大略左ノ如シ
　　　　理学　　文学　　法学　　医学

<＜図＞ III-7　「学制」期の学校　登米小学校
　　[宮城県登米町教育資料館　筆者撮影]

＜図＞ III-8　和洋混交の学校建築 [宮城県登米町
　　教育資料館　筆者撮影]

＜図＞ III-9　[宮城県登米町教育資料館　筆者撮影]

　「学制」に先立っていわば「学制」の序文として「学事奨励に関する被仰出書」が出された
（→＜資料＞ I-15）．「被仰出書」の教育改革の方針は次のとおりである．①教育の目的として

<図> Ⅲ-10　開智学校（長野県松本市）［唐沢博物館　所蔵］

　の立身治産をめざす個人主義的人間像．②四民平等の原則に立つ国民皆学．③教育内容は日常の生活に必須な「実学」であること．④教育費の受益者負担の原則．これらの理念は容易に実現したわけではない．国民の8割が農民であった当時，苦しい生活を続けていた国民にとって，教育費の負担は大きかった．1875（明治10）年の就学率（<表> Ⅲ-1）は男女平均40％足らずという状態であり，そのうち8割が1年以内に退学したといわれている．文部省はさまざまな方法を用いて督学策を打ち出していくが（<図> Ⅲ-11），国民の教育要求と乖離した学校への国民の不満は高まり，土地によっては学校を焼き打ちにする暴動までに発展した．

<表> Ⅲ-1　明治前期の就学率
［細谷俊夫ほか編『新教育学大事典』第一法規出版，1979年］

| 年度 | 就　学　率（％） | | |
| --- | --- | --- | --- |
| | 計 | 男 | 女 |
| 明6 | 28.13 | 39.90 | 15.14 |
| 7 | 32.30 | 46.17 | 17.22 |
| 8 | 35.19 | 50.49 | 18.58 |
| 9 | 38.32 | 54.16 | 21.03 |
| 10 | 39.88 | 55 97 | 22.48 |
| 11 | 41.26 | 57.59 | 23.51 |
| 12 | 41.16 | 58.21 | 22.59 |
| 13 | 41.06 | 58.72 | 21.91 |
| 14 | 42.98 | 59.95 | 24.67 |
| 15 | 48.51 | 64.65 | 30.98 |
| 16 | 51.03 | 67.16 | 33.64 |
| 17 | 50.76 | 66.95 | 33.29 |
| 18 | 49.62 | 65.80 | 32.07 |
| 19 | 46.33 | 61.99 | 29.01 |
| 20 | 45.00 | 60.31 | 28.26 |

<図> Ⅲ-11　就学牌［山形県立博物館教育資料館　筆者撮影］

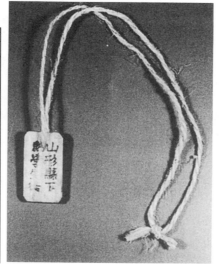

◆就学牌（山形県立教育資料館）

　「学制」期において，小学校への児童の就学を奨励督促する手段として，就学児童と不就学児童とを区別するために就学児童に常時身につけさせていた標章．

<図> III-12 「学制」期の教科書［宮城県登米町教育資料館所蔵　筆者撮影］

『小学読本』　　　　　　　　　　　　　　　『勧善訓蒙』

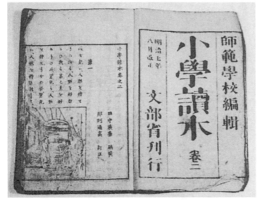 

『単語篇』

## ◆掛図

　「学制」期においては，欧米の学校教育にならった一斉教授を導入するために，教材として掛図を使用した．和紙和装本だった教科書は一般に高価で，当時の民衆の子どもが容易に入手できるものではなく，教科書を各自が所持することは普及していなかった．そのため，低等級

<図> III-13　掛図［宮城県登米町教育資料館所蔵　筆者撮影］

『世界人種相貌全覧』　　　　　　　　　　『博物図』

 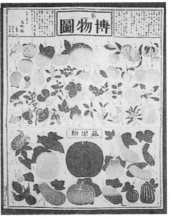

<図> III-14 『連語図』[山形県立博物館教育資料館所蔵 筆者撮影]

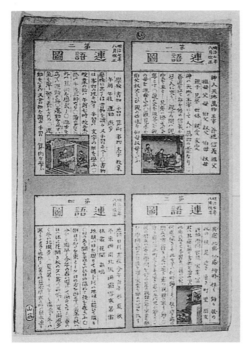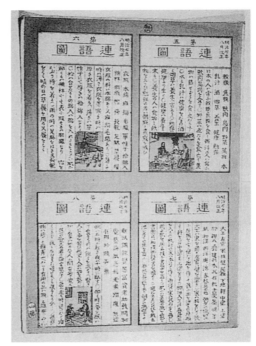

<資料> III-2 小学教則（抄）（明治5年9月8日 文部省布達番外）

> 第1章
> 小学ヲ分テ上下2等トス下等ハ6歳ヨリ9歳ニ止リ上等ハ10歳ヨリ13歳ニ終リ上下合セテ在学8年トス
> 　　第2章
> 下等小学ノ課程ヲ分チ8級トス毎級6ケ月ノ習業ト定メ始テ学ニ入ル者ヲ第8級トシ次第ニ進テ第一級ニ至
> ル今其毎級課業授ケ方ノ一例ヲ挙テ左ニ示ス尤一般必行ノモノニハ非スト雖トモ各其地其境ニ随ヒ能ク之ヲ
> 斟酌シテ活用ノ方ヲ求ムヘシ
> 　　○第8級　6ケ月 　1日5字1週30字ノ課程
> 　　　　　　　　　　　　日曜日ヲ除ク以下之ニ倣ヘ
> 　綴字<sup>カナツカヒ</sup>　　　1週6字　即1日1字
> 　　生徒残ラス順列ニ並ハセ智恵ノ糸口うひまなび絵入智恵ノ環1ノ巻等ヲ以テ教師盤上ニ書シテ之ヲ授ク
> 　前日授ケシ分ハ1人ノ生徒ヲシテ他生ノ見エサルヤウ盤上ニ記サシメ他生ハ各石板ニ記シ畢テ盤上ト照
> 　シ盤上誤謬アラハ他生ノ内ヲシテ正サシム
> 　習字<sup>テナラヒ</sup>　　　1週6字　即1日1字
> 　　手習草紙習字本習字初歩等ヲ以テ平仮名片仮名ヲ教フ但数字西洋数字ヲモ加ヘ教フヘシ尤字形運筆ノミ
> 　ヲ主トシテ訓読ヲ授クルヲ要セス教師ハ順廻シテ之ヲ親示ス<sup>コトハノマナカヒ</sup>
> 　単語読方　　　1週6字　即1日1字
> 　　童蒙必読単語篇等ヲ授ケ兼テ其語ヲ盤上ニ記シ訓読ヲ高唱シ生徒一同之ニ準誦セシメ而シテ後其意義ヲ
> 　授ク但日々前日ノ分ヲ諳誦シ来ラシム
> 　洋法算術　　　1週6字　即1日1字
> 　　筆算訓蒙洋算早学等ヲ以テ西洋数字数位ヨリ加減算九々ノ声ニ至ル迄ヲ一々盤上ニ記シテ之ヲ授ケ生徒
> 　ヲシテ紙上ニ写シ取ラシム但加減ノ算法ニ於テハ先ツ其法ヲ授ケ而シテ只其題ノミヲ盤上ニ出シ算筆ト
> 　暗算トヲ隔日練習セシム暗算トハ胸算用ニテ紙筆ヲ用ヒス生徒1人ツツヲシテ盤上ノ題ニ答ヘシムルナ
> 　リ前日ノ分ハ総テ盤上ニ記シテ生徒ヲシテ一同誦セシム
> 　修身口授<sup>ギョウギノサトシ</sup>　　1週2字　即2日置キニ1字
> 　　民家童蒙教草等ヲ以テ教師ロツカラ縷々之ヲ説諭ス<sup>コトハノサトシ</sup>
> 　単語諳誦　　　1週4字
> 　　1人ツツ直立シ前日ヨリ学フ処ヲ諳誦セシメ或ハ之ヲ盤上ニ記サシム
> 　　○第7級―第1級　略
> 右畢テ大試業ノ上上等小学ニ入ラシム落第ノ生徒ハ猶6ケ月第1級ニ置ク

での授業は多く掛図によらざるをえなかった．

## ◆等級制と試験制度

　学制期においては，教授＝学習上の組織として等級制が採用されていた．「小学教則」（＜資料＞ III-2，＜表＞ III-2）の各学校をそれぞれ 8 級として，教科目の内容，授業の方法，毎週教授時数を各級別に配当指定した．一定の序列をもつグレイドによって教育課程は構成されており，生徒はそのグレイドを一つ一つ昇りつめることによって，一定の課程を習得した．試験は，このような等級判定の唯一の合理的な手段として重要な位置を占めていた（＜資料＞ III-3）．そして等級制は，西欧化＝近代化をめざす明治政府の立場から欧米の進んだ知識・技術を大量かつ早急に摂取・吸収し，普及するのに有効な手段として採用された（＜図＞ III-15, 16）．

<表> III-2　小学教則概表（明治 5 年 11 月 10 日　文部省布達番外）

| 小　学 | 下等 | 下等 | 下等 | 下等 | 下等 | 下等 | 下等 | 下等 | 上等 | 上等 | 上等 | 上等 | 上等 | 上等 | 上等 | 上等 |
|---|---|---|---|---|---|---|---|---|---|---|---|---|---|---|---|---|
| 毎級 6 ケ月 | 8級 | 7級 | 6級 | 5級 | 4級 | 3級 | 2級 | 1級 | 8級 | 7級 | 6級 | 5級 | 4級 | 3級 | 2級 | 1級 |
| 年　齢 | 6歳 | 6歳半 | 7歳 | 7歳半 | 8歳 | 8歳半 | 9歳 | 9歳半 | 10歳 | 10歳半 | 11歳 | 11歳半 | 12歳 | 12歳半 | 13歳 | 13歳半 |
| 1週間30時 | 時 | 時 | 時 | 時 | 時 | 時 | 時 | 時 | 時 | 時 | 時 | 時 | 時 | 時 | 時 | 時 |
| 綴　字 | 6 | 6 | | | | | | | | | | | | | | |
| 習　字 | 6 | 6 | 6 | 6 | 6 | 6 | 4 | 4 | 2 | | | | | | | |
| 単語読方 | 6 | 6 | 4 | | | | | | | | | | | | | |
| 洋法算術 | 6 | 6 | 6 | 6 | 6 | 6 | 6 | 6 | 6 | 6 | 6 | 6 | 6 | 6 | 6 | 6 |
| 修身口授 | 2 | 2 | 2 | 1 | | | | | | | | | | | | |
| 単語諳誦 | 4 | 2 | | | | | | | | | | | | | | |
| 会話読方 | | 4 | | | | | | | | | | | | | | |
| 単語書取 | | | 6 | 2 | | | | | | | | | | | | |
| 読本読方 | | | 6 | 4 | | | | | | | | | | | | |
| 会話諳誦 | | | | 6 | | | | | | | | | | | | |
| 地理読方 | | | | 3 | 6 | | | | | | | | | | | |
| 養生口授 | | | | 2 | 2 | 2 | | | | | | | | | | |
| 会話書取 | | | | 4 | | | | | | | | | | | | |
| 読本輪講 | | | | 6 | 6 | 6 | 4 | 4 | | | | | | | | |
| 文　法 | | | | | 欠 | 欠 | 欠 | 欠 | 欠 | 欠 | 欠 | 欠 | 欠 | 欠 | 欠 | 欠 |
| 地理学論講 | | | | | 6 | 6 | 4 | 6 | 6 | 6 | 4 | 2 | 2 | 2 | 2 | 2 |
| 究理学輪講 | | | | | 2 | 2 | 4 | 6 | 6 | 6 | 6 | | | | | |
| 書　牘 | | | | | 2 | 4 | 6 | 2 | | | | | | | | |
| 各科温習 | | | | | | | | | 2 | 2 | | | | | | |
| 細字習字 | | | | | | | | | 6 | 6 | | | | | | |
| 書牘作文 | | | | | | | | | | | 6 | 4 | 2 | 2 | 3 | 2 |
| 史学輪講 | | | | | | | | | | 4 | 4 | 6 | 4 | 2 | 2 | 2 |
| 細字速写 | | | | | | | | | | | 2 | 2 | 2 | 2 | 2 | 2 |
| 罫　画 | | | | | | | | | | | 2 | 2 | 2 | 2 | 3 | 4 |
| 幾　何 | | | | | | | | | | | | | 4 | 4 | 4 | 6 |
| 博　物 | | | | | | | | | | | | | | 2 | 2 | 2 |
| 化　学 | | | | | | | | | | | | | | 4 | 3 | 2 |
| 生　理 | | | | | | | | | | | | | | | | 1 |

<資料> III-3　学制「生徒及試業ノ事」

> ○生徒及試業ノ事
> 第 48 章　生徒ハ諸学科ニ於テ必ス其等級ヲ踏マシムルコトヲ要ス故ニ 1 級毎ニ必ス試験アリ 1 級卒業スル者ハ試験状ヲ渡シ試験状ヲ得ルモノニ非サレハ進級スルヲ得ス
> 第 49 章　生徒学等ヲ終ル時ハ大試験アリ　小学ヨリ中学ニ移リ中学ヨリ大学ニ進ム等ノ類
> 　但大試験ノ時ハ学事関係ノ人員ハ勿論其請求ニヨリテハ親族或ハ他官員トイヘトモ臨席スルコトアルヘシ
> 第 50 章　私学私塾生徒モ其義前 2 章ニ同シ
> 第 51 章　試験ノ時生徒優等ノモノニハ褒賞ヲ与フルコトアルヘシ

<図> III-15　進級・卒業認定証書

[宮城県登米町教育資料館　筆者撮影]　　　　　　　　　　　　　　　　　[同]

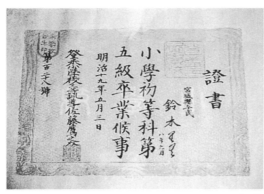

[同]

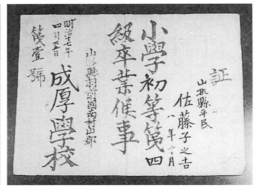

<図> III-16　集合試験の褒賞

[同]

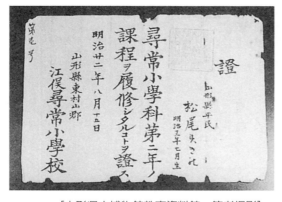

[山形県立博物館教育資料館　筆者撮影]　　　　　　　　　　　[唐沢博物館所蔵]

## (2) 天皇制公教育の成立と学校

　「学制」の画一・干渉主義への批判，民情不相応の教育への批判をふまえて，市町村に対する教育上の自由裁量権を大幅に認めた「教育令」（いわゆる自由教育令）が，1879（明治12）年公布された．しかし，この公布によりそれまでの「学制」の体制は混乱し，全国的に学校衰

<資料> III-4 教育令（明治12年）と改正教育令（明治13年）

| 教育令 | 改正教育令 |
|---|---|
| （明治12年9月29日 太政官布告第40号） | （明治13年12月28日 太政官布告第59号） |

**教育令**（明治12年9月29日 太政官布告第40号）

第1条　全国ノ教育事務ハ文部卿之ヲ統摂ス故ニ学校幼稚園書籍館等ハ公立私立ノ別ナク皆文部卿ノ監督内ニアルヘシ

第2条　学校ハ小学校中学校大学校師範学校専門学校其他各種ノ学校トス

第3条　小学校ハ普通ノ教育ヲ児童ニ授クル所ニシテ其学科ヲ読書習字算術地理歴史脩身等ノ初歩トス土地ノ情況ニ随ヒテ罫画唱歌体操等ヲ加ヘ又物理生理博物等ノ大意ヲ加フ殊ニ女子ノ為ニハ裁縫等ノ科ヲ設クヘシ

第15条　学齢児童ヲ就学セシムルハ父母及後見人等ノ責任タルヘシ

但事故アリテ就学セシメサルモノハ其事由ヲ学務委員ニ陳述スヘシ

第16条　公立小学校ニ於テハ8箇年ヲ以テ学期トス土地ノ便宜ニ因リテハ此学期ヲ縮ムルコトヲ得ヘシト雖モ4箇年ヨリ短クスヘカラス此4箇年ハ毎年授業スルコト必4箇月以上タルヘシ

第17条　学校ニ入ラスト雖モ別ニ普通教育ヲ受クルノ途アルモノハ就学ト做スヘシ

第18条　学校ヲ設置スルノ資力ニ乏シキ地方ニ於テハ教員巡回ノ方法ヲ設ケテ児童ヲ教授セシムルコトヲ得ヘシ

**改正教育令**（明治13年12月28日 太政官布告第59号）

第3条　小学校ハ普通ノ教育ヲ児童ニ授クル所ニシテ其学科ヲ修身読書習字算術地理歴史等ノ初歩トス土地ノ情況ニ随ヒテ罫画唱歌体操等ヲ加ヘ又物理生理博物等ノ大意ヲ加フ殊ニ女子ノ為ニハ裁縫等ノ科ヲ設クヘシ

但已ムヲ得サル場合ニ於テハ修身読書習字算術地理歴史ノ中地理歴史ヲ減スルコトヲ得

第14条　学齢児童ヲ就学セシムルハ父母後見人等ノ責任タルヘシ

第15条　父母後見人等ハ其学齢児童ノ小学科3箇年ノ課程ヲ卒ラサル間已ムヲ得サル事故アルニアラサレハ少クトモ毎年16週日以上就学セシメサルヘカラス又小学科3箇年ノ課程ヲ卒リタル後ト雖モ相当ノ理由アルニアラサレハ毎年就学セシメサルヘカラス

但就学督責ノ規則ハ府知事県令之ヲ起草シテ文部卿ノ認可ヲ経ヘシ

第16条　小学校ノ学期ハ3箇年以上8箇年以下タルヘク授業日数ハ毎年32週日以上タルヘシ

但授業時間ハ1日3時ヨリ少カラス6時ヨリ多カラサルモノトス

第17条　学齢児童ヲ学校ニ入レス又巡回授業ニ依ラスシテ別ニ普通教育ヲ授ケントスルモノハ郡区長ノ認可ヲ経ヘシ

但郡区長ハ児童ノ学業ヲ其町村ノ小学校ニ於テ試験セシムヘシ

第18条　小学校ヲ設置スルノ資力ニ乏シクシテ巡回授業ノ方法ヲ設ケ普通教育ヲ児童ニ授ケントスル町村ハ府知事県令ノ認可ヲ経ヘシ

退の傾向が急速にあらわれてきた．このことから政府部内にも自由教育令に対する反発が高まり，教育を地方分権的自由放任主義からふたたび中央集権的・干渉主義をもってのぞむことに改め，1880（明治13）年教育令を改定した（いわゆる改正教育令）（<資料> III-4）．

改正教育令，「教学聖旨」（1879年）以降，政府は教学の基本方針を徐々に儒教主義的な道徳教育におき，「忠良な臣民」の育成を目的とする中央集権的教育体制の確立をすすめた（<資料> III-5）．天皇制と教育とを結びつけ，国家主義的色彩の濃い公教育体制の確立をめざした初代文部大臣森有礼（1847-1889）（<図> III-17）は，1886（明治19）年に帝国大学令，中学校令，師範学校令，小学校令を公布し，戦前の学校制度の基礎をつくりあげた（<資料> III-6，7）．

1890（明治23）年に「教育ニ関スル勅語」（教育勅語）が公布され，国民にとって教育・道徳の基礎および目的が天皇にあることが宣言された（<図> III-18）．つづいて翌年には「小学校祝日大祭日儀式規程」（<資料> III-8）がつくられ，御真影奉拝，勅語奉読，唱歌斉唱等から構成される学校儀式が定められた（<図> III-19，20，21）．以後，学校教育をとおして天皇の尊厳性・不可侵性の観念が国民の間に浸透していくことになった（<資料> III-9）．

<資料＞ Ⅲ-5 教学聖旨（明治 12 年）

教學大旨

教學ノ要仁義忠孝ヲ明カニシテ智識才藝ヲ究メ以テ人道ヲ盡スハ我祖訓國典ノ大旨上下一般ノ教トスル所ナリ然ルニ輓近専ラ智識才藝ノミヲ尚トヒ文明開化ノ末ニ馳セ品行ヲ破リ風俗ヲ傷フ者少ナカラス然ル所以ノ者ハ維新ノ始首トシテ陋習ヲ破リ知識ヲ世界ニ廣ムルノ卓見ヲ以テ一時西洋ノ所長ヲ取リ日新ノ效ヲ奏スト雖トモ其流弊仁義忠孝ヲ後ニシ徒ニ洋風是競フニ於テハ將來ノ恐ルル所終ニ君臣父子ノ大義ヲ知ラサルニ至ランモ測ル可カラス是我邦教學ノ本意ニ非サル也故ニ自今以往祖宗ノ訓典ニ基ツキ專ラ仁義忠孝ヲ明カニシ道德ノ學ハ孔子ヲ主トシテ人々誠實品行ヲ尚トヒ然ル上各科ノ學ハ其才器ニ隨テ益々長シ道德才藝本末全備シテ大中至正ノ教學天下ニ布滿セシメハ我邦獨立ノ精神ニ於テ宇内ニ恥ルコト無カル可シ

小学條目二件

一 仁義忠孝ノ心ハ人皆之有リ然トモ其幼少ノ始ニ其脳髄ニ感覚セシメテ培養スルニ非レハ他ノ物事已ニ耳ニ入リ先入主トナル時ハ後奈何トモ爲ス可カラス故ニ當世小學校ニテ絵圖ノ設ケアルニ準シ古今ノ忠臣義士孝子節婦ノ畫像・寫眞ヲ掲ケ幼年生入校ノ始ニ先ツ此畫像ヲ示シ其行事ノ概略ヲ説諭シ忠孝ノ大義ヲ第一ニ脳髄ニ感覚セシメンコトヲ要ス然ル後ニ諸物ノ名状ヲ知ラシムレハ後來忠孝ノ性ヲ養成シ博物ノ學ニ於テ本末ヲ誤ルコト無カルヘシ

一 去秋各縣ノ學校ヲ巡覧シ親シク生徒ノ藝業ヲ驗スルニ或ハ農商ノ子弟ニシテ其説ク所多クハ高尚ノ空論ノミ甚キニ至テハ善ク洋語ヲ言フト雖トモ之ヲ邦語ニ譯スルコト能ハス此輩他日業卒リ家ニ歸ルトモ再タヒ本業ニ就キ難ク又高尚ノ空論ニテハ官ト爲ルモ無用ナル可シ加之其博聞ニ誇リ長上ヲ侮リ縣官ノ妨害トナルモノ少ナカラサルヘシ是皆教學其道ヲ得サルノ弊害ナリ故ニ農商ニハ農商ノ學科ヲ設ケ高尚ニ馳セス實地ニ基ツキ他日學成ル時ハ其本業ニ帰リテ益々其業ヲ盛大ニスルノ教則アランコトヲ欲ス

<図＞ Ⅲ-17 初代文部大臣 森有礼

<資料＞ Ⅲ-7 師範学校令（抄）（明治 19 年）

第1条 師範学校ハ教員トナルヘキモノヲ養成スル所トス
　但生徒ヲシテ順良信愛威重ノ気質ヲ備ヘシムルコトニ注目スヘキモノトス
第2条 師範学校ヲ分チテ高等尋常ノ 2 等トス高等師範学校ハ文部大臣ノ管理ニ属ス
第3条 高等師範学校ハ東京ニ 1 箇所尋常師範学校ハ府県ニ各 1 箇所ヲ設置スヘシ
第9条 師範学校生徒ノ学資ハ其学校ヨリ之ヲ支給スヘシ

<資料＞ Ⅲ-6 小学校令・中学校令・帝国大学令（抄）（明治 19 年）

小学校令

$$\left(\begin{array}{l}\text{明治 19 年 4 月 10 日}\\\text{勅令第 14 号}\end{array}\right)$$

第1条 小学校ヲ分チテ高等尋常ノ 2 等トス
第2条 小学校ノ設置区域及位置ハ府知事県令ノ定ムル所ニ依ル
第3条 児童 6 年ヨリ 14 年ニ至ル 8 箇年ヲ以テ学齢トシ父母後見人等ハ其学齢児童ヲシテ普通教育ヲ得セシムルノ義務アルモノトス

中学校令

$$\left(\begin{array}{l}\text{明治 19 年 4 月 10 日}\\\text{勅令第 15 号}\end{array}\right)$$

第1条 中学校ハ実業ニ就カント欲シ又ハ高等ノ学校ニ入ラント欲スルモノニ須要ナル教育ヲ為ス所トス
第2条 中学校ヲ分チテ高等尋常ノ 2 等トス高等中学校ハ文部大臣ノ管理ニ属ス
第3条 高等中学校ハ法科医科工科文科理科農業商業等ノ分科ヲ設クルコトヲ得

帝国大学令

$$\left(\begin{array}{l}\text{明治 19 年 3 月 2 日}\\\text{勅令第 3 号}\end{array}\right)$$

第1条 帝国大学ハ国家ノ須要ニ応スル学術技芸ヲ教授シ及其蘊奥ヲ攻究スルヲ以テ目的トス
第2条 帝国大学ハ大学院及分科大学ヲ以テ構成ス大学院ハ学術技芸ノ蘊奥ヲ攻究シ分科大学ハ学術技芸ノ理論及応用ヲ教授スル所トス

<図> III-18　教育勅語の謄本 ［山形県立博物館教育資料館所蔵　筆者撮影］

<資料> III-8　小学校祝日大祭日儀式規程（抄）（明治24年）

第1条　紀元節，天長節，元始祭，神嘗祭及新嘗祭ノ日ニ於テハ学校長，教員及生徒一同式場ニ参集シテ左ノ儀式ヲ行フヘシ
　1 学校長教員及生徒
　　天皇陛下及
　　皇后陛下ノ　御影ニ対シ奉リ最敬礼ヲ行ヒ且両陛下ノ万歳ヲ奉祝ス
　　　但未タ　御影ヲ拝戴セサル学校ニ於テハ本文前段ノ式ヲ省ク
　2 学校長若クハ教員，教育ニ関スル　勅語ヲ奉読ス
　3 学校長若クハ教員，恭シク教育ニ関スル　勅語ニ基キ　聖意ノ在ル所ヲ誨告シ又ハ
　　歴代天皇ノ　盛徳　鴻業ヲ叙シ若クハ祝日大祭日ノ由来ヲ叙スル等其祝日大祭日ニ相応スル演説ヲ為シ忠君愛国ノ志気ヲ涵養センコトヲ務ム
　4 学校長，教員及生徒，其祝日大祭日ニ相応スル唱歌ヲ合唱ス
第2条　孝明天皇祭，春季皇霊祭，神武天皇祭及秋季皇霊祭ノ日ニ於テハ学校長，教員及生徒一同式場ニ参集シテ第1条第3款及第4款ノ儀式ヲ行フヘシ
第3条　1月1日ニ於テハ学校長，教員及生徒一同式場ニ参集シテ第1条第1款及第4款ノ儀式ヲ行フヘシ
第4条　第1条ニ掲クル祝日大祭日ニ於テハ便宜ニ従ヒ学校長及教員，生徒ヲ率ヰテ体操場ニ臨ミ若クハ野外ニ出テ遊戯体操ヲ行フ等生徒ノ心情ヲシテ快活ナラシメンコトヲ務ムヘシ
第5条　市町村長其他学事ニ関係アル市町村吏員ハ成ルヘク祝日大祭日ノ儀式ニ列スヘシ
第6条　式場ノ都合ヲ計リ生徒ノ父母親戚及其他市町村住民ヲシテ祝日大祭日ノ儀式ヲ参観スルコトヲ得セシムヘシ
第7条　祝日大祭日ニ於テ生徒ニ茶菓又ハ教育上ニ裨益アル絵画等ヲ与フルハ妨ナシ
第8条　祝日大祭日ノ儀式ニ関スル次第等ハ府県知事之ヲ規定スヘシ

<図> III-19　奉安殿 ［唐沢博物館所蔵］　<図> III-20　明治天皇と皇后陛下の御真影（1899年　下付）

<図> III-21　学校儀式の風景 ［唐沢博物館所蔵］

<資料> III-9　久米正雄『父の死』

　他の一群では又こんな事を話し合っていた．そしてそこでは私は明らかに父の噂を聞き取った．
「何一つ出さなかったってね.」
「そうだとさ．御真影まで出せなかったんだよ.」
「宿直の人はどうしたんだろう.」
「それと気が附いて行こうとした時には，もう火が階段の所まで廻っていたんだそうだ.」
「何しろ頓間だね.」
「それでも校長先生が駆けつけて，火が廻ってる中へ飛び込んで出そうとしたけれども，皆んなそれをとめたんだとさ.」
「ふうむ.」
「校長先生はまるで気狂いのようになって，どうしても出すって聞かなかったが，とうとう押えられて了ったんだ．何しろ入れば死ぬに定まっているからね.」
「併し御真影を燃やしちゃ校長の責任になるのだろう.」
「そうかも知れないね.」
「一体命に代えても出さなくちゃならないんじゃ無いのか.」
「それはそうだ」
　私は聞耳を立てて一言も洩らすまいとした．併し会話はそれ以上進まなかった．要するに彼等も亦無関係の人であったのである．が，彼等の間にも，御真影の焼失ということが何かしらの問題になってい

て，それが父にとって重大なのだと云う事だけは感知された．

（略）

　その明くる日父は突然自殺して了った．
　こんな事も危惧されていたのだが，まさかと打消していた事が事実となって家人の目前に現われて了った．家人は様子が変だと云うので，出来るだけの注意もし，家の中の刀剣なぞは知らないように片づけて置いた．併し父が詩書類を積み重ねた書架の奥に吉光の短刀を秘して置いたのを，誰一人知る者がなかったのである．
　……父の碁の友達の旧藩士の初老が，入ってくるといきなり父の肌をひろげて左腹部を見た．そこには割合に浅い二寸ほどの切傷が血を含んで開いて居た．その人は泣かん許りの悦びの声でそれを指し乍ら叫んだ．
「さすがは武士の出だ．ちゃんと作法を心得てる !」
　父は申訳ほど左腹部に刀を立て，そしてその返す刀を咽喉にあてて突っぷし，頸動脈を見事に断ち切って了ったのであった．人々は今その申訳ほどのものに嘆賞の声をあげている．母すら涙の中に雄々しい思いを凝めて幾度か初老の言葉にうなづいた．併し私にはどうしてそれが偉らいのか解らなかった．がえらいのには違いないのだと自らを信じさせた．

◆**国民教育制度の整備・確立と国定教科書制度の成立**

　日清・日露戦争（1894-1895，1904-1905）を契機として，わが国の資本主義生産は急激な上昇をみせる．それにともない，労働力・軍事力の基礎としての学力向上策と，民衆側の読み書き計算能力への要求の高まりとがあいまって，1900年代には小学校の就学率出席率が90％を超えた（<表> III-3）．1900（明治33）年の第3次小学校令においては公立小学校の授業料徴収が廃止され，1907（明治40）年の第4次小学校令では義務教育年限が6年に延長され，国民教育制度の整備・確立がすすめられた．同時に1903（明治36）年の国定教科書制度の成立に見るように，教育内容への国家統制がいっそう強められていった（<表> III-4）．

<表> III-3 明治 21 〜 40 年の就学率
[細谷俊夫ほか編『新教育学大事典』第一法規出版，1979 年]

| 年度 | 計 | 男 | 女 |
|---|---|---|---|
| 明治 21 | 47.36 | 63.00 | 30.21 |
| 22 | 48.18 | 64.28 | 30.45 |
| 23 | 48.93 | 65.14 | 31.13 |
| 24 | 50.31 | 66.72 | 32.23 |
| 25 | 55.14 | 71.66 | 36.46 |
| 26 | 58.73 | 74.76 | 40.59 |
| 27 | 61.72 | 77.14 | 44.07 |
| 28 | 61.24 | 76.65 | 43.87 |
| 29 | 64.22 | 79.00 | 47.53 |
| 30 | 66.65 | 80.67 | 50.86 |
| 31 | 68.91 | 82.42 | 53.73 |
| 32 | 72.75 | 85.06 | 59.04 |
| 33 | 81.48 | 90.55 | 71.73 |
| 34 | 88.05 | 93.78 | 81.80 |
| 35 | 91.57 | 95.80 | 87.00 |
| 36 | 93.23 | 96.59 | 89.58 |
| 37 | 94.43 | 97.16 | 91.46 |
| 38 | 95.62 | 97.72 | 93.34 |
| 39 | 96.56 | 98.16 | 94.84 |
| 40 | 97.38 | 98.53 | 96.14 |

<表> III-4 戦前日本の教育史年表

| 1872（明治 5 ）年 | 「学事奨励に関する被仰出書」を布告，「学制」発布 |
|---|---|
| | 「小学教則」制定 |
| 1879（明治 12）年 | 天皇「教学聖旨」提示（伊藤博文「教育議」上奏） |
| | 「学制」を廃し，「教育令」制定 |
| 1880（明治 13）年 | 「教育令」改正 |
| 1885（明治 18）年 | 内閣制初代総理大臣伊藤博文，文部大臣森有礼就任 |
| 1886（明治 19）年 | 「小学校令」・「中学校令」・「師範学校令」・「帝国大学令」公布 |
| | 「教科用図書検定条例」制定 |
| 1889（明治 22）年 | 「大日本帝国憲法」発布．森文相暗殺 |
| 1890（明治 23）年 | 「教育二関スル勅語」発布 |
| | 「小学校令」改正 |
| 1891（明治 24）年 | 「小学校祝日大祭日儀式規定」制定 |
| 1894（明治 27）年 | 「高等学校令」公布 |
| 1900（明治 33）年 | 「小学校令」改正，授業料無償化 |
| 1902（明治 35）年 | 教科書疑獄事件 |
| 1903（明治 36）年 | 「小学校令」改正，国定教科書成立 |
| 1907（明治 40）年 | 「小学校令」改正，義務教育年限を 6 年に延長 |
| 1908（明治 41）年 | 「戊申詔書」渙発 |
| 1914（大正 3 ）年 | 京大沢柳事件 |
| 1917（大正 6 ）年 | 沢柳政太郎，成城小学校設立 |
| | 臨時教育会議設置 |
| 1918（大正 7 ）年 | 『赤い鳥』創刊（鈴木三重吉主宰） |
| 1919（大正 8 ）年 | 下中弥三郎ら「啓明会」結成（翌年，「日本教員組合啓明会」に改称） |
| 1921（大正 10）年 | 羽仁もと子「自由学園」設立 |
| | 八大教育主張講演会 |
| 1924（大正 13）年 | 野口援太郎，下中弥三郎ら「池袋児童の村小学校」設立 |
| | 川井訓導事件 |
| 1929（昭和 4 ）年 | 成田忠久ら北方教育社結成，生活綴方運動起こる |
| 1933（昭和 8 ）年 | 教員赤化事件 |
| | 京大滝川事件 |
| 1937（昭和 12）年 | 教育審議会設置 |
| 1941（昭和 16）年 | 「国民学校令」公布 |
| 1943（昭和 18）年 | 学徒出陣 |
| 1944（昭和 19）年 | 学童集団疎開 |

### （3）大正新教育運動

　わが国の学校教育が急速な発展を遂げた大正期には，第一次大戦後の国際的国内的に高揚を
みせたデモクラシーの風潮を背景に，いわゆる大正新教育運動（または第1次新教育運動）が
展開した．この新教育運動は，それまでの「臣民教育」が特徴とした画一主義的な注入教授，
権力的な取り締まり主義を特徴とする訓練に対して，子どもの自発性・個性を尊重しようとし
た自由主義的な教育であった．とくに，及川平治（1875-1939）の「分団式動的教育法」，手塚

<図> III-22　八大教育主張［『八
　大教育主張』大日本学術協会，
　1921 年］

<図> III-23　奈良女子高師附属小学校「学
　習」の授業風景［小原國芳著『日本の
　新学校』玉川学園，1930 年］

<図> III-24　奈良女子高師附属小学校主事
　木下竹次［小原國芳著『日本の新学校』
　玉川学園，1930 年］

<図> III-25　ダルトンプラン学校熊本高
　等女学校［小原國芳著『日本の新学校』
　玉川学園，1930 年］

◆ダルトンプラン
　アメリカのヘレン・パーカースト
（Hellen Parkhurst, 1887-1973）が創案し
た「自由と協同」を原理とした個別進度
学習の指導法．ドルトンプランとも呼ば
れる．1920 年代初頭にこのプランが日
本において注目され，全国的なブームと
なった．

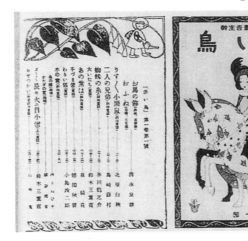

<図> III-26　『赤い鳥』創刊号
　の表紙と目次（1918 年）

岸衛（1880-1936）の「自由教育」，木下竹次（1872-1946）の「学習」などが師範学校附属小学校を舞台として展開された代表的実践であり，沢柳政太郎（1865-1927）が創設した成城小学校や野口援太郎（1868-1941）らによって創設された児童の村小学校などは私立の新学校の代表的実践校である．1921（大正 10）年 8 月に開催された「八大教育主張」のときに大正新教育運動はピークをむかえ，「赤い鳥」運動や「自由画」教育などの芸術教育運動をも含んだ全国的な一大教育改造運動となった．しかし，その新教育も「忠良な臣民」の育成という目的を前提とした教育方法の改良の域を出るものではなかった．したがって，国家による学校の管理・統制が強化される昭和期にはいると，新教育は抑圧され，変質・消滅していった（<図> III-22 ～ 26）．

### (4) 生活綴方運動

　大正新教育運動において生まれた鈴木三重吉（1882-1936）らの『赤い鳥』（<図> III-26）の綴方や詩に触発されながら，それへの批判を通して子どもたちに生活の事実を直視させ，それらをつづらせ，教室で検討することによって社会認識を育てようとした，いわゆる生活綴方運動が昭和初期に展開された（<資料> III-10）．この運動は全国に広がったが，特に東北地方で活発であった．1930 年代の東北地方は，資本主義の諸矛盾が集約的に噴出していたうえに，あいつぐ凶作と戦争のしわ寄せでほとんどの農家が貧窮のどん底にあえいでいた．それだけに児童の綴方も生活の暗さが生々しく，一般国民に強い衝撃を与えた．この運動は 1940 年頃には公権力より弾圧され消滅していった（<図> III-27, 28）．

### (5) 戦時下の学校と国民学校令

　昭和初年における大恐慌の後を受けて，日本は 1931（昭和 6）年より 15 年間にも及ぶ長期の戦時期となる．1941（昭和 16）年，小学校令は改正されて「国民学校令」が公布され，極端な国家主義・軍国主義の教育体制が実施された（<資料> III-11）．その国民学校では「皇国民錬成」の教育が行われ（<図> III-29），侵略・植民地化された台湾や朝鮮においては「皇民化」のための教育が強力に押し進められた（<図> III-30, 31）．

＜図＞Ⅲ-27　『綴方生活』（目次）と『北方教育』
　　　　　（巻頭言）

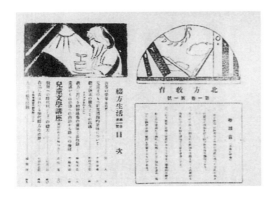

＜資料＞Ⅲ-10　『綴方生活』宣言（昭和5年
　　　　　9月，第2巻10月号）［青木一ほか『現
　　　　　代教育学事典』労働旬報社，1988年］

　生活教育の叫ばるるや久しい．けれど現実の教育にあつて，これこそ生活教育の新拓野であると公言すべき一つの場面を発見し得るであらうか．

　何時も教育界は掛声だ．そこには一つの現実をリードすべき原則なく，一人の現実を生き切るべき実力者がないかに見える．

　教育は無力であるか．果して教育は無力であるか．真実に生活教育の原則を握り，その実現力としての技術を練るの道，これこそ若き日本教育家のなすべき仕事中の仕事であらねばならぬ．

　社会の生きた問題，子供達の日々の生活事実，それをじつと観察して，生活に生きて働く原則を吾も摑み，子供達にも摑ませる．本当な自治生活の樹立，それこそ生活教育の理想であり又方法である．

　吾々同人は，綴方が生活教育の中心教科であることを信じ，共感の士と共に綴方教育を中心として，生活教育の原則とその方法とを創造せんと意企する者である．

　　　同人　小砂丘忠義　峯地光重
　　　　　　野村芳兵衛　立野道正
　　　　　　上田庄三郎　門脇英鎮
　　　　　　小林かねよ　江馬　泰
　　　　　　中島喜久夫　崎村義郎

＜図＞Ⅲ-28　綴方文集（山形県立博物館教育資料館）［筆者撮影］

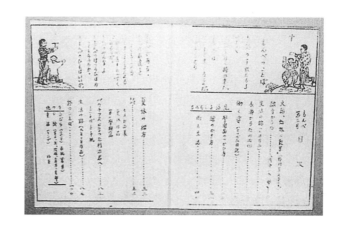

＜資料＞ III-11　国民学校令（抄）（昭和 16 年）

　　　第 1 章　目的
第 1 条　国民学校ハ皇国ノ道二則リテ初等普通教育ヲ施シ国民ノ基礎的錬成ヲ為スヲ以テ目的トス
　　　第 2 章　課程及編制
第 2 条　国民学校二初等科及高等科ヲ置ク但シ土地ノ情況二依リ初等科又ハ高等科ノミヲ置クコトヲ得
第 3 条　初等科ノ修業年限ハ 6 年トシ高等科ノ修業年限ハ 2 年トス
第 4 条　国民学校ノ教科ハ初等科及高等科ヲ通ジ国民科，理数科，体錬科及芸能科トシ高等科二在リテハ実業科ラ加フ
　　国民科ハ之ラ分チテ修身，国語，国史及地理ノ科目トス
　　理数科ハ之ヲ分チテ算数及理科ノ科目トス
　　体錬科ハ之ラ分チテ体操及武道ノ科目トス但シ女児二付テハ武道ラ欠クコトラ得
　　芸能科ハ之ラ分チテ音楽，習字，図画及工作ノ科目トシ初等科ノ女児二付テハ裁縫ノ科目ヲ，高等科ノ女児二付テハ家事及裁縫ノ科目ヲ加フ
　　実業科ハ之ヲ分チテ農業，工業，商業又ハ水産ノ科目トス
　　前 5 項二掲グル科目ノ外高等科二於テハ外国語其ノ他必要ナル科目ヲ設クルコトヲ得

＜図＞ III-29　国民学校教育課程の構成図 ［文部省『学制八十年史』大蔵省印刷局，1954 年］

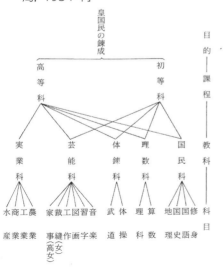

＜図＞ III-30　疎開学童の到着［山形県教育委員会『山形県教育史』山形県教育委員会，1992 年］

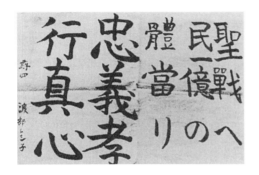

＜図＞ III-31 戦時中の小学生の習字［山形県高畠小学校『鐘城校百年の歩み』1973 年］

<図> III-32　戦前の学校体系図［文部科学省『2001 我が国の教育統計』2001 年］

① 明治 6（1873）年（学制による制度）

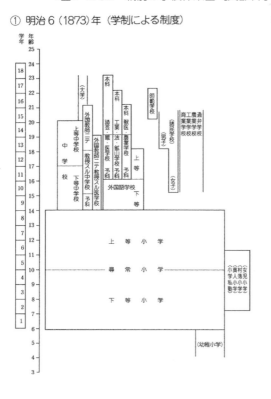

② 明治 25（1892）年

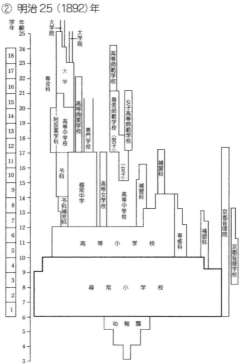

③ 明治 41（1908）年

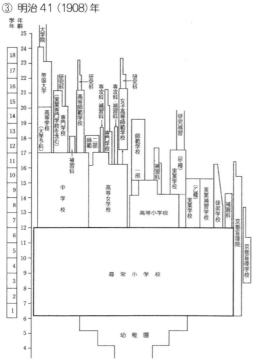

④ 昭和 19（1944）年

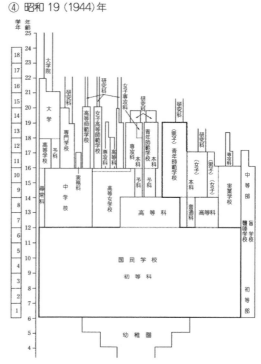

<図> III-12　教育改革についての4大指令

[『戦後日本教育史料集成　第1巻　敗戦と教育の民主化』三一書房，1982年]

1　日本教育制度二対スル管理政策
　　（昭和20年10月22日連合国軍最高司令部ヨリ終戦連絡中央事務局経由日本帝国政府二対スル覚書）
1　日本新内閣二対シ教育二関スル占領ノ目的及政策ヲ充分二理解セシムル連合国軍最高司令部ハ茲二左ノ指令ヲ発スル
A　教育内容ハ左ノ政策二基キ批判的二検討，改訂，管理セラルベキコト
　　（1）軍国主義的及ビ極端ナル国家主義的イデオロギーノ普及ヲ禁止スルコト，軍事教育ノ学科及ビ教練ハ凡テ廃止スルコト
　　（2）議会政治，国際平和，個人ノ権威ノ思想及集会，言論信教ノ自由ノ如キ基本的人権ノ思想二合致スル諸概念ノ教授及実践ノ確立ヲ奨励スルコト
　　　　　　　　　　　　　　　　　　（省　　略）
2　教員及教育関係官ノ調査，除外，許可，認可二関スル件
　　（昭和20年10月30日連合国軍最高司令部ヨリ終戦連絡中央事務局経由日本帝国政府二対スル覚書）
　　　　　　　　　　　　　　　　　　（省　　略）
3　国家神道，神社神道二対スル政府ノ保証，支援，保全，監督並二弘布ノ廃止二関スル件
　　（昭和20年12月15日連合国軍最高司令官総司令部参謀副官発第3号（民間情報教育部）終戦連絡中央事務局経由日本政府二対スル覚書）
　　　　　　　　　　　　　　　　　　（省　　略）
4　修身，日本歴史及ビ地理停止二関スル件
　　（昭和20年12月31日連合国軍最高司令官総司令部参謀副官発第8号民間情報教育部ヨリ終戦連絡中央事務局日本帝国政府宛覚書）
　　　　　　　　　　　　　　　　　　（省　　略）

<図> III-33　『カズノホン』墨ぬり教科書（(a)，(b)）と墨がぬられていない教科書（(c)）
　　　　　　　［宮城県登米町教育資料館　筆者撮影］

(a) 　(b)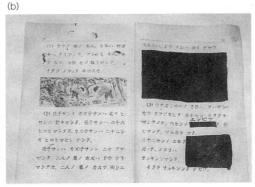

(c)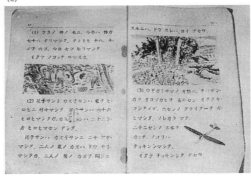

## 3　戦後の学校

### （1）戦後教育改革

　戦後の教育改革は，戦前の教育体制，とりわけ戦時中の軍国主義・超国家主義の下の教育に対する深い反省から出発した（＜資料＞III-12）．新学制は 1946（昭和 21）年 11 月公布の日本国憲法の精神を受けて翌 1947（昭和 22）年 3 月に成立した教育基本法・学校教育法にもとづき，同年 4 月から発足した．それは 6・3・3 制の学校体系と，9 年間の無償義務教育，公選制教育委員会制度（＜資料＞III-13，＜図＞III-35），男女共学，国定教科書制度の廃止と検定教科書制度の採用（＜図＞III-33，34），社会科の発足と修身科の廃止等の内容をもつ．いずれも戦前の教育理念・教育制度を根本から改革するものであり，日本の教育史上でもまれな根底的で全面的な性格をもっていた．

### （2）戦後新教育の展開

　戦後新教育は，経験主義教育理論に立脚した生活単元学習やコア・カリキュラム運動として

＜図＞III-34　図画の教科書［筆者撮影］

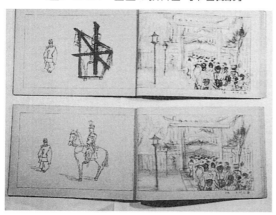

＜資料＞III-13　教育委員会法（抄）（昭和 23 年 7 月）

第 1 章　総　則
（この法律の目的）
第 1 条　この法律は，教育が不当な支配に服することなく，国民全体に対し直接に責任を負つて行われるべきであるという自覚のもとに，公正な民意により，地方の実情に即した教育行政を行うために，教育委員会を設け，教育本来の目的を達成することを目的とする．
第 2 条　教育委員会の組織権限及び職務は，この法律の定めるところによる．

＜図＞III-35　山形県教育委員会委員選挙投票用紙（下）と選挙公報（右）［山形県立博物館教育資料館　筆者撮影］

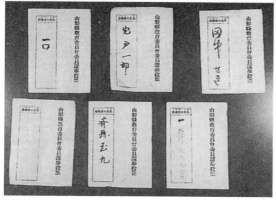

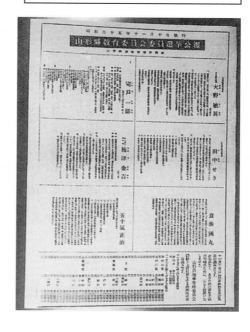

＜資料＞ III-14 『山びこ学校』より

答辞

佐藤藤三郎

　私たちが中学校にはいるころは，先生というものを殆んど信用しないようになっていました．私たちは昭和17年の4月，小学校の1年生にはいったのです．戦争が終ったのは昭和20年の8月です．私たちは小学校の4年生でした．先生というものはぶんなぐるからおそろしいものだと思っていたのが，急にやさしくなったので，変に思いました．そのころから急に，「勝手だべ．勝手だべ．」という言葉がはやり出しました．お父さんの煙草入れなどいじくりプカプカ煙草などふかしたりしました．お父さんなどに見付けられてしかられると，「勝手だべ．」といって逃げて行く子になってしまったのでした．先生から「掃除をしろ．」などといわれても，「勝手だべ．」といって逃げていくのでした．

　その上なおわるいことに，私たちはしよっ中先生に変られました．小学校の6年間に11人もの先生に変られたのです．私などは学校に来たようなかっこうをして，裏山に遊びに行くような日もありました．私たちの目には「先生というものは山元のようなところにくるのはいやでいやでたまらないのではないか．」とさえ思ったのでした．だから，「あの先生も今に逃げて行く．」などと，はなしさえするほどになっていたのです．

　私たちが中学校にはいったのは昭和23年です．そのころは，すこし落付いていましたが，それでも，「勝手だべ．」などという言葉は，なおっていませんでした．だから，無着先生が私たちの前に新しい先生として立った時も，「先生も1年位だべ．」「3年間なの教えないっだよ．」「3年間教えるなてうそだべ．」などと，さんざんこばかしたようにいったのでした．今考えて見ると恥しくてなりません．しかしほんとうなのでした．

　東京あたりには，今でもそういう子供がいるそうです．そういう子供たちも，私たちのように早くなおればよいと思っています．

　私たちは，はっきりいいます．私たちは，この3年間，ほんものの勉強をさせてもらったのです．たとえ，試験の点数が悪かろうと，頭のまわり方が少々鈍かろうと，私たち43名は，ほんものの勉強をさせてもらったのです．それが証拠には，今では誰一人として，「勝手だべ．」などという人はいません．人のわる口をかげでこそこそいったりする人はいません．ごまかして自分だけ得をしようなどという人はいません．

　私たちが中学校で習ったことは，人間の生命というものは，すばらしく大事なものだということでした．そしてそのすばらしく大事な生命も，生きて行く態度をまちがえば，さっぱりねうちのないものだということをならったのです．

　あるとき，中学校の3年になってから，無着先生が私たち全員をゲンコもちでぶんなぐったことがあります．みんな目をつむらせられて，ゴツンゴツンくらつけられました．みんなも，自分がぶんなぐられていたかったのも忘れて，「先生にぶんなぐられるようなことをしたのはだれだ！」「いつもいつも人をなぐったり，人の生命にきずがつくようなことをするのはわるいことだ，と教えている先生に，ぶんなぐらせねばならないようなことをしたのは誰だ！」とみんななどなりました．その日は寒い日で，みんな火鉢にあたっていたのです．そこへ無着先生がガラッと戸をあけて入ってきたので，みんな席についたら，「けむたいなあ．誰だ，紙くべたの」と，おだやかな口調で先生は聞いたのです．ところが，誰も手をあげませんでした．それで先生はおこり出したのです．「私は，なにもおこるつもりで聞いたのではない．それなのに手をあげないとは何だ．疑っているのか，バカ者．誰だ，紙をくべたのは．紙がいぶっているのにくべたものがいないなどということがあるか．お前たちにそんな教育はしなかった筈だ．残念だ，残念だ．」そういってなぐったのです．あとでわかったことですが，そのときは木川進がくべて，わすれておったのでした．それがわかって進君が，壇に上って，「われがったっす．」とみんなにあやまった時，みんな笑いました．ゆかいになって笑いました．そしてみんなは，「おれたちにあやまるより先生にあやまれ！」といいました．先生も，「みんなの中には，自分のわるいのを他人になすりつけるようなバカ者はない筈だった．」といって笑いました．

　私たちはそういう教育を受けて来たのです．私たちの骨の中しんまでしみこんだ言葉は「いつも力を合わせて行こう」ということでした．「かげでこそこそしないで行こう」ということでした．「働くことが一番すきになろう」ということでした．「なんでも何故？と考えろ」ということでした．そして，「いつでも，もっといい方法はないか探せ」ということでした．

　そういう中から「山びこ学校」というのが本になりました．その本の中には，うれしいことも，かなしいことも，恥しいことも沢山書いてあります．しかし私たちは恥しいことでも，山元村が少しでもよくなるのに役立つならよいという意見でした．

　私たちはもっと大きなもの，つまり人間のねうちというものは，「人間のために」という一つの目的のため，もっとわかりやすくいえば，「山元村のために」という一つの目的をもって仕事をしているかどうかによってきまってくるものだということを教えられたのです．

　ああ，いよいよ卒業です．ここまでわかって卒業です．本日からは，これも先生がしよっ中いっている言葉どおり，「自分の脳味噌」を信じ，「自分の脳味噌」で判断しなければならなくなります．さびしいことです．先生たちと別れることはさびしいことです．しかし私たちはやります．今まで教えられて来た一つの方向に向ってなんとかかんとかやっていきます．

　私たちはやっぱり人間を信じ，村を信じ，しっかりやっていく以外に，先生方に御恩返しする方法がないのです．先生方，それから在校生の皆さん，どうかどうか私たちの前途を見守って行ってください．

　私たち43名のために今日このような盛大な式をあげて下さったお礼も上手に言えず，卒業していく私たちを，何時までもあたたかな目で見守ってください．

　　1951年3月23日

山元中学校第4回卒業生代表

佐藤藤三郎

[無着成恭編『山びこ学校』百合出版，1990年]

## ＜資料＞ III-15　コア・カリキュラムー兵庫師範女子部附属小の実践ー

兵庫師範女子部附属小学校・4年の単元

(1949年4月『小学校の
コア・カリキュラム』)

単元・私達の明石駅を作ろう（11月第1週～第4週）

目　標

○明石駅と明石港を中心とする陸海運輸の現状をしらべ運輸が明石市の消費生産生活と密接不離なる関係を有しその消長のバロメーターでありその改善が明石復興の喫緊事であることを理解する

○旅客と貨物輸送の現状から明石が水産加工と観光を主とした衛星都市として発展すべき条件を具備していることを理解し進んでこれが育成に協力する態度を養う

○明石を中心とする県内の主要交通状況をしらべ明石の占める地位を理解する

○模擬駅を作りいろいろな表現構成活動を楽しく行い駅の主要機能を理解し進んで交通道徳の涵養につとめる

○運輸機関が如何に重要なる社会施設であるかを理解しこれが望ましき利用態度を養い進んで社会秩序の確立に協力する態度をつくる

|  | |  |
|---|---|---|
| 中心学習 | 児童の活動 | ○経験の話し合いをする　・交通に関するいろいろな写真や絵葉書をみる　・旅行で混雑して困った思い出を話し合う　○明石駅を中心とする交通状況を調査する　・ラッシュアワーとダイヤの編成　・省線電車と汽車の一日の乗降客数　・通勤者と一般乗客の比率　・通勤者の通勤範囲の統計　・一般料金と定期料金の比較　・西明石電車区を見学する　・省線電車の編成のしかた　・電車の整備修理の模様　・故障の統計、交通事故の原因と統計　・電車の型式とその性能の概要　・電車区長さんの話をきく　・電車の構造の概要　・明石駅を中心として山陽線、加古川線、東海道線、高砂鉄道、山陽電車を地図に記入し主要駅の概要説明をかく |
| 基礎学習 | 情操（文学音楽美術） | 参考書「汽車と電車」「船」　○紙芝居「駅」をつくる　歌曲「ゆめのお国」をうたう　○明石駅、スケッチ　思想画　○機械の美と性能 |
| | 基礎技術（言語数量其の他） | ○明石中心の交通系統図を作る　○駅員の整理のことばをしらべる　○良い言葉で目的を達する方法　○交通量を統計的に考察する　○シグナルの構造と作用 |
| | 健康 | ○なわとび　リレー　・一回転一跳躍の要領　・縄の脚を過ぎる時の時機ととぶ時機の練習 |
| | 輔導の着眼 | ○日々の生活と日本の現状から交通運輸が大きな社会問題であることを理解させこれに積極的に協力する態度を養う　○自から進んで問題を構成し解決するように導く　○乗物利用のよりよい態度を養う　・問題をもった見学、著眼事項をもった見学であるように導く |
| | 生活暦 | 文化の日　稲の収穫 |

［肥田野直・稲垣忠彦『教育課程　総論　戦後日本の教育改革6』東京大学出版会，1978年］

<図> III-36　学校自治会活動の風景［山形県立博物館教育資料館所蔵　筆者撮影］

展開された．また，「川口プラン」や「本郷プラン」に代表される，学校周辺の地域と子ども
をめぐる問題に目を向けた地域教育計画運動の取り組みも行われた（＜資料＞ III-15）．こう
した戦後新教育運動は，学力低下を指摘する声の高まりとともに，新教育への疑問・不満や批
判が起こり，しだいに衰退していった．

　こうした状況の中で，戦前の生活綴方を復興させようという動きも起こり，特に山形県山元
村の中学生の文集『山びこ学校』（1951年刊）に代表される生活綴方運動においては，リアル
な社会認識を形成し民主的な生活者の育成がめざされた（＜資料＞ III-14）．

## (3) 教育の保守化と高度経済成長

　1950（昭和25）年以降政府首脳の間から愛国心再興論，修身科復活論が台頭し，社会科改訂，
解体の動きが始まる．そして，1958（昭和33）年，小・中学校で特設「道徳」が義務づけられ，
学習指導要領から「試案」の二文字が削除，指導要領の教科書に対する拘束力が強化された（＜
表＞ III-5）．またこの時期から60年代にかけて，政府・財界にとって必要な経済成長に適した
教育体制作りが進められ，「ハイタレント・マンパワー」の養成の必要が説かれ，能力・適性
に応じた教育が唱えられる．こうした教育体制づくりは，高校・大学においては学校間格差を
生み出していった．

　高校進学率の急速な上昇を背景として，1960年代から70年代にかけての学校改革は，後期
中等教育にその焦点があった．1966年中央教育審議会の答申「後期中等教育の拡充整備につ
いて」の別記として添えられた「期待される人間像」は大きな反響を巻き起こすとともに多く
の批判が浴びせられた（＜表＞ III-5）．

<表> III-5　戦後日本の教育史年表

| 1945（昭和20）年 | 文部省「新日本建設ノ教育方針」発表 |
| | GHQ「修身・日本歴史及ビ地理停止二関スル件」指令 |
| 1946（昭和21）年 | 第1次米国教育使節団来日 |
| | 文部省「新教育指針」配布 |
| | 教育刷新委員会設置 |
| | 日本国憲法公布 |
| 1947（昭和22）年 | 文部省「学習指導要領一般編（試案）」発行 |
| | 「教育基本法」・「学校教育法」公布 |
| | 文部省，教科書検定制度発表 |
| 1948（昭和23）年 | 衆参両院，教育勅語の排除失効の確認決議 |
| | 「教育委員会法」公布 |

| | |
|---|---|
| 1949（昭和 24）年 | 「教育公務員特例法」・「教育識員免許法」・「社会教育法」公布 |
| 1950（昭和 25）年 | 第 2 次米国教育使節団来日 |
| 1951（昭和 26）年 | 「児童憲章」制定 |
| | 文部省「学習指導要領一般編（試案）」改訂 |
| 1952（昭和 27）年 | 「中央教育審議会令」制定 |
| 1954（昭和 29）年 | 中央教育審議会「教員の政治的中立性維持に関する答申」 |
| | 「義務教育諸学校における教育の政治的中立の確保に関する臨時措置法」・「教育公務員特例法一部改正」（教育二法）公布 |
| 1956（昭和 31）年 | 「地方教育行政の組織及び運営に関する法律」強行可決 |
| | 任命制教育委員会発足 |
| | 愛媛県教育委員会，教師の勤務評定実施決定 |
| 1958（昭和 33）年 | 文部省「小・中学校学習指導要領」官報告示 |
| 1959（昭和 34）年 | 国連総会「児童の権利宣言」採択 |
| 1960（昭和 35）年 | 全国で日米安全保障条約反対運動 |
| 1961（昭和 36）年 | 文部省，中学 2・3 年生全員を対象に全国一斉学力テスト実施 |
| 1963（昭和 38）年 | 「義務教育諸学校の教科用図書の無償措置に関する法律」公布（広域採択制） |
| 1965（昭和 40）年 | 家永三郎，教科書検定違憲訴訟起こす（教科書裁判開始） |
| | ILO・ユネスコ「教員の地位に関する勧告」 |
| 1966（昭和 41）年 | 中央教育審議会「後期中等教育の拡充整備について」（別記「期待される人間像」）答申 |
| 1968（昭和 43）年 | 全国的に大学紛争激化 |
| | 文部省「小学校学習指導要領」改訂 |
| 1969（昭和 44）年 | 「大学の運営に関する臨時措置法」強行採決 |
| 1971（昭和 46）年 | 中央教育審議会「今後における学校教育の総合的な拡充整備のための基本的施策について」答申（第 3 の教育改革） |
| 1973（昭和 48）年 | 「筑波大学法」成立 |
| 1975（昭和 50）年 | 文部省，学校主任制度決定 |
| 1977（昭和 52）年 | 文部省「小・中学校学習指導要領」改訂 |
| 1979（昭和 54）年 | 国際児童年 |
| | 国公立大学共通一次試験実施 |
| 1984（昭和 59）年 | 臨時教育審議会設置法成立 |
| 1985（昭和 60）年 | 臨教審「教育改革に関する第 1 次答申」首相に提出 |
| 1987（昭和 62）年 | 臨教審「教育改革に関する第 3 次・第 4 次答申（最終答申）」 |
| | 臨教審解散 |
| 1989（平成元）年 | 文部省「小・中・高等学校学習指導要領」改訂 |
| | 国連総会「子どもの権利に関する条約」採択 |
| 1991（平成 3）年 | 文部省，大学設置基準等改正（大学設置基準の大綱化など） |
| 1992（平成 4）年 | 月 1 回の学校五日制による土曜休業実施 |
| 1993（平成 5）年 | 高等学校の総合学科，全日制単位制高校実施 |
| 1994（平成 6）年 | 「子どもの権利に関する条約」批准 |
| 1995（平成 7）年 | 公立学校の第 2，第 4 土曜日休業の五日制実施 |
| 1996（平成 8）年 | 中央教育塞議会「21 世紀を展望した我が国の教育の在り方について〜子どもに〔生きる力〕と〔ゆとり〕を〜」答申 |
| 1997（平成 9）年 | 家永教科書裁判終結 |
| 1998（平成 10）年 | 「学校教育法」改正（中等教育学校成立） |
| | 中央教育審議会「新しい時代を拓く心を育てるために〜次世代を育てる心を失う危機〜」（心の教育）答申 |
| | 文部省「小・中学校学習指導要領」改訂 |
| 1999（平成 11）年 | 「国旗及び国歌に関する法律」成立 |
| 2000（平成 12）年 | 文部省，国立大学の独立法人化検討の調査検討会議設置 |
| | 教育国民会議「教育を変える十七の提案」報告（教育基本法改正，奉仕活動の実施など提言） |
| 2001（平成 13）年 | 文部省，科学技術庁と統合，文部科学省発足 |
| | 文科省「二十一世紀教育新生プラン」発表 |

| 2002（平成 14）年 | 文科省「確かな学力向上のための 2002 アピール『学びのすすめ』」発表 |
| :--- | :--- |
| | 完全学校週五日制実施 |
| 2004（平成 16）年 | 中央教育審議会「今後の学校の管理運営の在り方について」答申 |
| | 「学校教育法等の一部を改正する法律」の公布により栄養教諭を設置 |
| 2005（平成 17）年 | 食育基本法施行 |
| 2006（平成 18）年 | 「就学前の子どもに関する教育，保育等の総合的な提供推進に関する法律（就学前保育等推進法）」により認定こども園制度の成立 |
| | 第 1 次安倍晋三内閣に首相直轄の教育再生会議を設置 |
| | 教育基本法改正 |
| 2007（平成 19）年 | 改正児童虐待防止法の成立 |
| | 改正少年法の成立 |
| 2008（平成 20）年 | 幼稚園教育要領，小学校，中学校学習指導要領改訂 |
| 2010（平成 22）年 | 公立高等学校授業料無償化の開始 |
| 2011（平成 23）年 | 東日本大震災発生 |
| 2012（平成 24）年 | 中学校での武道必修化開始 |
| | 滋賀県大津市中学生いじめ自殺事件により文部科学省いじめ実態についての緊急調査 |
| 2013（平成 25）年 | 第 2 次安倍内閣に首相直轄の教育再生実行会議を設置 |
| | 教育再生実行会議「いじめの問題等への対応について」 |
| | いじめ防止対策推進法成立 |
| | 中央教育審議会「今後の地方教育行政の在り方について」答申 |
| 2014（平成 26）年 | 中央教育審議会「道徳に係る教育課程の改善等について」答申 |
| | 「地方教育行政の組織及び運営に関する法律の一部を改正する法律」成立 |
| 2015（平成 27）年 | 文部科学省が高校生の政治的活動についての通知を発出 |
| 2016（平成 28）年 | 改正公職選挙法施行初の国政選挙（参院選）18 歳 19 歳の投票率 45.45% |
| | 「義務教育の段階における普通教育に担当する教育の機会の確保等に関する法律」（教育機会確保法）の公布 |
| 2017（平成 29）年 | 改正公職選挙法施行後初の衆院選．18 歳 19 歳の投票率 41.51% |
| | 幼稚園教育要領，小学校，中学校学習指導要領改訂 |
| 2018（平成 30）年 | 民法の一部を改正する法律が成立．成年年齢が 20 歳から 18 歳へ引き下げ |
| 2019（令和元）年 | 中央教育審議会「新しい時代の教育に向けた持続可能な学校指導・運営体制の構築のための学校における働き方改革に関する総合的な方策について」答申 |
| | 「児童虐待防止対策の強化を図るための児童福祉法等の一部を改正する法律」の公布 |
| 2020（令和 2）年 | 新型コロナウィルス感染症対策のため，安倍晋三首相が全国の小・中・高・特別支援学校の臨時休校を要請 |

　一方大学においては，政府の大学の管理・強化に対する反発とともに，反戦・平和を求める学生運動が 1960 年代頃から全国的に展開した．　この全国的大学紛争に対して，政府は 1969 年「大学の設置運営に関する臨時措置法」や，1973 年「筑波大学法」を国会で強行採決した．　以後，大学の管理が強まる一方，学生の政治的無関心，大学自治についての無気力が拡がっていった．

## （4）臨時教育審議会以後の教育改革と学校

　高度経済成長期に，わが国の学校制度は飛躍的に量的拡大を遂げた．　小・中学校の高い教育水準，90% を超える高校進学率，大学の大衆化など，学校は日本の子どもに直接大きな影響を与えている（＜図＞ III-37）．

　他方，核家族化や都市化の進展を背景としつつ，家庭や地域社会の教育力の低下が進み，受験競争の低年齢化が進み，子どもの教育環境は悪化した．　青少年非行が増加し，小・中学校でのいじめ，不登校，校内暴力等社会的に大きな関心を呼ぶ事態が頻発した．

　こうした中，1984（昭和 59）年内閣総理大臣の諮問機関として臨時教育審議会が発足し，85

＜図＞ Ⅲ-37　高校・大学・短大への進学率 ［文部科学省『2001　我が国の教育統計』2001 年］

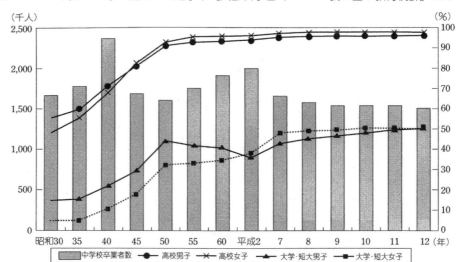

（注）中学校卒業者は「学校基本調査」による．

年から 87 年にかけて四つの答申をまとめた．　その答申によれば，21 世紀に向けての教育改革の基本的考え方として，「個性重視の原則」「生涯学習体系への移行」「国際化，情報化等変化への対応」という三点が示された．

　臨教審答申以後，1989（平成元）年には学習指導要領の全面改訂が行われ，自己教育力の育成を重視した「新しい学力観」が提唱された．また，高校総合学科の創設，中高一貫の 6 年制中等教育学校の制度化，高校入試選抜方法の多様化と選抜規準の多元化などが実施された．大学・高等教育においては，大学設置基準の大綱化，大学院制度の弾力化のための大学院設置基準の改正，17 歳での大学入学，共通一次に代わる大学入試センター試験の実施，推薦入学をはじめとする選抜方法の多様化，大学 3 年からの大学院入学などの改革が行われた．

　国際化への対応として，高校における留学制度の設置，留学生交流の拡大，さらにネイティブ・スピーカーを講師として招致する施策などが実施されている．情報化への対応として，ほとんどすべての学校に教育用コンピューターが設置され，コンピューター 1 台あたりの児童生徒数は小学校 19.2 人，中学校 10.3 人，高校 10.0 人（2000 年度現在）などとなった．その後，教育用コンピューター 1 台あたりの児童生徒数は，小学校 6.1 人，中学校 5.2 人，高校 4.4 人（2018 年度現在）となっている．

　さらに，1998（平成 10）年学習指導要領改訂では，ゆとりの中で子どもに自ら学び自ら考える力などの「生きる力」をはぐくむことのねらいが示され，学校週五日制にともなう授業時数の削減と教育内容の厳選がなされ，「総合的な学習の時間」が創設された．

　このほかにも教育のさまざまな規制緩和などとともに教育改革は進められ，2000（平成 12）年に発足した教育改革国民会議の報告を受け，文部科学省は「21 世紀教育新生プラン」を発表し，2001 年には教育改革関連六法を成立させ，さらには教育基本法改正に取り組んでいる．

　しかし，こうした教育改革が進められている一方，依然としていじめ，不登校，校内暴力はなくならないばかりか，むしろ増加の傾向にある．さらに，学力低下や学習意欲の低下という問題も抱え，教育改革が子どもの発達を保障するものに結びついていない状況にある．

## （5）教育基本法の改正と新保守主義的教育への傾斜

　2000（平成 12）年 3 月に小渕恵三首相の下に設けられた教育改革国民会議は，同年 12 月，「教育改革国民会議報告－教育を変える 17 の提案－」（→＜資料＞I-33）をまとめ，15 の具体的な政策と並んで，教育振興基本計画の策定と教育基本法の見直しの必要性を提言した．そして，中央教育審議会は，2003（平成 15）年 3 月，「新しい時代にふさわしい教育基本法と教育振興基本計画の在り方について」（→＜資料＞I-34）を文部科学大臣に答申した．安倍晋三第 1 次内閣時の 2005（平成 18）年 12 月 15 日，これまでの教育基本法を全面改正する新しい教育基本法が成立し，12 月 22 日公布・施行された．1947（昭和 22）年 3 月に公布・施行された教育基本法は，わが国の教育の根本的な理念や原則を定めるもので，すべての教育関係法令の根本法ともいうべき法律であったが，新保守主義的傾向の教育政策の下，その性格が大きく変わった．

　改正された教育基本法（→＜資料＞I-35）は，教育の目標として，公共の精神，道徳心，自律心の涵養や伝統・文化の尊重，郷土や国を愛する心と国際社会の一員としての意識の涵養などを新たに盛り込むほか，生涯学習の理念，大学や私立学校，家庭教育の役割，学校・家庭・地域社会の連携・協力などについて規定した．また，教育振興基本計画についての新たな条文が設けられ，国の教育振興基本計画を踏まえて，地方公共団体において，それぞれの地域の状況に応じて，計画を策定するよう努めることが求められている．教育基本法改正により学習指導要領が 2008（平成 20）年に改訂され，道徳教育に公共の精神，規範意識や伝統・文化の尊重，郷土や国を愛する心の形成が定められた（＜表＞III-6）．

＜表＞III-6　学習指導要領の特徴と「総則」記述の変遷

| |
|---|
| **1947（昭和 22）年版学習指導要領（試案）**<br>＜特徴＞憲法，教育基本法，学校教育法などにより戦後教育が出発．教師の手引きとしての性格が付与される．社会科，自由研究創設．<br>**＜教育課程編成の一般方針＞**「これまでの教育では，その内容を中央で決めると，それをどんなところでも，どんな児童にも一様にあてはめて行こうとした．だからどうしてもいわゆる画一的になって，教育の実際の場での創意や工夫がなされる余地がなかった．このようなことは，教育の実際にいろいろな不合理をもたらし，教育の生気をそぐようなことになった．……<br>　この書は，学習の指導について述べるのが目的であるが，これまでの教師用書のように，一つの動かすことのできない道をきめて，それを示そうとするような目的でつくられたものではない．新しく児童の要求と社会の要求とに応じて生まれた教科課程をどんなふうに生かして行くかを教師自身が自分で研究して行く手びきとして書かれたものである．……<br>　教科課程は，それぞれの学校で，その地域の社会生活に即して教育の目標を吟味し，その地域の児童青年の生活を考えて，これを定めるべきものである．ただ，そうはいっても，わが国の各地域で，教育の目標がさして異なるということもないし，また児童青年の生活も，全く違ったものをみるということもないので，わが国の教育として，一応の規準をたてることはできる．」 |
| **1951（昭和 26）年版学習指導要領（試案）**<br>＜特徴＞「試案」はそのままで，前回の不備を補う．自由研究がなくなり，特別教育活動を創設．<br>＜教育課程の一般方針＞「各学校は，その地域の事情や，児童生徒の興味や能力や必要に応じて，それぞれの学校に最も適した学習指導の計画をもつべきである．学習指導要領は，学校における指導計画を適切ならしめるために，これによい示唆を与えようとする考えから編修されたものである．学習指導要領は，どこまでも教師に対してよい示唆を与えようとするものであって，決してこれによって教育を画一的なものにしようとするものではない．」 |

---

**1958（昭和 33）年版学習指導要領**

＜特徴＞官報に告示され，法的拘束力があるという解釈がなされ，国家規準としての性格明確化．「道徳」の特設（小・中で実施）．道徳，学校行事，特別教育活動，教科で教育課程を編成．基礎学力充実，科学技術教育，能力適性に応じた教育重視．

＜教育課程の一般方針＞「各学校においては，教育基本法，学校教育法および同施行規則，小学校学習指導要領，教育委員会規則等に示すところに従い，地域や学校の実態を考慮して，児童の発達段階や経験に即応して，適切な教育課程を編成するものとする.」

---

**1968（昭和 43）年版学習指導要領**

＜特徴＞「現代化」により，小学校から集合・関数の導入などつめこみ教育強化．授業を理解できない児童生徒が増加し，「能力適性」教育が問題化．小学校から神話教育復活．教科，道徳，特別活動の三領域（小・中）で教育課程を編成．高校コース制，多様化強化．

＜教育課程の一般方針＞「学校においては，法令およびこの章以下に示すところに従い，地域や学校の実態および児童の心身の発達段階と特性をじゅうぶん考慮して，適切な教育課程を編成するものとする.」

---

**1977（昭和 52）年版学習指導要領**

＜特徴＞君が代・日の丸の国歌化・国旗化．人間性，ゆとり，個性，能力に応じた教育強調．総則から教育基本法が削除．

　小・中・高の一貫教育，授業時間の削減，内容の精選がうたわれる．高校習熟度別学級編成，「ホテル科」など多様化徹底．

＜教育課程の一般方針＞1968 年版と同文

---

**1989（平成元）年学習指導要領**

＜特徴＞道徳教育強化．小 1・2 年理科，社会を廃止し，生活科新設．中学大幅選択制，習熟度別指導導入．高校社会解体，地歴科，公民科へ．小 6 社会科で東郷平八郎ら 42 人の人物指定．小学校から天皇，「国旗・国歌」への敬愛．小・中・高一貫したコンピュータ教育．「格技」の「武道」化．入学式・卒業式の「国旗・国歌」の扱い強化．

＜教育課程の一般方針＞「学校の教育活動を進めるに当たっては，自ら学ぶ意欲と社会の変化に主体的に対応できる能力の育成を図るとともに，基礎的・基本的な内容の指導を徹底し，個性を生かす教育の充実に努めなければならない.」

---

**1998（平成 10）年版学習指導要領**

＜特徴＞体験活動を生かした道徳教育．「心のノート」小・中に配布．「総合的な学習の時間」創設．完全学校週五日制実施に対応した授業時数の削減と教育内容の厳選．高校に「情報」新設．高校の卒業単位縮減．

＜教育課程の一般方針＞「学校の教育活動を進めるに当たっては，各学校において，生徒に生きる力をはぐくむことを目指し，創意工夫を生かし特色ある教育活動を展開する中で，自ら学び自ら考える力の育成を図るとともに，基礎的・基本的な内容の確実な定着を図り，個性を生かす教育の充実に努めなければならない.」

---

**2008（平成 20）年版　学習指導要領**

＜特徴＞道徳教育の充実．「伝統と文化の尊重，愛国心，規範意識の形成」を強調．武道の必修化（保体・中 1，2 年）．知識・技能の習得（授業時数の増加），思考力・判断力・表現力の育成，外国語活動（小 5，6 年）

＜教育課程編成の一般方針＞「学校の教育活動を進めるに当たっては，各学校において，児童に生きる力をはぐくむことを目指し，……基礎的・基本的な知識及び技能を確実に習得させ，これらを活用して課題を解決するために必要な思考力，判断力，表現力その他の能力をはぐくむ」「学校における道徳教育は，道徳の時間を要として学校の教育活動全体を通じて行うもので…伝統と文化を尊重し，それらをはぐくんできた我が国と郷土を愛し，個性豊かな文化の創造を図るとともに，公共の精神を尊び，民主的な社会及び国家の発展に努め，他国を尊重し，国際社会の平和と発展や環境の保全に貢献し未来を拓（ひら）く主体性のある日本人を育成するため，その基盤としての道徳性を養うことを目標とする.」

---

**2015（平成 27）年　小・中学校，特別支援学校学習指導要領の一部改正**

＜特徴＞「特別の教科　道徳」の成立．考え議論する道徳．

---

**2017（平成 29）年版　学習指導要領**

＜特徴＞社会に開かれた教育課程．育成すべき資質・能力の三つの柱（知識・技能，思考力・判断力・表現力等，学びに向かう人間性等），主体的・対話的で深い学びの実現，カリキュラム・マネジメントの確立．小学校中学年で外国語活動，高学年で外国語科導入．プログラミング教育．

＜小・中学校教育の基本と教育課程の役割＞「学校の教育活動を進めるに当たっては，各学校において，……主体的・対話的で深い学びの実現に向けた授業改善を通して，創意工夫を生かした特色ある教育活動を展開する中で，……生きる力を育むことを目指すものとする.」

<図> III-38　戦後の学校体系図［文部科学省『学生百年史　資料編』1981 年，
文部科学省『2001　我が国の教育統計』2001 年］

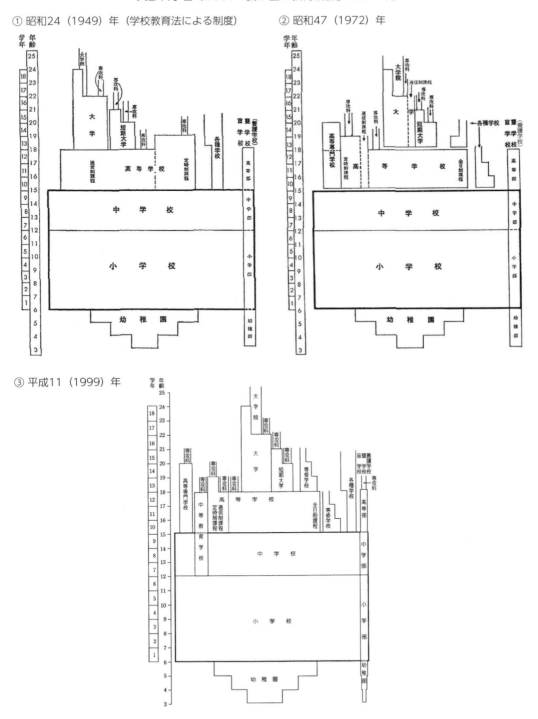

① 昭和24（1949）年（学校教育法による制度）

② 昭和47（1972）年

③ 平成11（1999）年

※現在の日本の学校体系図は，IV 章の＜図＞IV-5（p.118）を参照.

　2006（平成 19）年 1 月の教育再生会議第 1 次報告「社会総がかりで教育再生を－公教育再生への第一歩－」において，緊急対応として，「教育職員免許法の改正」，「地方教育行政の組織及び運営に関する法律の改正」，「学校教育法の改正」が提言された．この報告を受け，中央教育審議会は，これまでの審議の積み重ねの上に，同年 3 月 10 日に「教育基本法の改正を受けて緊急に必要とされる教育制度の改正について」（答申）が取りまとめられた．これを踏まえ，政府では「学校教育法等の一部を改正する法律案」，「地方教育行政の組織及び運営に関する法律の一部を改正する法律案」，「教育職員免許法及び教育公務員特例法の一部を改正する法律案」のいわゆる「教育三法」を国会に提出し，同年 6 月 20 日に可決・成立，同月 27 日に公布された．これにより幼稚園，小・中学校等に副校長（副園長），主幹教諭，指導教諭という職を置き新しい学校の組織運営体制が確立されたほか，教員免許更新制の導入，指導が不適切な教員の認定及び研修の実施等を行う人事管理が強化された．その後の教員政策の変遷については後述 IV 章 3（8）p.152 ～参照.

<＝図＞ III-39　学校種類別進学率の推移［男女共同参画局「男女共同参画白書　令和 3 年版」］

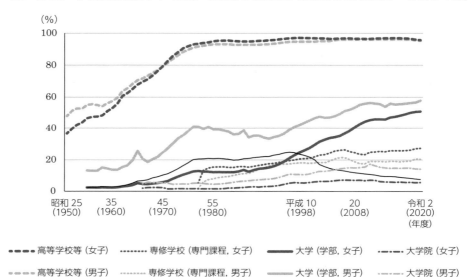

備考：1. 文部科学省「学校基本統計」より作成.
　　　2. 高等学校等への進学率は，「高等学校，中等教育学校後期課程及び特別支援学校高等部の本科・別科並びに高等専門学校に進学した者（就職進学した者を含み，過年度中卒者等は含まない.）」／「中学校・義務教育学校卒業者及び中等教育学校前期課程修了者」× 100 により算出．ただし，進学者には，高等学校の通信制課程（本科）への進学者を含まない.
　　　3. 専修学校（専門課程）進学率は，「専修学校（専門課程）入学者数（過年度高卒者等を含む.）」／「3 年前の中学校・義務教育学校卒業者及び中等教育学校前期課程修了者」× 100 により算出.
　　　4. 大学（学部）及び短期大学（本科）進学率は，「大学学部（短期大学本科）入学者数（過年度高卒者等を含む.）」／「3 年前の中学校・義務教育学校卒業者及び中等教育学校前期課程修了者」× 100 により算出．ただし，入学者には，大学または短期大学の通信制への入学者を含まない.
　　　5. 大学院進学率は，「大学学部卒業後直ちに大学院に進学した者の数」／「大学学部卒業者数」× 100 により算出（医学部，歯学部は博士課程への進学者）．ただし，進学者には，大学院の通信制への進学者を含まない.

　教育基本法改正の翌年には少年法が改正され，少年院送致の年齢が「おおむね12歳以上」と処罰年齢が引き下げられ，厳罰化とともに子どもの規範意識の形成などの道徳教育が強調される傾向となった（→Ⅴ章5節（5））.

## (6) 東日本大震災と教育関係の被害

　2011（平成23）年3月11日14時46分，三陸沖を震源地とするマグニチュード9.0の東日本大震災が発生した.地震に続いて太平洋岸を中心に広範囲で津波が発生し，特に東北地方および関東地方の太平洋岸では巨大津波により大きな被害が生じた.これらの結果，死者約1万6千名，行方不明者約3千名（2012年5月現在，警察庁調べ）という未曽有の大惨事となった.そのうち幼児・児童・生徒・学生・教職員などの人的被害は死者659名，行方不明者79名，負傷者262名であった.また，学校施設や社会教育施設，文化財などの物的被害は全国で1万2,000件以上発生した（同年9月現在）.公立学校（幼稚園・小学校・中学校・高等学校・中等教育学校・特別支援学校）については，建て替えまたは大規模な復旧工事が必要と思われる学校の数は約100校に上っており，私立学校については，特に，沿岸部で津波等により全半壊の被害を受けた幼稚園が21園に及んでいるなど，公立・私立を問わず甚大な被害を受けた（＜表＞Ⅲ-7，＜図＞Ⅲ-40，41）.

　2011年3月11日，海岸線から直線距離400mの位置にあった宮城県山元町立中浜小学校は10m津波被害に遭遇し，児童，教職員，保護者90名は校舎屋上に避難し，翌日全員が無事に

<表> Ⅲ-7　東日本大震災の教育関係の人的被害（平成24年5月31日現在）

[文部科学省『平成23年度　文部科学省白書』]

※死亡・負傷は被災した場所，行方不明は在籍している学校等の場所

| 都道府県名 | 国立学校（人） | | 公立学校（人） | | 私立学校（人） | | 社会教育・体育,文化施設等（人） | | 独立行政法人（人） | | その他（人） | | 計 | |
|---|---|---|---|---|---|---|---|---|---|---|---|---|---|---|
| | 死亡 | 負傷 | 死亡 | 負傷 | 死亡 | 負傷 | 死亡 | 負傷 | 死亡 | 負傷 | 死亡 | 負傷 | 死亡 | 負傷 |
| 岩手県 | 1 | | 84 | 15 | 21 | 18 | 4 | 2 | | | | | 110 | 35 |
| 宮城県 | 8 | 2 | 343 | 27 | 104 | 14 | | 1 | | | | | 455 | 44 |
| 福島県 | 1 | | 75 | 6 | 11 | 9 | | 2 | | | | | 87 | 17 |
| 茨城県 | | | | 10 | | | | 4 | | | | | | 14 |
| 栃木県 | | | | 37 | | 4 | | | | | | | | 41 |
| 群馬県 | | | | 10 | | 4 | | | | | | | | 14 |
| 埼玉県 | | 2 | | 6 | | 2 | | | | | | | | 10 |
| 千葉県 | | 1 | | | | 3 | | 1 | | 1 | | | | 6 |
| 東京都 | | 5 | | | 2 | 68 | | 1 | | | | | 2 | 74 |
| 神奈川県 | | | | 2 | | 3 | | | | | | | | 5 |
| 新潟県 | | | | 2 | | | | | | | | | | 2 |
| 計 | 10 | 10 | 502 | 115 | 138 | 125 | 4 | 11 | | 1 | | | 654 | 262 |
| 合　計 | 20 | | 617 | | 263 | | 15 | | 1 | | | | 916 | |
| 1都10県 | 大　9<br>高専　1 | 10 | 幼　7<br>小　222<br>中　104<br>高　157<br>大　2<br>特別　10 | 1<br>42<br>53<br>11<br>5<br>3 | 幼　80<br>高　8<br>中等　1<br>大　42<br>短大　3<br>専門　3 | 2<br>5<br>83<br>35 | 社教　3<br>社体　1 | 5<br>6 | 独法 | 1 | | | | |

行方不明※1：岩手県(23)，宮城県(46)，福島県(10)
※1　現時点で把握できている人数（安否未確認者も含む）

＜図＞ III-40　宮城県南三陸町立戸倉小学校の津波被害［文部科学省『平成23年度　文部科学省白書』］

＜図＞ III-41　震災遺構　仙台市立荒浜小学校の校舎と教室の津波被害状況［筆者撮影］

＜図＞ III-42　震災遺構　宮城県石巻市立大川小学校［筆者撮影］

＜図＞ Ⅲ-43　震災遺構　宮城県山元町立中浜小学校［筆者撮影］

　救助された．一方，同県石巻市立大川小学校では当日 74 名の児童と教職員 10 名が津波によっ
て亡くなり，助けられたのは児童 4 名，教職員 1 名だけという甚大な被害が生じた（＜図＞
Ⅲ-42, 43）．今後，学校教育において防災教育のためのカリキュラム開発や子どもが家族と
ともに災害時に主体的に避難することを学ぶ活動を実施していく必要がある．
　さらに，この震災により東京電力株式会社福島第一原子力発電所で事故が起こり，第一原子
力発電所から放射性物質が放出される事態が生じた．第一原子力発電所から半径 20 km 圏外
の地域を計画的避難区域にそれぞれ設定し，これらの区域に所在する学校では教育活動が行え
なくなった．震災により，震災前の学校と別の学校において受け入れられた児童生徒は，文部
科学省の調査によれば，13,065 名（平成 30 年 5 月 1 日現在）となっている．このうち，岩手
県, 宮城県, 福島県の幼児児童生徒で他の都道府県において受け入れられた数は 7,000 名であり，
このうち 5,903 名が福島県の児童生徒となっている．この福島第一原発事故によって，大人た
ちだけでなく，子どもたちもまたその生活の基盤が揺るがされ，これまでの生活の場で遊び学
習する子どものさまざまな権利が奪われた状況は現在もなお続いている．

# Ⅳ章　公教育の制度と運営

　子どもの教育は，本来，両親にその権限と責任がある．実際，私法（家族法）上，親の教育権は親権の一部として実定法化されている（わが国では民法 820 条：＜資料＞Ⅳ-2）．一方，近代以降，国家は公民教育に重大な関心を示し，国民の側も教育を権利として要求するに及んで，系統的知育を中心に家庭教育では困難な教育領域については国家がこれを組織化し，そのための制度を確立することとなった．その営みの総体が公教育と称され，学校教育制度がその中核に位置づけられた．公教育制度は，学校教育制度，学校外教育を公的に整備する社会教育・生涯学習制度，これらを運営・執行するための教育行政制度から成る．

　本章では，公教育システムの実際とそこに含まれる問題点について，関係法令や統計その他の資料を通じて考えてみよう．

＜資料＞Ⅳ-1　日本国憲法の教育関連条項

| |
|---|
| Ⅰ　教育人権条項 |
| ① [ 教育・学問の自由 ]「学問の自由は，これを保障する．」（23 条） |
| ② [ 受教育権・学習権 ]「すべて国民は，法律の定めるところにより，その能力に応じて，ひとしく教育を受ける権利を有する」（26 条 1 項） |
| Ⅱ　公教育制度原理関連条項 |
| ① [ 義務教育制度・無償制 ]「すべて国民は，法律の定めるところにより，その保護する子女に普通教育を受けさせる義務を負う．義務教育は，これを無償とする．」（26 条 2 項） |
| ② [ 公教育と政教分離原則 ]「国及びその機関は，宗教教育その他いかなる宗教活動もしてはならない．」（20 条 3 項） |
| Ⅲ　一般条項中の教育関連条項 |
| ① [ 家庭教育と個人の尊厳 ]「……家庭に関する……事項に関しては，法律は，個人の尊厳と両性の本質的平等に立脚して，制定されなければならない．」（24 条 2 項） |
| ② [ 教育における個人の尊厳と幸福追求権 ]「すべて国民は，個人として尊重される．生命・自由及び幸福追求に対する国民の権利については，公共の福祉に反しない限り，立法その他の国政の上で，最大の尊重を必要とする．」（13 条） |
| ③ [ 文化的生存権，生存権保障 ]「すべて国民は，健康で文化的な最低限度の生活を営む権利を営む権利を有する．」（25 条 1 項） |
| ④ [ 勤労の権利・義務 ]「すべて国民は，勤労の権利を有し，義務を負う．」（27 条 1 項） |
| ⑤ [ 精神的諸自由の保障 ]「思想及び良心の自由は，これを侵してはならない．」（19 条），「信教の自由は，何人に対してもこれを保障する．」（20 条 1 項），「集会，結社及び言論，出版その他一切の表現の自由は，これを保障する．」（21 条 1 項） |
| ⑥ [ 民主主義の発展・国民主権 ]「……国政は，国民の厳粛な信託によるものであって，その権威は国民に由来し，その権力は国民の代表が行使し，その福利は国民がこれを享受する．……」（前文 1 段） |
| ⑦ [ 国際平和主義 ]「日本国民は，恒久の平和を念願し，人間相互の関係を支配する崇高な理想を深く自覚するのであって，平和を愛する諸国民の公正と信義に信頼して，われわれの安全と生存を保持しようと決意した．……」（前文 2 段） |

# 1 公教育制度の基本構造

## (1) 人権としての教育

　現代公教育は，教育・学習の営為を基本的人権の一つとして承認することを基点としている．教育を受ける権利ないし学習する権利は「人権中の人権」と称することができるが，その理由はどこにあるのだろうか．2022（令和4）年に施行されたこども基本法（→＜資料＞Ⅱ-22）の諸規定に照らして考察してみよう．

　第1に，戦後，日本国憲法の公布直後に制定された（旧）教育基本法が前文で宣明したとおり（→前出＜資料＞Ⅰ-29），憲法の理念の実現において，教育が果たす役割は重大である．人権尊重主義，国民主権主義，平和主義という憲法の3大原理と受教権・学習権とはどのような関係にあるだろうか（＜資料＞Ⅳ-1）．公教育の本質にもかかわる重要な視点である．

　次に，「生存権」，「学習権」，「勤労権」という社会権的基本権相互の関係性も，基本的人権の拡大・発展の中で教育がどう位置づけられてきたかを理解する上で不可欠である．

　さらには，現代的福祉国家観に基づいて公教育が拡充する現在，社会権的基本権としての「教育を受ける権利」と自由権的基本権，とりわけ国民の教育・学習の自由や自然法に由来する親の教育権（＜資料＞Ⅳ-2）との調和的あり方が問われることにも留意しなければならない．

## (2) 教育・学習権保障のための教育法規の体系

　教育制度に関するすべての法規は，国民の「教育を受ける権利」を柱とする憲法上の教育関連諸権利を実現する手段として体系化される（＜図＞Ⅳ-1）．

＜資料＞Ⅳ-2　親の教育権に関する民法の関連条項

| |
|---|
| （成年）「年齢18歳をもって，成年とする．」（4条）<br>（親権者）「成年に達しない子は，父母の親権に服する」（818条1項）「親権は，父母の婚姻中は，父母が共同して行う．……」（同条3項前段）<br>（監護及び教育の権利義務）「親権を行う者は，子の利益のために子の監護及び教育を行う権利を有し，義務を負う．」（820条）<br>（子の人格の尊重等）「親権を行う者は，前条の規定による監護及び教育をするに当たっては，子の人格を尊重するとともに，その年齢及び発達の程度に配慮しなければならず，かつ，体罰その他の子の心身の健全な発達に有害な影響を及ぼす言動をしてはならない．」（821条） |

＜図＞Ⅳ-1　教育法規の法形式による分類（法令名は一部略称）

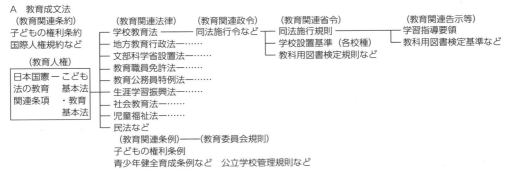

　現憲法は教育制度について，大日本帝国憲法下における勅令主義を廃し法律主義を採用したが，教育法体系中，政令・省令等の行政立法の占める比重はなお大きい．たとえば，学校教育の組織運営を定める学校教育法と教員養成免許制度の基本である教育職員免許法について関連行政立法を合わせ読むと，法律がいかに広範な事項を行政に委任しているかを確認できる．

　他方，国際化の進展とともに，教育法分野においてもいくつかの重要な関連条約が存在する．中でも 1994 年 5 月に発効した子どもの権利条約（児童の権利に関する条約→Ⅱ章 4 節）は，前述したように，憲法が保障する国民の権利のいわば「子ども版」であり，またそれら憲法上の権利を子どもに適用する際の解釈基準を提示したものということができる．とりわけ，締約国における子どもに関するすべての措置や決定について「子どもの最善の利益」を考慮すべきとする指導原理（条約 3 条 1 項）は，国内の教育法規を含む子ども関連法令の改正や新たな制定を促す重要な理念となっている（→Ⅱ章 5 節）．

　教育法規の体系は，国の最高法規たる憲法の教育関連条項，国会が制定する教育関連法律，関係省庁が発する行政立法という法形式の視点から（<図> IV-1）と，教育制度の基本原理，学校教育，教育職員，生涯学習・社会教育，教育行財政などの法領域・内容の視点から（<資料> IV-3）分類することができる．

　また教育法規は，公教育に対する主権者たる国民の法意識を反映して，教育政策の立法化，教育行政機関への要望，教育に関する紛争の司法的解決などを通じて，新たに生成され実現される．この過程に注目することは，教育法規の動態的把握のために重要である．実際，新聞記事等では，教育に関する新たな法律の制定や改正，教育をめぐって争われた裁判事例などを見出すことができる．中でも，教育裁判は教育法規の適用と創造の現実場面であり，多様な事案は教育法規を具体的に理解する題材を提供してくれる（<資料> IV-4）．

### <資料> IV-3　教育法規の法内容による分類（法令名は一部略称）

Ⅰ　公教育の基本原理
　憲法，児童の権利条約，こども基本法，民法，子どもの権利条例 ( 以上の教育関連条項 )，教育基本法

Ⅱ　学校教育制度
　教基法（5 ～ 8 条，13 ～ 15 条），学校教育法（＋同施行令・同施行規則），各学校設置基準，義務教育機会確保法，いじめ防止対策推進法，就学奨励法，高校等就学支援金法，大学等修学支援法，私立学校法，国立大学法人法，学級編制・教職員定数標準法，教科書無償措置法，教科書検定規則，教科書検定基準，各学校学習指導要領，学校保健安全法，スポーツ振興センター法，学校給食法，学校給食実施基準，食育基本法

Ⅲ　教育職員養成・人事制度
　教基法（9 条），教育職員免許法（＋同施行規則），教員資格認定試験規程，教育公務員特例法，地方（国家）公務員法，教育職員人材確保法，労働基準法，労働安全衛生法，教員の地位に関する勧告

Ⅳ　生涯学習・社会教育制度
　教基法（3 条，10 ～ 13 条），生涯学習振興法，社会教育法，公民館設置運営基準，図書館法，博物館法，文化財保護法，スポーツ基本法，子どもの読書推進法

Ⅴ　教育行財政制度
　教基法（4 条，16 ～ 17 条），文部科学省設置法，文部科学省組織令，中央教育審議会令，地方教育行政組織運営法，地方自治法，地方財政法，地方交付税法，義務教育費国庫負担法，市町村立学校教員給与負担法，学校施設費負担法

Ⅵ　教育隣接制度（児童福祉・少年司法）
　児童の権利条約の関連条項，児童福祉法，児童虐待防止法，子ども・子育て支援法，子ども貧困対策法，児童買春ポルノ処罰法，青少年インターネット法，子ども・若者育成推進支援法，障害差別解消法，少年法，少年警察活動規則，少年院法，青少年健全育成保護条例

<資料> IV-4　教育裁判・教育判例の例：教科書検定訴訟

家永教科書裁判・第3次訴訟最高裁判決（最高裁第三小法廷判決 1997（平成9）年8月27日）
　主文（抄）
　「被上告人 [ 国 ] は，上告人 [ 家永三郎 ] に対し，40万円及びこれに対する昭和59年2月11日から支払済みまで年5分の割合による金員を支払え．」
　理由（抄）
〇「本件は，上告人執筆に係る高等学校用日本史教科用図書「新日本史」（以下「本件教科書」という．）について，文部大臣が，昭和55年度に申請された新規検定の際に右教科書の原稿本の記述（以下「原稿記述」という．）に対して修正意見及び改善意見を付したこと，……が違憲，違法であるとして，文部大臣の右各行為によって精神的苦痛を被ったとする上告人が被上告人（国）に対し，国家賠償法1条に基づいて損害賠償を求めている事件である．」

①「……憲法中教育そのものについて直接の定めをしている規定は憲法26条であるが，同条は，子供の教育が，専ら子供の利益のために，教育を与える者の責務として行われるべきものであることを明らかにしているものの，教育の内容及び方法を誰がいかにして決定するかに ついては直接規定していない．しかし，憲法上，親は，子供に対する自然的関係により家庭教育等において子女に対する教育の自由を有し，教師は，高等学校以下の普通教育の場においても，授業等の具体的内容及び方法においてある程度の裁量が認められるという意味において，一定の範囲における教授の自由が認められ，私学教育の自由も限られた範囲において認められるが，それ以外の領域においては，一般に社会公共的な問題について国民全体の意思を組織的に決定，実現すべき立場にある国は，国政の一部として広く適切な教育政策を樹立，実施すべく，また，し得る者として，あるいは子供自身の利益の擁護のため，あるいは子供の成長に対する社会公共の利益と関心にこたえるため，必要かつ相当と認められる範囲において，教育内容についてもこれを決定する権能を有するというべきである．もとより，国政上の意思決定は，様々な政治的要因によって左右されるものであるから，本来人間の内面的価値に関する文化的な営みとして，党派的な政治的観念や利害によって支配されるべきでない教育にそのような政治的影響が深く入り込む危険があり，それゆえ，教育内容に対する右のごとき国家的介入についてはできるだけ抑制的であることが要請されるし，殊に個人の基本的自由を認め，その人格の独立を国政上尊重すべきものとしている憲法の下においては，子供が自由かつ独立の人格として成長することを妨げるような国家的介入，例えば，誤った知識や一方的な観念を子供に植え付けるような内容の教育を施すことを強制するようなことは，憲法26条，13条の規定上からも許されないが，これらのことは，子供の教育内容に対する国の正当な理由に基づく合理的な決定権能を否定する理由とはならない．」

②「教科書は，教科課程の構成に応じて組織，配列された教科の主たる教材として，普通教育の場において使用される児童，生徒用の図書であって，学術研究の結果の発表を目的とするものではなく，本件検定は，申請図書に記述された研究結果が，たとい執筆者が正当と信じるものであったとしても，いまだ学界において支持を得ていないとき，あるいは当該教科課程で取り上げるにふさわしい内容と認められないときなど旧検定基準の各条件に違反する場合に，教科書の形態における研究結果の発表を制限するにすぎない．このような本件検定が学問の自由を保障した憲法23条の規定に違反しないことは，当裁判所の判例（出典略）の趣旨に徴して明らかである（略）．」

③「文部大臣が検定審議会の答申に基づいて行う合否の判定，合格の判定に付する条件の有無及び内容の審査，判断は，申請図書について，内容が学問的に正確であるか，中立・公正であるか，教科の目標等を達成する上で適切であるか，児童，生徒の心身の発達段階に適応しているか，などの様々な観点から多角的に行われるもので，学術的，教育的な専門技術的判断であるから，事柄の性質上，文部大臣の合理的な裁量にゆだねられるものであるが，合否の判定，合格の判定に付する条件の有無及び内容等についての検定審議会の判断の過程に，原稿の記述内容又は欠陥の指摘の根拠となるべき検定当時の学説状況，教育状況についての認識や，旧検定基準に違反するとの評価等に看過し難い過誤があって，文部大臣の判断がこれに依拠してされたと認められる場合には，右判断は，裁量権の範囲を逸脱したものとして，国家賠償法上違法となると解するのが相当である．」

④「……本件検定当時において，（中略）関東軍の中に細菌戦を行うことを目的とした『七三一部隊』と称する軍隊が存在し，生体実験をして多数の中国人等を殺害したとの大筋は，既に本件検定当時の学界において否定するものはないほどに定説化していたものというべきであり，これに本件検定時までには終戦から既に38年も経過していることをも併せ考えれば，文部大臣が，七三一部隊に関する事柄を教科書に記述することは時期尚早として，原稿記述を全部削除する必要がある旨の修正意見を付したことは，その判断の過程に，検定当時の学説状況の認識及び旧検定基準に違反するとの評価に看過し難い過誤があり，裁量権の範囲を逸脱した違法があるというべきである．……」

＊本判決は5名の裁判官の意見が分かれた事案である．④についての検定結果に違法性はなかったと判断した裁判官2名，逆に④以外の検定箇所（「朝鮮人民の反日抵抗」，「日本軍の残虐行為」）についても違法性があったとする裁判官2名，がそれぞれ反対意見を述べている．

## (3) 学校教育制度の基本原理とその変容

　欧米諸国において近代学校制度が構築される過程で共通して認知され形成されたのが，初等教育段階における学校教育の義務制，無償制，中立性の原理である．しかし，これら原理の内実は，時代とともに変遷を遂げ発展を見てきた．

## A　義務教育制度と教育・学習の自由

　学校教育における義務制については，そもそも誰がどのような義務を負うことを意味するのか．義務教育といえば，一定年齢にある子どもが国民として就学し「教育を受ける義務」というイメージが強いのではないだろうか．すでに前章までで見てきたとおり，戦前の日本を含め学校制度成立の過程ではそのような国家主義的教育観に基づいて，教育を強制するシステムという捉え方があった（→I章2節（2），III章2節）．しかし今日の義務制はその逆である．

### ① 義務教育制度における義務主体とその責務

　憲法26条をはじめ，教育基本法，学校教育法における義務教育関連条項に含まれる教育義務，就学義務，また就学避止義務，学校設置義務，奨学義務等の義務の主体と内容を正確に把握しよう．現代の義務制の原理とは，義務教育年齢にある子ども（学齢児童，学齢生徒）に等しく教育を受ける権利・機会を保障するために大人社会全体が負うべき義務（とりわけ国と学校設置主体たる地方自治体の責務）を定めたものだということがわかる（＜資料＞ IV-5）．

### ② 公立学校選択制と義務教育段階の学習機会の多様化

　小・中学校の入学については，従来市区町村教育委員会の指定する通学区内の学校に入学するのが原則だったが，現在は私立学校のみならず，公立小中学校も選択できる自治体が都市部を中心に少なくない．そのような学校選択制を認める自治体の例をホームページで調べてみるとよい（＜図＞ IV-2．千葉県松戸市の例）．

　＜図＞ IV-2　学校選択制の流れ（千葉県松戸市の例）［千葉県松戸市教育委員会ホームページ「令和4年度　小中学校新入学手続きのご案内」https://www.city.matsudo.chiba.jp/kyouiku/kakusyutetuduki/tetsuduki/nyuugakusurumade.files/r4-shinnnyuugaku.pdf　より］

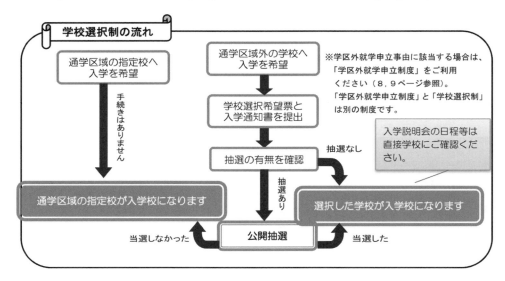

<資料> IV-5　教育機会の均等と義務教育に関する法令

① 教育機会の均等の保障

憲法 26 条 1 項「すべて国民は，法律の定めるところにより，その能力に応じて，ひとしく教育を受ける権利を有する.」

教育基本法 4 条 1 項「すべて国民は，ひとしく，その能力に応じた教育を受ける機会を与えられなければならず，人種，信条，性別，社会的身分，経済的地位または門地によって，教育上差別されない.」

同 2 項「国及び地方公共団体は，障害のある者が，その障害の状態に応じ，十分な教育を受けられるよう，教育上必要な支援を講じなければならない.」

同 3 項「国及び地方公共団体は，能力があるにもかかわらず，経済的理由によって修学が困難な者に対して，奨学の措置を講じなければならない.」

教育機会確保法 1 条「この法律は，教育基本法及び児童の権利に関する条約等の教育に関する条約の趣旨にのっとり，教育機会の確保に関する施策に関し，基本理念を定め，並びに国及び地方公共団体の責務を明らかにするとともに，基本指針の策定その他の必要な事項を定めることにより，教育機会の確保等に関する施策を総合的に推進することを目的とする.」

② 親の教育義務と就学義務

憲法 26 条 2 項前段「すべて国民は，法律の定めるところにより，その保護する子女に普通教育を受けさせる義務を負う.」

教育基本法 5 条 1 項「国民は，その保護する子に，別に法律で定めるところにより，普通教育を受けさせる義務を負う.」

学校教育法 16 条「保護者（子に対して親権を行う者・・をいう. 以下同じ）は，次条に定めるところにより，子に 9 年の普通教育を受けさせる義務を負う.」

同 17 条 1 項「保護者は，子の満 6 歳に達した日の翌日以後における最初の学年の初めから，満 12 歳に達した日の属する学年の終わりまで，これを小学校，義務教育学校の前期課程又は特別支援学校の小学部に就学させる義務を負う.」

同 2 項「保護者は，子が小学校の課程，義務教育学校の前期課程又は特別支援学校の小学部の課程を修了した日の翌日以後における最初の学年の初めから，満 15 歳に達した日の属する学年の終わりまで，これを中学校，義務教育学校の後期課程，中等教育学校の前期課程又は特別支援学校の中学部に就学させる義務を負う.」

同 3 項「前 2 項の義務の履行の督促その他これらの義務の履行に関し必要な事項は，政令 [ ＝学校教育法施行令 ] で定める.」

同 18 条「前条第 1 項又は第 2 項の規定によって，保護者が就学させなければならない子（以下それぞれ「学齢児童」又は「学齢生徒」という.）で，病弱，発育不完全その他やむを得ない事由のため，就学困難と認められる者の保護者に対しては，市町村の教育委員会は，文部科学大臣の定めるところ [ ＝学校教育法施行規則 ] により，同条第 1 項又は第 2 項の義務を猶予又は免除することができる.」

同 144 条 1 項「第 17 条第 1 項又は第 2 項の義務の履行の督促を受け，なお履行しない者は，10 万円以下の罰金に処する.」

＊教育委員会が実際に就学義務の督促を行った事例があるだろうか.

③ 使用者の就学避止義務

学校教育法 20 条「学齢児童又は学齢生徒を使用する者は，その使用によって，当該学齢児童又は学齢生徒が，義務教育を受けることを妨げてはならない.」

同 145 条「第 20 条の規定に違反した者は，10 万円以下の罰金に処する.」

④ 国・地方公共団体の条件整備義務

教育基本法 18 条 2 項「国は，全国的な教育の機会均等と教育水準の維持向上を図るため，教育に関する施策を総合的に策定し，実施しなければならない.」

同 3 項「地方公共団体は，その地域における教育の振興を図るため，その実情に応じた教育に関する施策を策定し，実施しなければならない.」

同 4 項「国及び地方公共団体は，教育が円滑かつ継続的に実施されるよう，必要な財政上の措置を講じなければならない.」

学校教育法 38 条本文「市町村は，その区域内にある学齢児童を就学させるに必要な小学校を設置しなければならない.」（中学校に準用）

⑤ 義務教育における無償制，国・自治体の就学援助義務

教育基本法 5 条 3 項「国及び地方公共団体は，義務教育の機会を保障し，その水準を確保するため，適切な役割分担及び相互の協力の下，その実施に責任を負う.」

同4項「国又は地方公共団体の設置する学校における義務教育については，授業料を徴収しない.」
義務教育諸学校の教科用図書の無償措置に関する法律3条「国は，毎年度，義務教育諸学校の児童及び生徒が各学年の課程において使用する教科用図書……を購入し，義務教育諸学校の設置者に無償で給付するものとする.」
学校教育法19条「経済的理由によって，就学困難と認められる学齢児童又は学齢生徒の保護者に対しては，市町村は，必要な援助を与えなければならない.」
＊⑤については，生活保護法上の生活保護世帯の学齢児童・生徒への教育扶助制度，「就学困難な児童及び生徒に係る就学奨励についての国の援助に関する法律」による就学奨励制度の関連規定と実務も確認してみよう.

　不登校児童・生徒の問題，心身に障害をもつ子の入学先，就学義務の免除・猶予の問題なども，義務教育のとらえ方，また人権としての教育の認識にかかってくる．不登校の子どもがフリースクールや在宅学習で学ぶことと親の就学義務ないし教育義務との関連が問われてきたが，2016（平成28）年に成立した「義務教育の段階における普通教育に相当する教育の機会の確保等に関する法律」（教育機会確保法）により，解決に向け一定の前進を見た．同法は「教育基本法及び児童の権利に関する条約」の趣旨にのっとって制定され（1条），「不登校児童生徒が行う多様な学習活動の実情を踏まえ，個々の不登校児童生徒の状況に応じた必要な支援が行われるようにすること」（3条2号）などを基本理念として掲げている（学校教育法の就学義務関係規定と教育機会確保法との関連を確認してみよう）．現在，義務教育の学びの場は，学校教育法上の学校（いわゆる「一条校」）を基本としつつも，教育委員会が設置する適応指導教室（教育支援センター），民間のフリースクール，夜間中学，そして在宅学習（英米ではホームエデュケーション，ホームスクーリング）などに拡がり多様化が進んでいる．不登校の実態と教育機会確保法，民間教育施設の特徴などについてはⅤ章2節で詳述する.

## B　義務教育の無償制と公教育費負担の公平性

　家計に占める子どもの教育費は，少子化傾向にもかかわらず，高校・大学進学率の上昇，各種習い事の普及などを背景として増大をみている（＜表＞Ⅳ-1）.

　憲法が「義務教育は，これを無償とする.」（26条2項後段）と定めているのは，国家が負担すべき教育費の中核が義務教育にかかる経費であることを明記したものであるが，広く公教育費負担の配分の実態と，教育を受ける権利・学習する権利の保障（26条1項）が要請する配分のあり方について考えてみよう.

### ① 義務教育費無償の範囲

　第1に，9か年の義務教育段階における学校教育費の一定部分は現に家庭が負担しているが，義務教育の無償が及ぶ範囲はどこまでかが問われる．無償が教科書代金にも及ぶかが争われた訴訟で，最高裁は否定的判断を下したが（＜資料＞Ⅳ-6①）その前年の1963（昭和38）年に義務教育教科書無償制が発足している．また国と自治体は，学用品，ランドセルなどの購入費用，給食費その他の学校納付金を支払う余裕がない家庭を対象に，生活保護制度の教育扶助や就学援助制度を整備し対応する責務がある（＜資料＞Ⅳ-5⑤）.

### ② 家庭教育費支出格差

　第2に，義務教育段階および事実上義務教育に準ずる高校教育段階においては，公立・私立学校の学費の差，学校教育の補充教育（学習塾・予備校や家庭教師に要する費用）や学校外教育（ピアノ・水泳教室など）のための教育費が家庭の経済力で左右される現実がある．高校の公立・私立間学費格差については裁判が起こされたこともあった（＜資料＞Ⅳ-6②）.

<表> IV-1 家庭の教育費支出［文部科学省『平成 30 年度 子供の学習費調査の結果について』統計表一覧より「学校種別の学習費」https://www.e-stat.go.jp/stat-search/file-download?statInfId=000031894251&fileKind=0］

| 区分 | 幼稚園 公立 | 私立 | 小学校 公立 | 私立 | 中学校 公立 | 私立 | 高等学校（全日制）公立 | 私立 |
|---|---|---|---|---|---|---|---|---|
| 学習費総額 | 223,647 | 527,916 | 321,281 | 1,598,691 | 488,397 | 1,406,433 | 457,380 | 969,911 |
| 学校教育費 | 120,738 | 331,378 | 63,102 | 904,164 | 138,961 | 1,071,438 | 280,487 | 719,051 |
| 　授業料 | 66,206 | 211,076 | … | 485,337 | … | 428,571 | 25,378 | 230,026 |
| 　修学旅行・遠足・見学費 | 2,492 | 3,494 | 6,951 | 44,816 | 26,217 | 82,578 | 35,579 | 53,999 |
| 　学級・児童会・生徒会費 | 5,627 | 703 | 7,578 | 16,493 | 6,834 | 18,950 | 20,385 | 18,179 |
| 　PTA会費 | 4,962 | 6,885 | 3,058 | 11,485 | 3,863 | 13,290 | 6,989 | 11,360 |
| 　その他の学校納付金 | 2,118 | 46,820 | 1,585 | 188,525 | 6,005 | 255,578 | 27,771 | 183,518 |
| 　寄附金 | 4 | 347 | 14 | 14,922 | 56 | 17,312 | 215 | 2,942 |
| 　教科書費・教科書以外の図書費 | 1,370 | 2,360 | 2,546 | 6,880 | 5,855 | 22,550 | 22,432 | 23,455 |
| 　学用品・実験実習材料費 | 7,203 | 10,081 | 17,127 | 25,175 | 19,558 | 27,648 | 18,826 | 19,220 |
| 　教科外活動費 | 460 | 2,541 | 2,041 | 10,507 | 29,308 | 55,796 | 40,427 | 56,224 |
| 　通学費 | 5,831 | 18,052 | 1,391 | 39,283 | 8,411 | 80,656 | 45,866 | 73,402 |
| 　制服 | 3,113 | 8,075 | 2,554 | 31,991 | 19,023 | 43,478 | 22,613 | 30,275 |
| 　通学用品費 | 11,745 | 10,372 | 14,087 | 19,475 | 10,232 | 16,631 | 10,953 | 10,366 |
| 　その他 | 9,607 | 10,572 | 4,170 | 9,275 | 3,599 | 8,397 | 3,053 | 6,085 |
| 学校給食費 | 19,014 | 30,880 | 43,728 | 47,638 | 42,945 | 3,731 | … | … |
| 学校外活動費 | 83,895 | 165,658 | 214,451 | 646,889 | 306,491 | 331,264 | 176,893 | 250,860 |
| 　補助学習費 | 22,564 | 48,229 | 82,469 | 348,385 | 243,589 | 220,346 | 147,875 | 193,945 |
| 　　家庭内学習費 | 11,340 | 14,761 | 14,761 | 45,480 | 13,229 | 28,534 | 16,769 | 27,205 |
| 　　　物品費 | 6,175 | 6,564 | 8,284 | 22,091 | 5,286 | 13,819 | 7,599 | 12,624 |
| 　　　図書費 | 5,165 | 8,197 | 6,477 | 23,389 | 7,943 | 14,715 | 9,170 | 14,581 |
| 　　家庭教師費等 | 3,036 | 5,091 | 13,015 | 42,560 | 20,777 | 31,174 | 12,836 | 20,020 |
| 　　学習塾費 | 7,788 | 27,401 | 53,313 | 252,790 | 202,965 | 153,365 | 106,884 | 129,313 |
| 　　その他 | 400 | 976 | 1,380 | 7,555 | 6,618 | 7,273 | 11,386 | 17,407 |
| 　その他の学校外活動費 | 61,331 | 117,429 | 131,982 | 298,504 | 62,902 | 110,918 | 29,018 | 56,915 |
| 　　体験活動・地域活動 | 1,601 | 4,901 | 4,342 | 22,789 | 1,484 | 10,040 | 2,140 | 6,098 |
| 　　芸術文化活動 | 14,735 | 28,514 | 35,402 | 95,712 | 15,865 | 45,181 | 8,507 | 14,596 |
| 　　　月謝等 | 10,635 | 20,090 | 25,621 | 70,469 | 11,889 | 27,393 | 6,077 | 9,921 |
| 　　　その他 | 4,100 | 8,424 | 9,781 | 25,243 | 3,976 | 17,788 | 2,430 | 4,675 |
| 　　スポーツ・レクリエーション活動 | 25,849 | 49,120 | 55,002 | 82,902 | 29,167 | 24,358 | 5,784 | 15,101 |
| 　　　月謝等 | 23,365 | 45,101 | 42,388 | 68,793 | 15,572 | 15,392 | 2,890 | 9,225 |
| 　　　その他 | 2,484 | 4,019 | 12,614 | 14,109 | 13,595 | 8,966 | 2,894 | 5,876 |
| 　　教養・その他 | 19,146 | 34,894 | 37,236 | 97,101 | 16,386 | 31,339 | 12,587 | 21,120 |
| 　　　月謝等 | 11,662 | 22,484 | 27,239 | 66,642 | 9,676 | 13,102 | 4,633 | 6,172 |
| 　　　図書費 | 1,662 | 3,281 | 3,362 | 13,335 | 2,481 | 6,274 | 2,213 | 3,586 |
| 　　　その他 | 5,822 | 9,129 | 6,635 | 17,124 | 4,229 | 11,963 | 5,741 | 11,362 |

注) 単位：円．「…」は計数があり得ない場合又は調査対象外の場合を示す.

注2) 学習費総額の標準誤差率は，公立幼稚園では1.66%，私立幼稚園では4.13%，公立小学校では1.96%，私立小学校では1.13%，公立中学校では1.78%，私立中学校では2.59%，公立高等学校では2.27%，私立高等学校では3.88%.
　　学校教育費の標準誤差率は，公立幼稚園では2.41%，私立幼稚園では4.37%，公立小学校では1.24%，私立小学校では1.37%，公立中学校では1.39%，私立中学校では2.69%，公立高等学校では1.60%，私立高等学校では2.72%.
　　学校給食費の標準誤差率は，公立幼稚園では6.92%，私立幼稚園では8.71%，公立小学校では1.14%，私立小学校では4.56%，公立中学校では3.67%，私立中学校では64.35%.
　　学校外活動費の標準誤差率は，公立幼稚園では4.02%，私立幼稚園では7.56%，公立小学校では2.79%，私立小学校では1.64%，公立中学校では2.39%，私立中学校では4.59%，公立高等学校では4.90%，私立高等学校では10.72%.

＊表から，幼稚園から高校までの学校段階，特に公立・私立の別に，学校教育費や学校外教育費の内訳にどのような違いがあるか分析してみよう.

<表> Ⅳ-2　公立・私立学校在籍別・学校教育費の比較［文部科学省『平成 30 年度 子供
　　の学習費調査 調査結果の概要』https://www.mext.go.jp/content/20191212-mxt_
　　chousa01-000003123_03.pdf，p.18］

(円)

| 区　分 | 学 習 費 総 額 | | | | 合　計 |
| --- | --- | --- | --- | --- | --- |
| | 幼 稚 園 | 小 学 校 | 中 学 校 | 高等学校<br>(全日制) | |
| ケース1<br>(すべて公立) | | | | | 5,410,082<br>(公→公→公→公) |
| ケース2<br>(幼稚園だけ私立) | | | | | 6,345,771<br>(<u>私</u>→公→公→公) |
| ケース3<br>(高等学校だけ私立) | 649,088<br>(公立) | 1,926,809<br>(公立) | 1,462,113<br>(公立) | 1,372,072<br>(公立) | 6,942,240<br>(公→公→公→<u>私</u>) |
| ケース4<br>(幼稚園及び高等<br>学校が私立) | | | | | 7,877,929<br>(<u>私</u>→公→公→<u>私</u>) |
| ケース5<br>(小学校だけ公立) | 1,584,777<br>(私立) | 9,592,145<br>(私立) | 4,217,172<br>(私立) | 2,904,230<br>(私立) | 10,632,988<br>(<u>私</u>→公→<u>私</u>→<u>私</u>) |
| ケース6<br>(すべて私立) | | | | | 18,298,324<br>(<u>私</u>→<u>私</u>→<u>私</u>→<u>私</u>) |

<資料> Ⅳ-6　公教育費国庫負担請求裁判例

① 教科書費国庫負担請求事件
　……教育提供に対する対価とは授業料を意味するものと認められるから，［憲法 26 条 2 項後段の］無償とは授業料不徴収の意味と解するのが相当である．……憲法の義務教育は無償とするとの規定は，授業料のほかに，教科書，学用品その他教育に必要な一切の費用まで無償としなければならないことを定めたものと解することはできない．(最高裁大法廷昭和 39 年 2 月 26 日判決)
② 私立高校授業料格差国庫負担請求事件判決
　原告らは，現在の高校教育は普通教育の実態を有するから，高校教育における学費はあらゆる所得階層の生活を圧迫しないようできるかぎり低廉でなければならないとし，現行の施策は憲法 26 条に違反する不充分なものであると主張する．
　たしかに，……高校教育に対する社会的要求が著しく増大しているにもかかわらず現行の私立高校の入学金，授業料が甚だ高額であることが認められるけれども，……高校教育にかかる教育諸条件の整備について，国会，内閣の有する裁量権の範囲が極めて広いことに鑑みると，……国会，内閣が，被告国や大阪府が現に行なっている前記［国からの私立高校への経常費補助，府による私立高生授業料軽減，育英奨学金制度等の］諸施策のほか，これ以上に立法措置，予算措置等を講じていないことが右裁量権の範囲をこえ又はこれを濫用するものである（すなわち違憲である）とまでは認められない．(大阪地裁昭和 55 年 5 月 14 日判決)

＊これらの訴訟は原告の敗訴に終わったが，原告の請求に関する教育政策が後に改められたことに注目してみよう．

　義務教育段階における学習塾や家庭教師など上級学校受験のための学校教育補充学習費用の増大や，都市部で顕著に見られる私立小・中学校の選択傾向は，義務教育の無償制原理を揺るがす要因となっている．また準義務教育化している高校段階でも家庭教育費支出の差が大学等進学機会を左右する傾向が生じている（<表> Ⅳ-2，<図> Ⅳ-3）．

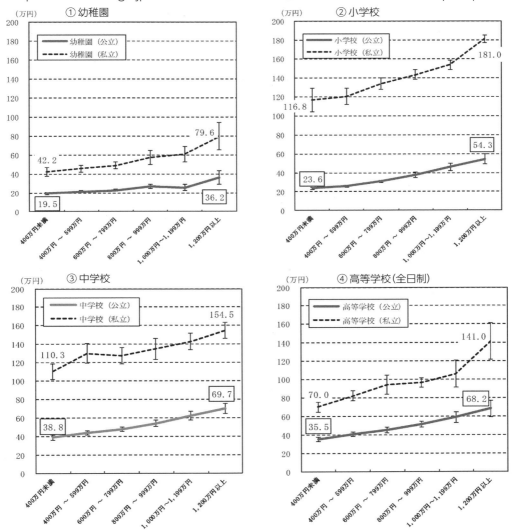

<図> IV-3　世帯所得別教育費［文部科学省『平成 30 年度 子供の学習費調査 調査結果の概要』https://www.mext.go.jp/content/20191212-mxt_chousa01-000003123_03.pdf, p.21］

### ③ 義務教育以外の学校段階における教育費負担

　第 3 に，国家による教育費支出は義務教育段階に限定されるものではない．大多数の子どもが受けている就学前教育，高等学校等の後期中等教育，過半数の子どもが進学する大学等の高等教育に関しても，国の教育財政施策として文部科学省予算が編成・執行されている（→後述本章 3 節（3），<図> IV-18）．とりわけわが国の場合，幼稚園，高等学校，大学等の授業料については，国公私立の設置主体の違いによる格差が，教育を受ける権利，教育機会均等原則の見地から重大な政策課題となっている（<資料> IV-6 ②）．

　国際条約は，無償制をこれらの教育段階においても漸進的に実施すべきことを謳っており（経済的・社会的及び文化的権利に関する国際規約 13 条），かねてから OECD 諸国内におけるわが国の教育予算の低さが指摘されている（→後掲<図> IV-21）．

　高校については，2010（平成 22）年度から公立高等学校授業料無償制により公立高校等の

＜表＞Ⅳ-3　大学学生生活費［独立行政法人 日本学生支援機構『平成30年度　学生生活調査結果』2020年8月，https://www.jasso.go.jp/statistics/gakusei_chosa/__icsFiles/afieldfile/2021/03/09/data18_all.pdf，p.5，p.10］

①国公私立別大学（昼間部）学生生活費

[単位：円]

| 区　分 | | 学　　　　　　費 | | | 生　　　活　　　費 | | | 合　計 |
|---|---|---|---|---|---|---|---|---|
| | | 授業料、その他の学校納付金 | 修学費、課外活動費、通学費 | 小　計 | 食費、住居・光熱費 | 保健衛生費、娯楽・し好費、その他の日常費 | 小　計 | |
| 大学（昼間部） | 国　立 | 497,900 | 139,800 | 637,700 | 553,600 | 331,900 | 885,500 | 1,523,200 |
| | 公　立 | 538,000 | 128,700 | 666,700 | 428,000 | 340,000 | 768,000 | 1,434,700 |
| | 私　立 | 1,223,800 | 150,100 | 1,373,900 | 321,100 | 338,600 | 659,700 | 2,033,600 |
| | 平　均 | 1,061,600 | 147,200 | 1,208,800 | 367,200 | 337,500 | 704,700 | 1,913,500 |

（参考）居住形態別学生数の割合（大学（昼間部））

[単位：％]

| 区　分 | 自　宅 | 学　寮 | 下宿、アパート、その他 |
|---|---|---|---|
| 国　立 | 33.8 | 6.5 | 59.7 |
| 公　立 | 43.8 | 2.9 | 53.3 |
| 私　立 | 64.5 | 6.1 | 29.4 |

②学生の家庭の年収額

[単位：千円]

| 区　分 | | 大学（昼間部） |
|---|---|---|
| 平成30年度 | 国　立 | (1.5) 8,540 |
| | 公　立 | (2.7) 7,500 |
| | 私　立 | (4.4) 8,710 |
| | 平　均 | (3.9) 8,620 |
| 平成28年度平均 | | (0.7) 8,300 |
| 平成26年度平均 | | (1.5) 8,240 |

※（　）は，直前の調査との比較である（単位：％）

授業料の無償化が行われ，国私立高校，高等専修学校等には当初はおよそ公立授業料の限度で「高等学校等就学支援金」を支給する政策が導入された．さらに現在は保護者の収入に応じ私立高校における支給額が拡充されるなどの改定が行われている．

　幼児教育については，幼稚園，保育所，認定こども園など就学前の3歳から5歳の子どもの教育・保育の利用料が内閣府の所管事項となり，2019（令和元）年度から無償化された（保育所待機児童問題が解消されない中，無認可保育施設やベビーシッター利用の場合への対応などが課題として残る．→後掲＜図＞Ⅳ-22）．

　さらに大学・短期大学等高等教育機関の授業料についても，2020（令和2）年度から「高等教育の修学支援新制度」として授業料等減免制度と給付型奨学金支給制度が，住民税非課税世帯とそれに準ずる世帯を対象に行われるようになった．

　このように教育費の公費負担が義務教育外の段階で拡充されれば，「ひとしく」教育を受け

る権利の保障は進展する．他方，私立学校振興助成法による私学への公費助成を含め，これら公教育費拡充諸施策をめぐっては，憲法26条や「公の支配に属しない」教育等の事業への公金の支出を禁じた89条の改正が必要かが政治的争点となっている．

## C　公教育と政治・宗教の関係，中立性

「教育を受ける権利」を教育の内容的側面から保障するためには，公教育の政治的・宗教的中立性の原則が要請されるとされてきた．では，この中立性原理とは教育活動が政治や宗教からできる限り距離を置く聖域とすべきことを意味するのであろうか．

### ① 政治的中立と政治的教養

政治と教育との関係は，国民が「民主的で文化的な国家を更に発展させるとともに，世界の平和と人類の福祉の向上に貢献する」という「理想を実現するため」，「日本国憲法の精神にのっとり，我が国の未来を切り拓く教育の基本を確立し，その振興を図る」（教育基本法前文）以上，隔絶したものとはなりえない．教育基本法が「良識ある公民として必要な政治的教養」（14条1項）としたのはその表れである．

他方，同法は政治的中立の要請として「特定の政党を支持し，又はこれに反対するための政治教育その他政治的活動」をあらゆる学校教育の場で禁じている（教育基本法14条2項）．後者をより重視して制定されたのが1954（昭和29）年，「逆コース」と呼ばれた戦後政治の転換期に制定された政治的中立に関する教育二法（「義務教育諸学校における教育の政治的中立の確保に関する臨時措置法」と公立学校教員の政治的行為を制限する教育公務員特例法改正（旧21条の3・現18条の追加））であった．

その後半世紀を経て，2007（平成19）年の日本国憲法改正手続法（いわゆる国民投票法）の制定とこれを受けた2015（平成27）年公職選挙法改正により，国民の参政権年齢は18歳以上に引き下げられた（＜図＞IV-4）．これに伴い学校教育における主権者教育，ひいては広く政治的関心を高める教育の重要度は増したが，政治的中立原理を踏まえつつ，いかに「公民として必要な政治的教養」を涵養するかが課題である（＜資料＞IV-7）．文科省は昭和40年代に出していた通知を廃止して高校生による政治活動に関する新たな通知（＜資料＞IV-8）を発出したが，その内容には日弁連などから問題点が指摘され議論が起きている．

＜図＞IV-4　若年層の低い投票率［総務省『国政選挙における年齢別投票率の状況 資料3』
https://www.mext.go.jp/content/20200819-mxt_kyoiku02-000009481_3.pdf，p.1］

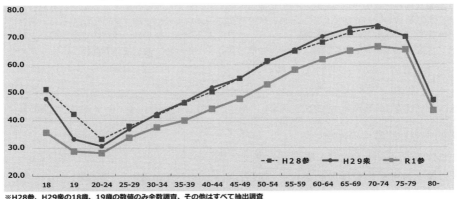

※H28参、H29衆の18歳、19歳の数値のみ全数調査、その他はすべて抽出調査

<資料> Ⅳ-7　高校における政治・選挙に関する学習体験

［総務省『18歳選挙権に関する意識調査　報告書』2016（平成28）年12月］

> Q14　あなたは，高校（高専を含む）の時に，選挙や政治に関してどのような授業を受けましたか．次の中からいくつでも選んでください（複数回答）．
>
> （全体）高校（高専等含む）の時に受けた選挙や政治に関する授業については，「選挙の仕組みや投票方法を学ぶ授業」が25.9%と最も多く，次いで「『私たちが拓く日本の未来』を使用した授業」の17.2%が続く．ほかは10%に届かず，39.1%の人は「どれも受けたことがない」を選択している．
>
> ① 選挙の仕組みや投票方法を学ぶ授業：25.9%
> ② 「私たちが拓く日本の未来」を使用した授業：17.2%
> ③ 選挙や政治に関する新聞記事を使った授業：9.2%
> ④ 学校や地域の課題等に関するディベートや話合い等を行う授業：8.5%
> ⑤ 選挙や政治についてディベート，話合い等を行う授業：8.3%
> ⑥ 架空の選挙を題材として行われた模擬選挙：6.7%
> ⑦ 選挙管理委員会の職員などから選挙の話を聞く授業：5.6%
> ⑧ 実際の選挙を題材として行われた模擬選挙：5.0%
> ⑨ 選挙時に投票所で受付体験，街頭での投票参加啓発キャンペーンへの参加：3.9%
> ⑨ 議員や政党関係者から政治の話を聞く授業：3.9%
> ⑪ 開会中の議会を傍聴に行く授業：2.3%
> ※ どれも受けたことはない：39.1%

<資料> Ⅳ-8　［「高等学校等における政治的教養の教育と高等学校等の生徒による政治的活動等について」（抄）（平成27年10月29日初等中等教育局長通知)］

> 第2　政治的教養の教育に関する指導上の留意事項
> 第3　高等学校等の生徒の政治的活動等
> 　……高等学校等は，生徒による選挙運動及び政治的活動について，以下の事項に十分留意する必要がある．
> （中略）
> 一　教科・科目等の授業のみならず，生徒会活動，部活動等の授業以外の教育活動も学校の教育活動の一環であり，生徒がその本来の目的を逸脱し，教育活動の場を利用して選挙運動や政治的活動を行うことについて，教育基本法第14条第2項に基づき，政治的中立性が確保されるよう，高等学校等は，これを禁止することが必要であること．
> 二　放課後や休日等であっても学校の構内での選挙運動や政治的活動については，学校施設の物的管理の上での支障，他の生徒の日常の学習活動等への支障，その他学校の政治的中立性の確保等の観点から教育を円滑に実施する上での支障が生じないよう，高等学校等は，これを制限又は禁止することが必要であること．
> 三　放課後や休日等に学校の構外で行われる生徒の選挙運動や政治的活動については，以下の点に留意すること．
> 　（一）放課後や休日等に学校の構外で生徒が行う選挙運動や政治的活動について，違法なもの，暴力的なもの，違法若しくは暴力的な政治的活動になるおそれが高いものと認められる場合には，高等学校等は，これを制限又は禁止することが必要であること．また生徒が政治的活動等に熱中する余り，学業や生活などに支障があると認められる場合，他の生徒の学業や生活などに支障があると認められる場合，又は生徒間における政治的対立が生じるなどして学校教育の円滑な実施に支障があると認められる場合には，高等学校等は，生徒の政治的活動等について，これによる当該生徒や他の生徒の学業等への支障の状況に応じ，必要かつ合理的な範囲内で制限又は禁止することを含め，適切に指導を行うことが求められること．
> （以下略）
> ＊本通知により廃止された従前の「高等学校における政治的教養と政治的活動について」（昭和44年10月31日文部省初等中等教育局長通知）を検索して内容がどのように変わったのかを比較してみよう．

## ② 宗教的中立と宗教への寛容

　宗教と教育は，人間の内面・精神面の成長を意図する点で共通しており，歴史的にも近代学校制度の確立以前に宗教機関の果たした教育的役割は大きかった．「私学の自由」として宗教系私立学校が現代の公教育制度の中に位置づけられることからしても両者は不可離の関係にあ

<＜資料＞ IV-9　教育の宗教的中立性をめぐる裁判事例>

（各事案にあける行政上の処分の妥当性について考察し，判決内容を確認してみよう.）

① 日曜参観授業欠席事件

東京江戸川区立小学校で日曜日の授業参観日を設定したところ，キリスト教牧師の子で信者である同校児童2名（姉妹）は，日曜は教会学校の方に出席するとの理由で登校しなかった．小学校長がこれを指導要録に欠席と記載したため，学校側にその記載の取消しと代替授業の実施を要求したが，受入れられなかった．原告親子は，本件における欠席扱いは，信教の自由（憲法20条1項），教育を受ける権利（同26条1項）および教育の機会均等（教基法3条）に達反する，教基法9条1項が公教育において宗教の教育的価値は尊重すべきことをうたっていることに反する，同法7条が保障する家庭教育の権利を侵害したなどと主張して，欠席処分の取消しと精神的苦痛に対する慰謝科を請求して提訴した．（東京地裁昭和61年3月20日判決）

② エホバの証人剣道授業拒否事件

神戸市立工業高等専門学校生徒の原告は，戦いに加わることを教義上禁ずる信仰を持っていたことから，第1学年の必修科目である体育の剣道の授業を受けなかった．このため，2年への進級が認められず，留年となり，さらに翌年度も同様の理由で進級できなかった結果，規程により退学処分になった．原告は，これら一連の処分は信教の自由（憲法20条）を侵害し，教育機会の信条による差別の禁止（同14条，教基法3条）に反するものであり，少なくとも学校側は剣道実技に代わる代替措置を講ずべきであると主張して提訴した．（1審・神戸地裁平成5年2月22日判決，控訴審・大阪高裁平成6年12月22日判決，上告審・最高裁平成8年3月8日判決）

る．教育基本法は，「宗教に対する寛容の態度，宗教に関する一般的な教養及び宗教の社会生活における地位」を「教育上尊重されなければならない」（15条1項）と定めている.

　他方，宗教的中立性原理により禁じられる「特定の宗教のための宗教教育その他宗教的活動」は，「国及び地方公共団体が設置する学校」に限られ私立学校には適用されない．憲法上の「信教の自由」の保障と，これと表裏一体の政教分離原則がともに貫徹された当然の結果であるといってよい.

　戦後発出された「社会科その他，初等および中等教育における宗教の取扱いについて」（昭和24年10月25日　文部事務次官通達）は，国公立学校における，①神社，寺院，教会その他の宗教的施設への訪問，②宗教に関する教材の選択や取扱い，③児童生徒による自発的宗教活動，などにつき詳細な事例を用いて制約と留意事項を提示している.

　現在の学校では，日本の伝統行事を尊重するとともに，国際化の進展で多様な異文化と触れる機会が増大する中で，教育内容や学校行事と国民の信奉する多様な宗教的価値観との摩擦が見られるに至っている．現実に，学校の教育内容，教育活動をめぐり，児童生徒，保護者との軋轢が法的紛争となったケースも見られる（＜資料＞IV-9）.

　政治的・宗教的中立性の原理は，価値観がますます多様化する現代における学校教育の中で一定の変容を見ながら維持されている．欧米諸国を中心に他の国でも公教育における政治的・宗教的中立性の問題は政策上の争点となり，訴訟に発展することも少なくない．アメリカ，フランスなどの典型的事例について調べてみよう.

## 2　学校制度の現状と課題

### (1) 学校系統図

　日本の学校制度の現状を示すものとして学校系統図がある（＜図＞IV-5）．学校系統図とは年齢と学年の対応や年齢に対応した学校種に加えて，義務教育年限やある学校から別の学校への進学（接続）可能性を示したものである.

　学校系統図によって日本の現在の学校制度の特徴を理解するには，過去の日本の学校系統図

<図> IV-5　日本の学校系統図（2020 年）

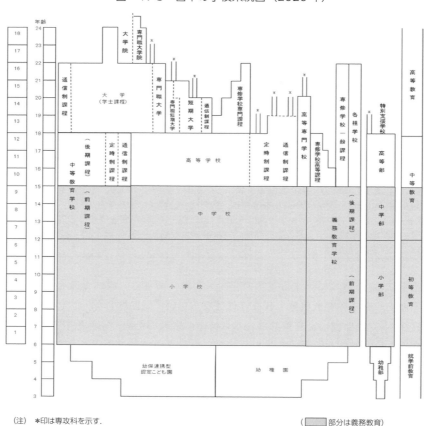

（注）＊印は専攻科を示す．　　　　　　　　　　　　（░ 部分は義務教育）

［出典：文部科学省『「諸外国の教育統計』令和 4（2022）年版』］

との比較や諸外国の学校系統図との比較が有効である．過去の日本の学校系統図は III 章（→
<図> III-32）を参照されたい．他国の例としてアメリカとドイツの学校系統図を示す．

　学校制度の体系は，理念型として単線型と複線型に大別される．単線型学校制度は教育の機
会均等を重視し，全ての子どもが同一の学校で学び，義務教育以降の進学可能性を広げる制度
である．アメリカや戦後改革期の日本における学校制度が単線型に該当する．一方で身分制社
会を背景に主にヨーロッパで採用されているのが複線型学校制度である．<図> IV-6 におけ
るドイツの学校系統図に見られるように，義務教育段階から大学へと接続される学校と職業教
育に枝分かれしている．ただし，図中の矢印に示されているとおり，職業系の学校を卒業した
後に大学に入学することも可能であり，実態として学校制度を単線型と複線型に明確に区別で
きるとは限らない．また，日本においても社会経済的な背景により高等専門学校（1962 年度），
専修学校（1976 年度），中等教育学校（1999 年度），義務教育学校（2016 年度），専門職大学（2019
年度）が新たに創設され，複線的な様相を呈している．

　ここでは新たな学校の一例として義務教育学校に注目する．義務教育学校は施設の形態に
よって施設一体型，施設隣接型，施設分離型に分類される．義務教育学校と従来の小中一貫教
育の差異を<表> IV-4 に示す．

<図> IV-6 他国の学校系統図（上：アメリカ，下：ドイツ）

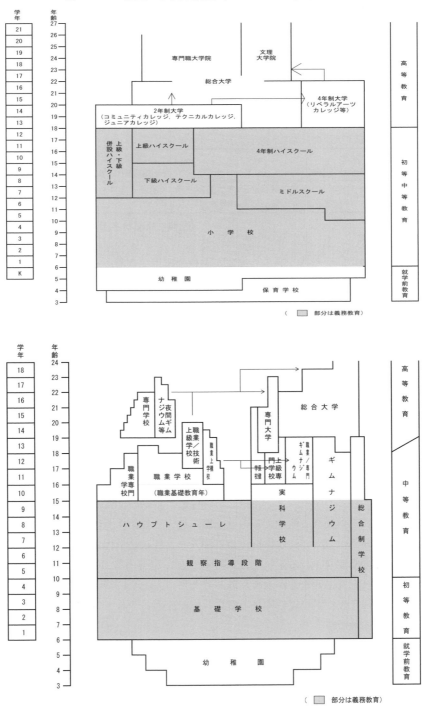

[出典：文部科学省『「諸外国の教育統計」令和 3（2021）年版』]

<表> IV-4　義務教育学校と既存の小中連携教育

|  | 義務教育学校 | 既存の小中一貫校 |
|---|---|---|
| 修業年限 | 9年 | 小学校6年，中学校3年 |
| 設置義務 | 設置義務は無いが，小学校・中学校の設置に代えて設置した場合には設置義務の履行とみなされる． | 小学校，中学校ともに市町村に設置義務． |
| 教育課程 | ・9年間の教育目標の設定，9年間の系統性を確保した教育課程の編成．<br>・小・中の学習指導要領を準用した上で，一貫教育の実施に必要な教育課程の特例を創設し，個別の申請や大臣の指定は不要． | ・小学校・中学校それぞれの教育目標の設定，教育課程の編成．<br>・一貫教育の実施に必要な教育課程の特例を個別に申請し，文部科学大臣の指定が必要． |
| 組織 | ・校長は1人．<br>・一つの教職員組織． | ・小学校・中学校それぞれに校長をおく．<br>・教職員組織は小学校・中学校で別． |
| 免許 | ・小学校と中学校の両方の教員免許状が必要（当分の間，併有を必要としない経過措置あり）． | ・所属する学校種の教員免許状が必要． |

[出典：文部科学省ホームページをもとに作成]

　義務教育学校は学年区分や教育課程の編成が柔軟に運用できる．そのため，「中一ギャップ」と呼ばれる学校間接続に起因する課題の解消が期待されている．「学校基本調査」では2016年度に13都道府県で22校設置されて以降，2021年度では39都道府県151校まで増加している．

## （2）学校教育の正系と傍系

　学校系統図で示されているのは，それぞれの国や地域におけるフォーマルな学校である．フォーマルな学校とは，法制度によって定められた基準を満たす施設において，公的な資格・免許を持つ教員によって公的な基準が定められた教育内容が教授される学校である．政府による規制に基づき設置運営される学校を修了することで，卒業証書が公的な資格としての意味を持つ．フォーマルな学校に関する制度は，主に教育基本法及び学校教育法に規定されている．

　まず，学校教育法第1条には「幼稚園，小学校，中学校，義務教育学校，高等学校，中等教育学校，特別支援学校，大学及び高等専門学校」が学校であると定義されている．学校教育法第1条に含まれるこれらの学校は「一条校」と呼ばれ，日本の学校制度のなかでもとりわけ正系として位置づく．一条校を設置できるのは，国，地方公共団体，法律に定める法人のみである（教育基本法第6条）．なお，「法律に定める法人」とは私立学校法第3条によって，私立学校の設置を目的として設立される学校法人を指す．そして，法律に定める学校には「公の性質」として教育活動の継続性や安定性が求められることから，法令に特別の定めのある場合を除いて設置者による学校管理や学校運営に係る費用負担が原則とされている（学校教育法第5条）．これを設置者管理主義という．

　一条校以外の学校を学校制度の傍系として位置づけるならば，<図> IV-5 に掲載されているものとして，幼保連携型認定こども園，専修学校，各種学校がある．幼保連携型認定こども園は就学前の子どもに関する教育，保育等の総合的な提供の推進に関する法律に基づき学校かつ児童福祉施設としての性格をもち，幼稚園と保育所の両方の機能を有する施設である．なお，保育所とは児童福祉法第39条に基づき保育を必要とする乳児・幼児を日々保護者の下から通わせて保育を行うことを目的とする施設である．また，専修学校は学校教育法第1条以外で「職業若しくは実際生活に必要な能力を養成し，又は教養の向上を図ることを目的として」，一定

の条件を満たす組織的な教育を行う教育施設を指す（学校教育法第124条）. そして, 学校教育法第1条, 第124条や他の法律に特別の規定があるものを除いて, 学校教育に類する教育を行う施設を各種学校という（学校教育法134条）.

　さらに, 学校系統図に含まれていない教育施設に大学校がある. 学校を所管するのが文部科学省であるのに対し, 大学校は各省庁や独立行政法人が所管する教育訓練施設である. 防衛省が設置する防衛大学校と防衛医科大学校や気象庁が設置する気象大学校では, 国家公務員としての身分を有する学生に対して将来の幹部候補として職務を遂行するために必要な知識・技能が教授される. このように, 一定期間において組織的な教授学習が行われる場所である学校といってもその形態は一様ではなく, 教授する側あるいは学習者のニーズに応じて正系と傍系を問わずさまざまな教育機関が存在する.

　学校制度の現状に関する論点として, 学校教育の担い手の多様化が注目される. 日本の学校教育は一条校を中心に発展してきた. ところが, 2000年代以降の規制改革の流れのなか, 学校教育の担い手や運営方法が多様化している. 学校設置主体の多様化として, 特定非営利活動法人（NPO法人）や株式会社による学校設置が可能となっている. ただし, NPO法人や株式会社は学校法人ではないことから各法人が設置する学校は私立学校として認められず, 私立学校振興助成法に基づく補助対象とはならない. そのため, 特区事業の開始時あるいは特区事業後にNPO法人や株式会社が学校法人を新設する事例も観察される（東京シューレ葛飾中学校, 朝日塾小学校等）. また, 国家戦略特区事業の一環として, 公設民営型の大阪市立水都国際中学校・高等学校が2019年4月に開校した. 同校は大阪市が設置者となる公立校学校であるとともに, 学校法人大阪YMCAが指定管理者として学校の管理運営を担っている.

　従来, 学校の「公の性質」は設置主体の公共性を重視する事業主体説ではなく, 教育という事業そのものの公共性によって担保されるという事業説が支持されてきた. この事業説からすれば, そこで教授される教育内容次第で株式会社やNPO法人を含む学校設置主体の多様化や公設民営化は支持されうる. 同時に, 一条校以外でも今日不登校児童生徒の居場所や学習支援を担うフリースクール等やオルタナティブスクールについても, 事業内容によっては財政支援を伴う公教育の一部として位置づくという議論の余地が生じる. しかし, シュタイナー教育を一例にあげれば, 日本シュタイナー学校協会の正会員校7校のうち, 5校は（一部認定）NPO法人が設置運営するのに対して, 2校は学校法人が運営する一条校である. 共通する思想や方法に基づく教育実践を行う学校が, 設置者の違いによって学校教育制度の正系と傍系の両方に位置づいている.

### (3) 高等学校をめぐる環境の変化と普通科の制度改革

　高等学校（以下, 高校と略記）についても, 学校教育の担い手の多様化が正系の学校教育に与える影響が観察されるだけでなく, 戦後学校教育制度が始まって以来の改革期にある. 前者の象徴が通信制課程の急増である. ＜図＞IV-7のとおり, 2000年代以降に私立の通信制高校数及び私立の通信制高校在籍者数が急増している.

　通信制高校は面接指導と添削指導による学習を通じて単位を取得する課程であり, 学習者には自律的な学びが求められる. 制度導入当初は勤労学生が主たる対象であったが, 今日では在籍者の属性の変化に伴い毎日通学可能な通信制高校の登場等, 非通学型学校が多様化している. しかしながら, 一部の通信制高校における不祥事を機に教育の質保証が課題とされてきた.

<図> Ⅳ-7　設置主体者別通信制高校数及び生徒数の推移

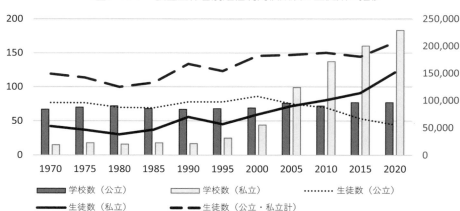

（注）単位：学校数：左軸，生徒数（人）：右軸．

［「令和の日本型学校教育」の実現に向けた通信制高等学校の在り方に関する調査研究協力者会議配布資料「検討を進めるための参考資料集」をもとに作成］

<図> Ⅳ-8　高等学校生の学習時間・学習意欲等の状況

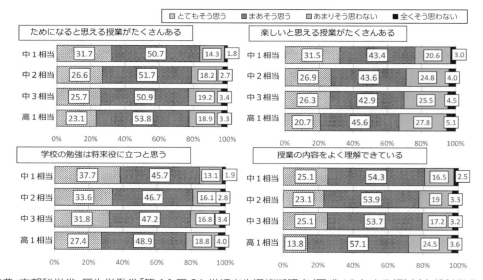

［出典：文部科学省・厚生労働省「第16回21世紀出生児縦断調査（平成13年出生児）」（文部科学省ホームページ「新しい時代の初等中等教育の在り方について（関係資料）」https://www.mext.go.jp/content/20191217_mxt_syoto02-000003250_19.pdf より）］

　限られた生徒数の中で通信制高校在籍者が増えているということは，全日制課程の生徒数の相対的な減少や魅力の低下を意味する．高校の中でも全日制課程の約7割を占める高等学校の普通科に関する戦後初の制度改革が2022年度から実施される．

　2019年4月17日に中央教育審議会に対して新しい時代の初等中等教育の在り方について諮問がなされた．諮問の中で一部の高校では大学や産業界等との連携によって，さまざまな教育の展開や地域社会の課題解決に大きく貢献していることが指摘されている．その一方で，普通

科の中には生徒が身に付けるべきスキルやそのために学習すべき内容を明確にできておらず，授業の理解度や学習意欲の低下が指摘されていた（＜図＞IV-8）．

　中教審等での審議を経て2021年3月31日に学校教育法施行規則等の一部が改正され，高校の特色化・魅力化や普通科改革，高校における通信教育の質保証が一体となった高校制度改革が実施される．とりわけ普通科改革に関しては，「普通教育を主とする学科」の中に，普通科以外に学際的な学びに重点的に取り組む学科（「学際領域に関する学科」），地域社会に関する学びに重点的に取り組む学科（「地域社会に関する学科」），「その他特色・魅力ある学びに重点的に取り組む学科」が設置可能となった．高校の普通科を対象とした制度改革が実施されるのは，戦後初のことである．また，各校には社会的役割の再定義，スクール・ポリシーの策定と公表，関係機関との連携協力体制の構築が求められている．これらについては，コロナ禍を経て提唱された学校教育の役割の問い直しと「令和の日本型学校教育」に関する理解が欠かせない．

## (4) コロナ禍で顕在化した学校教育の役割と課題

　新型コロナウイルス感染症の拡大は，今日の学校教育の役割や課題を浮き彫りにした．2020年2月27日に新型コロナウイルス感染症対策本部において，内閣総理大臣が全国一斉の臨時休業措置を要請する方針を示した．これを受けて文部科学省は，学校保健安全法第20条に基づき全国の学校の設置者に対して3月2日から春季休業の開始日までの臨時休業を要請した．春季休業後も4月16日に全国を対象に出された緊急事態宣言とその延長に伴う学校の休業が続き，2020年5月11日現在で幼稚園の73%，小学校・中学校の88%，高等学校の89%が臨時休業であった（「新型コロナウイルス感染症対策のための学校における臨時休業の実施状況について」（令和2年5月11日時点））．

　新型コロナウイルス感染症の拡大に先立ち2019年4月に中央教育審議会初等中等教育分科会に「新しい時代の初等中等教育の在り方特別部会」が設置され，2020年代を通じて実現を目指す学校教育の姿について審議が重ねられていた．2021年1月にとりまとめられた中央教育審議会答申「「令和の日本型学校教育」の構築を目指して〜全ての子供たちの可能性を引き出す，個別最適な学びと，協働的な学びの実現〜（答申）」を手掛かりに，コロナ禍で顕在化した日本の学校制度の役割や課題を整理する．

　同答申以前より「日本型学校教育」は，「知・徳・体」に象徴されるように，学習指導だけでなく生徒指導を通じて子どもの全人的な発達・成長を保障してきたことが指摘されてきた．そこにコロナ禍によって学校に通えなくなることで，子どもの学力格差の拡大や生活習慣の乱れに伴う心身の健康課題，児童虐待の増加といった家庭の中の課題の潜在化が危惧された．こうした経験を通じて学校教育の役割が見直され，「居場所・セーフティネットとしての福祉的な役割は，日本型学校教育の強みであることに留意する必要がある」と強調された．

　コロナ禍以前からの課題であった新学習指導要領の着実な実施に加えて，GIGAスクール構想や学校における働き方改革等の動向を踏まえ，2020年代を通じて実現を目指すのが「令和の日本型学校教育」である．答申の一節には以下のように記載されている．

　　誰一人取り残すことのない，持続可能で多様性と包摂性のある社会の実現に向け，学習指導要領前文において「持続可能な社会の創り手」を求める我が国を含めた世界全体で，SDGs（持続可能な開発目標）に取り組んでいる中で，ツールとしてのICTを基盤としつつ，日本型学校教育を発展させ，

<資料> IV-10　変化する社会の中で我が国の学校教育が直面している課題（抄）

---

① 社会構造の変化と日本型学校教育

○　我が国の教師は，子供たちの主体的な学びや，学級やグループの中での協働的な学びを展開することによって，自立した個人の育成に尽力してきた．その一方で，我が国の経済発展を支えるために，「みんなと同じことができる」「言われたことを言われたとおりにできる」上質で均質な労働者の育成が高度経済成長期までの社会の要請として学校教育に求められてきた中で，「正解（知識）の暗記」の比重が大きくなり，「自ら課題を見つけ，それを解決する力」を育成するため，他者と協働し，自ら考え抜く学びが十分なされていないのではないかという指摘もある．

○　学習指導要領ではこれまで「個人差に留意して指導し，それぞれの児童（生徒）の個性や能力をできるだけ伸ばすようにすること」（昭和33（1958）年学習指導要領），「個性を生かす教育の充実」（平成元（1989）年学習指導要領）等の規定がなされてきた．

　　その一方で，学校では「みんなで同じことを，同じように」を過度に要求する面が見られ，学校生活においても「同調圧力」を感じる子供が増えていったという指摘もある．社会の多様化が進み，画一的・同調主義的な学校文化が顕在化しやすくなった面もあるが，このことが結果としていじめなどの問題や生きづらさをもたらし，非合理的な精神論や努力主義，詰め込み教育等との間で負の循環が生じかねないということや，保護者や教師も同調圧力の下にあるという指摘もある．

② 今日の学校教育が直面している課題

○　教育は人なりと言われるように，我が国の将来を担う子供たちの教育は教師にかかっている．しかしながら，学校の役割が過度に拡大していくとともに，直面する様々な課題に対応するため，教師は教育に携わる喜びを持ちつつも疲弊しており，国において抜本的な対応を行うことなく日本型学校教育を維持するのは困難であると言わざるを得ない．

（新型コロナウイルス感染症の感染拡大により浮き彫りとなった課題）

○　公立学校の設置者を対象とした文部科学省の調査では，ICT環境の整備が十分でないこと等により，このような状況で学びの保障の有効な手段の一つとなりうる「同時双方向型のオンライン指導」の実施状況は，公立学校の設置者単位で15％に留まっている．また，学校の臨時休業中，子供たちは，学校や教師からの指示・発信がないと，「何をして良いか分からず」学びを止めてしまうという実態が見られたことから，これまでの学校教育では，自立した学習者を十分育てられていなかったのではないかという指摘もある．

---

［出典：中央教育審議会（2021）「「令和の日本型学校教育」の構築を目指して〜全ての子供たちの可能性を引き出す，個別最適な学びと，協働的な学びの実現〜（答申）」］

　2020年代を通じて実現を目指す学校教育を「令和の日本型学校教育」と名付け，まずその姿を以下のとおり描くことで，目指すべき方向性を社会と共有することとしたい．

　「令和の日本型学校教育」における学びの姿として，「学習の個性化」と「指導の個別化」を子どもの視点からとらえ直した「個別最適な学び」と，探究的な学習や体験活動を通じて多様な他者と協働しながら，持続的な社会の創り手になるために必要な資質・能力を育成する「協働的な学び」の充実が求められている．なお，「令和の日本型学校教育」における学びのあり方を審議する過程において，<資料> IV-10のような課題も指摘されていた．

### (5) 学校教育に関連するその他の課題

　最後に，子ども・若者や学校教育に関するデータをいくつか共有し，日本の子ども・若者やこれからの学校教育について考えるきっかけとしていただきたい．

　<図> IV-9 〜<図> IV-12は，内閣府が2018年に実施した若者（満13歳から満29歳までの男女）の意識調査の結果である．学校に対する満足度および自分の才能を伸ばすうえで学校に通う意義について，他国と比べて低い値となっている．

　若者の自己認識についても同様に，社会参画への効力感，政治への関心のいずれにおいても日本の若者の肯定的な回答は低調である．成人年齢の引き下げに伴い大半の若者が学校に在籍

<図> IV-9　学校に対する満足度（単位：％，以下<資料> IV-18 まで同じ）

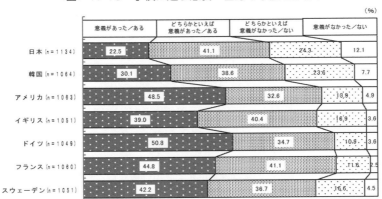

[出典：内閣府『我が国と諸外国の若者の意識に関する調査（平成 30 年度）』2019 年 6 月，p.123]

<図> IV-10　学校に通う意義　自分の才能を伸ばす

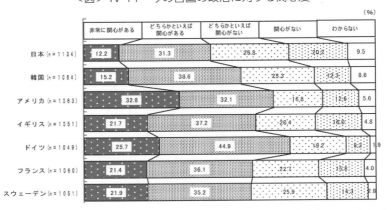

[出典：内閣府『我が国と諸外国の若者の意識に関する調査（平成 30 年度）』2019 年 6 月，p.121]

<図> IV-11　今の自国の政治に対する関心度

[出典：内閣府『我が国と諸外国の若者の意識に関する調査（平成 30 年度）』2019 年 6 月，p.73]

<図> IV-12　社会をより良くするため，私は社会における問題の解決に関与したい

(%)

| | そう思う | どちらかといえば<br>そう思う | どちらかといえば<br>そう思わない | そう思わない | わからない |
|---|---|---|---|---|---|
| 日本 (n＝1134) | 10.8 | 31.5 | 24.6 | 19.0 | 14.2 |
| 韓国 (n＝1064) | 29.9 | 38.5 | 18.5 | 6.3 | 6.8 |
| アメリカ (n＝1063) | 43.9 | 28.7 | 14.2 | 5.8 | 7.3 |
| イギリス (n＝1051) | 32.4 | 31.3 | 18.2 | 7.0 | 11.0 |
| ドイツ (n＝1049) | 30.3 | 45.2 | 13.0 | 4.5 | 7.1 |
| フランス (n＝1060) | 26.5 | 30.4 | 22.4 | 10.2 | 10.6 |
| スウェーデン (n＝1051) | 26.0 | 30.9 | 25.9 | 8.8 | 8.4 |

[出典：内閣府『我が国と諸外国の若者の意識に関する調査（平成30年度）』2019年6月，p.74]

<表> IV-5　子どもの幸福度と指標

| 分　野 | 指　標 |
|---|---|
| 精神的幸福度（37位） | 生活満足度が高い15歳の割合（37位） |
| | 15〜19歳の自殺率（27位） |
| 身体的健康（1位） | 5〜14歳の死亡率（9位） |
| | 5〜19歳の過体重／肥満の割合（1位） |
| スキル（27位） | 数学・読解力で基礎的習熟度に達している15歳の割合（5位） |
| | 社会的スキルを身につけている15歳の割合（36位） |

[出典：ユニセフホームページをもとに作成]

<図> IV-13　教育職員の精神疾患による病気休職者数と教職員に占める比率

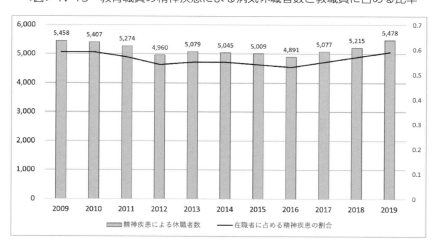

（注）人数：左軸，％：右軸.

[出典：「令和元年度公立学校教職員の人事行政状況調査」をもとに作成]

しながら成人を迎えることになる．主権者教育に関して学校が果たす役割が大きくなるなか，今日の学校が一人一人の可能性を伸ばし，社会参画できる若者を育成できているかが問われる．

子どもの幸福度という観点からも，日本の子どもが置かれている状況が決して良好とはいえないことが示されている．ユニセフ・イノチェンティ研究所が2020年9月3日に『レポートカード16：子どもたちに影響する世界：先進国の子どもの幸福を形作るものは何か』を発表した．同報告は子どもの幸福度に影響を与えるものとして，全般的な国の状況，子どものための政策，家庭や地域の資源，保護者の職場・学校・地域とのネットワーク，子ども自身の人間関係，子ども自身の行動に注目し，子どもの幸福度と子どもを取り巻く環境や政策の国際比較がなされている．同報告における日本の子どもの幸福度は38か国中20位であった．ただし，分野および指標の内訳をみると，極端な傾向にあることが指摘されている（＜表＞ IV-5）．

最後に，精神疾患によって休職中の教職員数の推移を示す（＜図＞ IV-13）．学校に関する現状や課題を理解するには，子どものみならず子どもにとって重要な人的環境である教職員に関する理解も求められる．教職員の精神疾患や多忙は，学校における重要課題の一つである．そして，この課題をより広い視点から理解するためには，教職員や学校を支える国および地方の教育行政に関する制度を理解する必要がある．

## 3　教育行政と学校運営

### (1)　教育行政の役割と教育委員会制度

教育行政の役割は国民の意思としての法律の執行並びに政令，省令，規則等に基づく各種制度の設計と運用を通じて，日本国憲法第26条に規定された国民の教育を受ける権利を保障することである．教育基本法の文言に即していうならば，人格の完成と平和で民主的な国家及び社会の形成者として必要な資質を備えた国民を育成するために，不当な支配に服することなく教育の機会均等と教育水準の維持向上に努め，各地の教育の振興を図るための施策の策定や実施という教育に関する条件整備を行うのが教育行政の役割であるといえる．

教育行政を担う国の組織として文部科学省が，都道府県及び市町村等の組織として教育委員会が存在する．とりわけ教育委員会は公立学校の設置管理主体でもあり，教職員の任命権者でもある．地方の教育行政が合議制の教育委員会によって担われている意義として，① 政治的中立性の確保，② 継続性及び安定性の確保，③ 地域住民の意向反映があげられる．執行機関多元主義のもと住民からの直接選挙によって選出される独任制の首長への権限集中を排して公正を保つことも，行政委員会制度の一つである教育委員会に求められる．したがって，教育行

＜資料＞ IV-11　米国教育使節団報告における教育行政組織に関する記述（抄）

○ 1 次報告書
　初等および中等学校の教育行政　教育の民主化の目的のために，学校管理を現在の如く中央集権的なものよりむしろ地方分権的なものにすべきであるという原則は，人の認めるところである．（中略）．文部省は本使節団の提案によれば，各種の学校に対し技術的援助および専門的な助言を与えるという重要な任務を負うことになるが，地方の学校に対するその直接の支配力は大いに減少することであろう．市町村および都道府県の住民を広く教育行政に参画させ，学校に対する内務省地方官吏の管理行政を排除するために，市町村および都道府県に一般投票により選出せる教育行政機関の創設を，われわれは提案する次第である．
○ 第 2 次報告
　教育委員会の責任　教育委員会の委員は，民衆の自由選択によって党派によらざる投票により選挙されなければならない．彼らは利己的人物であってはならず，ひそかに目的を持っている人，また個人的な利害で集まった集団の代表者であってもならない．教育委員会の選挙には高度の社会的伝統を樹立する必要がある．委員会はその政策遂行にあたっては，専門的指導家の協力を得ることが必要である．

[出典：文部省『学制百年史』1981 年]

政組織の制度や機能について議論するには，国―都道府県―市区町村といった行政機関のタテ系列とともに，首長・一般行政と教育行政のヨコの関係にも注目する必要がある．

　教育委員会は戦後改革期に米国教育使節団による報告書（1次1946年3月31日：2次1950年9月22日，＜資料＞IV-11）と日本側の教育刷新委員会の建議に基づき，1948年に成立した教育委員会法によって全都道府県，全市区町村に設置されるに至った．教育委員会法下の教育委員会委員は首長選挙とは別に直接選挙によって選出され（公選制），予算の原案送付権を有する等，米国教育使節団報告を体現するものであった．

　しかしながら，戦後改革の見直しを通じて1956年に教育委員会法が廃止された．同年に教育委員会法に変わって地方教育行政の組織及び運営に関する法律（地方教育行政法）が公布された．同法が一般行政との調和・連携や国の指導的地位の確立を目指した結果，教育委員は公選制から首長による任命制となり，教育委員会による予算の原案送付権も廃止された．また，教育長の任命承認制が導入され，市町村教育長は都道府県教育委員会の，都道府県教育委員会の教育長は文部科学大臣の承認が必要となり，国が地方教育行政の人事に介入しうる制度となった．その後，地方分権改革等の影響を受け同法下で教育委員会制度の改正が重ねられてきた（＜表＞IV-6）．

　また，2011年に大津市で起きたいじめ自殺事案において教育委員会による対応が厳しく問われ市長が第三者委員会を設置したのを受け，2014年に地方教育行政法が改正され，＜図＞IV-14のとおり首長の権限が強化された．

　＜図＞IV-14には主な改正点が4点示されている．2014年の改正は教育長の任命や総合教育会議の招集，そして教育に関する総合的な大綱の策定に関する権限を首長に認めるものであり，いずれも従来以上に教育行政に対する首長の関与や権限を強化するものといえる．

　2014年の地方教育行政法改正にあたり，首長の教育への介入が危惧された．しかしながら，＜図＞IV-15によれば，総合教育会議を通じた首長と教育委員会の連携に関して，市区町村では7.3%が「効果がまだ分からない」と回答しているものの，市区町村の49%が，都道府県・指定都市の55.2%が首長部局と連携を進めることができたと回答している．

　教育行政と首長部局との連携強化によって得られた成果として，都道府県・指定都市教育委員会では国際交流部局との連携による外国人と交流する機会の促進をはじめ，経済労働部や経済産業団体と連携による高校生のキャリア教育の充実，子どもの貧困対策について知事部局との議論を通じた子どもの貧困対策のための予算増額等が言及されている．市町村教育委員会においても，教職員の働き方改革に関する議論を通じた部活動指導員の配置をはじめ，ICT機器の整備の充実，福祉部局との連携による放課後の学校の余裕教室の活用に関する基本方針の策

＜表＞IV-6　地方教育行政法の主な改正点

| 年 | 1999 年 | 2004 年 | 2007 年 |
|---|---|---|---|
| 主な改正点 | ○教育長の任命承認制の廃止．<br>○文部大臣及び都道府県の指揮監督権の削除（第52条）．<br>○指導助言既定の見直し（第48条）．<br>「必要な指導，助言又は援助を行うものとする」から「行うことができる」へ変更． | ○学校運営協議会に関する規定の追加（47条の5）．<br>⇒ 2017年の改正によって学校運営協議会の設置が教育委員会の努力義務となった． | ○教育委員会の責任体制の強化（第1条の2）．<br>○スポーツ・文化に関する所管の弾力化（第23条）<br>○保護者の選任を義務化（第4条）．<br>○点検及び評価の実施（第26条）． |

<図> IV-14　教育委員会制度，こう変わる

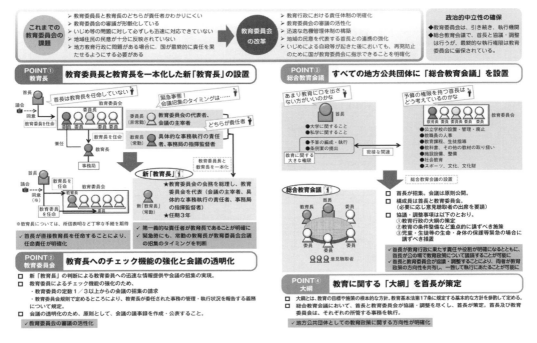

[出典：文部科学省「地方教育行政の組織及び運営に関する法律の一部を改正する法律（概要）」
https://www.mext.go.jp/component/b_menu/other/__icsFiles/afieldfile/
2015/02/04/1349283_04.pdf]

<図> IV-15　総合教育会議を通じた首長と教育委員会の連携について

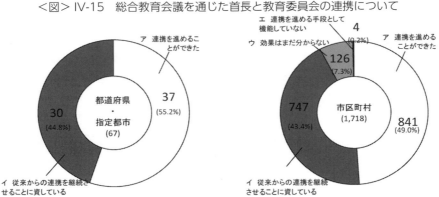

[出典：文部科学省「新教育委員会制度への移行に関する調査（令和元年9月1日現在）」]

定等があげられている．これらの成果としてあげられているものの多くが予算措置を伴うため，首長（部局）の理解を得る必要がある．財政難の中で常に他分野との比較を求められるという点で教育予算の安定性を損なうことが危惧されるが，総合教育会議の設置に伴い首長と教育委員が公開の場で教育について議論する機会が増えたことによって，より多くの資源が教育に投入される可能性が示唆される．それは首長の政策選好だけでなく教育委員をはじめとする教育行政職員の企画立案能力や交渉力に左右されるため，教育委員会の体制強化が課題となる．

<図> IV-16　保護者や地域住民の意見等の聴取状況

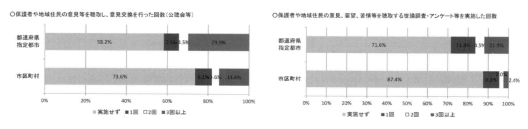

[出典：文部科学省『教育委員会の現状に関する調査（平成 30 年度間)』]

<図> IV-17　教育委員会会議の傍聴者の状況

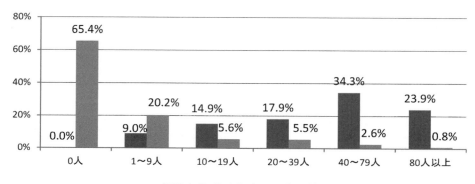

[出典：文部科学省『教育委員会の現状に関する調査（平成 30 年度間)』]

　つづいて，教育委員会と地域住民との関係について資料を紹介する．上述のとおり，教育委員会制度は設置当初より地域住民の意向の反映が目指されてきた．しかしながら，<図> IV-16 より，2018 年度に教育委員会が地域住民の意向を聴取し意見交換等や，保護者や地域住民の意見を聴取するための調査等を実施した回数が 0 という教育委員会の割合が最も大きい．また，<図> IV-17 より，市町村教育委員会の 65.4％ では教育委員会会議の年間傍聴者数が 0 となっている．教育委員会の一部は保護者や地域住民が傍聴しやすいよう土日に開催する等の工夫を行っているものの，教育委員会が保護者や地域住民の声に耳を傾け，保護者や地域住民が教育について意向を伝える先として教育委員会制度が機能していないおそれがある．

## (2) 地方教育行政の担い手

　教育委員会制度は広義と狭義に大別できる．狭義の教育委員会とは<図> IV-14 のとおり議会の同意を経て首長によって任命される教育長及び委員からなる組織を指す．これに対して広義の教育委員会とは狭義の教育委員会に事務局を加えたもので，事務局に配置される指導主事や社会教育主事をはじめとする専門的職員，事務職員及び技術職員等を含む．指導主事及び社会教育主事に関しては専門的な教育公務員としてその職務が法律に規定されている．

　地方教育行政法第 18 条第 3 項及び第 4 項において，指導主事は「上司の命を受け，学校における教育課程，学習指導その他学校教育に関する専門的事項の指導に関する事務に従事する」者であると規定されており，これらについて教養と経験があるものでなければならない．なお，

指導主事は大学以外の公立学校の教員をもって充てることができる（充て指導主事）．この場合，学校の教員の身分を保有したまま指導主事の職務に従事する．教育委員会事務局の体制強化を目的として 2007 年に地方教育行政法が改正された際に，第 18 条第 2 項に市町村教育委員会の事務局に指導主事を置くことが努力義務とされた．

社会教育主事の職務は社会教育法第 9 条の 3 第 1 項に「社会教育を行う者に専門的技術的な助言と指導を行う．ただし，命令及び監督をしてはならない」と規定されている．また，同条第 2 項において「社会教育主事は，学校が社会教育関係団体，地域住民その他の関係者の協力を得て教育活動を行う場合には，その求めに応じて，必要な助言を行うことができる」と規定されている．国民の自主的な学習活動への助言や助成に重きを置く社会教育では，助言や指導を行うとしても命令や監督の禁止が明示されている．

社会教育主事として任用されるには，社会教育主事講習の修了が条件とされる．なお，2018 年に社会教育法が改正され社会教育主事講習を修了した者に対して社会教育士の称号が付与されることになった．

<表> IV-7 は，2019 年 5 月 1 日現在で人口規模別の市町村教育委員会事務局における指導主事及び社会教育主事の配置状況を示したものである．

<表> IV-7　指導主事・充て指導主事・社会教育主事・派遣社会教育主事（本務者）別の市町村教育委員会数

| 区分 | 総数 | 人口規模 | | | | | | | | | 教育委員会の類型 | | |
|---|---|---|---|---|---|---|---|---|---|---|---|---|---|
| | | 50万人以上 | 30万人以上50万人未満 | 10万人以上30万人未満 | 5万人以上10万人未満 | 3万人以上5万人未満 | 1万5千人以上3万人未満 | 8千人以上1万5千人未満 | 5千人以上8千人未満 | 5千人未満 | 一部事務組合 | 共同設置教育委員会 | 広域連合 |
| 指導主事 | 1,809 | 35 | 50 | 202 | 256 | 240 | 294 | 231 | 167 | 261 | 70 | 1 | 2 |
| 0人 | 685 | 10 | 10 | 28 | 41 | 52 | 97 | 97 | 86 | 199 | 64 | - | 1 |
| 1人 | 366 | – | | 8 | 17 | 35 | 82 | 90 | 73 | 57 | 4 | - | |
| 2〜3人 | 340 | 2 | 1 | 19 | 70 | 91 | 98 | 43 | 8 | 5 | 1 | 1 | 1 |
| 4〜5人 | 137 | 1 | 2 | 13 | 59 | 44 | 16 | 1 | - | - | 1 | - | |
| 6人以上 | 281 | 22 | 37 | 134 | 69 | 18 | 1 | - | - | - | - | - | |
| 指導主事＋充て指導主事 | 1,809 | 35 | 50 | 202 | 256 | 240 | 294 | 231 | 167 | 261 | 70 | 1 | 2 |
| 0人 | 498 | – | – | | 9 | 25 | 64 | 80 | 74 | 187 | 58 | - | 1 |
| 1人 | 410 | – | | 5 | 11 | 35 | 95 | 103 | 83 | 69 | 9 | - | |
| 2〜3人 | 394 | 1 | 1 | 19 | 82 | 109 | 116 | 47 | 10 | 5 | 2 | 1 | 1 |
| 4〜5人 | 164 | 1 | – | 24 | 75 | 48 | 14 | - | - | - | 1 | - | |
| 6人以上 | 343 | 33 | 49 | 154 | 79 | 23 | 5 | - | - | - | - | - | |
| 社会教育主事 | 1,809 | 35 | 50 | 202 | 256 | 240 | 294 | 231 | 167 | 261 | 70 | 1 | 2 |
| 0人 | 1,126 | 12 | 21 | 100 | 150 | 142 | 178 | 146 | 114 | 194 | 67 | - | 2 |
| 1人 | 453 | 10 | 18 | 58 | 64 | 75 | 83 | 56 | 34 | 52 | 3 | - | |
| 2〜3人 | 200 | 9 | 8 | 35 | 35 | 21 | 31 | 28 | 17 | 15 | - | | |
| 4〜5人 | 22 | 1 | 2 | 6 | 6 | 2 | 2 | 1 | 2 | - | | | |
| 6人以上 | 8 | 3 | 1 | 2 | 1 | – | | | | | | | |
| 社会教育主事＋派遣社会教育主事 | 1,809 | 35 | 50 | 202 | 256 | 240 | 294 | 231 | 167 | 261 | 70 | 1 | 2 |
| 0人 | 1,058 | 12 | 20 | 91 | 139 | 125 | 172 | 141 | 109 | 182 | 66 | - | 1 |
| 1人 | 496 | 10 | 19 | 62 | 73 | 87 | 87 | 57 | 37 | 59 | 4 | - | |
| 2〜3人 | 219 | 9 | 9 | 38 | 34 | 25 | 33 | 32 | 19 | 20 | - | | |
| 4〜5人 | 26 | 1 | 2 | 7 | 9 | 3 | 2 | 1 | - | | | | |
| 6人以上 | 10 | 3 | 1 | 4 | 1 | – | | | | | | | |

[出典：文部科学省『令和元年度　教育行政調査（令和元年 5 月 1 日現在)』をもとに作成]

<表> IV-7 のとおり，充て指導主事を加えた指導主事の配置状況をみると，小規模自治体を中心に専門的な職員が配置されていない自治体が確認される．社会教育主事に関しては，県から市町村に派遣される派遣社会教育主事を含めたとしても，半数以上の自治体で配置されていない．

教育委員会における指導主事及び社会教育主事を教員が担う場合に限らず，行政職員は一定年数での異動が避けられない．そこで，教育委員会事務局の機能強化を目的として，近年では一部の自治体で教育行政に特化した職員採用が行われている．学校事務職や教育委員会事務局内の異動を通じて，教育行政職員としての専門性向上が目指されている．

## （3）教育財政

　組織や人と並んで教育における理念を実現する裏付けとなるのが財源である．国と都道府県の予算を比較し，教育財政の特徴を理解する．＜図＞Ⅳ-18 は 2020 年度の国および文部科学省の予算である．

　国の一般歳出の 8.6% が文部科学省関連の予算であり，その比率は漸減傾向にある．文部科学省における予算の中でも最大の費目は義務教育費国庫負担金である．これは義務教育費国庫負担法に基づき，設置者管理主義の例外として義務教育の無償制の原則から公立義務教育諸学校（小学校，中学校，義務教育学校，中等教育学校の前期課程並びに特別支援学校の小学部及び中学部）の教職員の給与及び報酬に要する経費の 3 分の 1 を国が負担するものである．

　つづいて，都道府県の教育財政に関して，一例として岩手県の例を＜図＞Ⅳ-19 に示す．

### ＜図＞Ⅳ-18　国の予算と文部科学省予算（令和 2 年度）

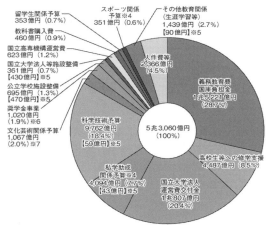

（1）国の予算

国債費 23兆3,515億円（23.1%）
地方交付税交付金等 15兆8,093億円（15.7%）
文部科学省 5兆3,060億円（5.3%）【8.6%】
その他 9兆9,479億円（9.9%）【16.1%】
一般歳出 61兆7,184億円（61.2%）【100.0%】
厚生労働省 32兆9,861億円（32.7%）【53.4%】
農林水産省 2兆1,370億円（2.1%）【3.5%】
防衛省 5兆2,625億円（5.2%）【8.5%】
国土交通省 6兆788億円（6.0%）【9.8%】

（注）1．（　）は，国の予算全体に対する割合．
　　　2．［　］は，一般歳出に対する割合．

（2）文部科学関係予算の構成

スポーツ関係予算※4 351億円（0.6%）
その他教育関係（生涯学習等）1,439億円（2.7%）【90億円】※5
留学生関係予算 353億円（0.7%）
教科書購入費 460億円（0.9%）
国立高専機構運営費 623億円（1.2%）
国立大学法人等施設整備 361億円（0.7%）【430億円】※5
公立学校施設整備 695億円（1.3%）【470億円】※5
奨学金事業 1,020億円（1.9%）※6
文化芸術関係予算 1,067億円（2.0%）※7
人件費等 2,366億円（4.5%）
義務教育費国庫負担金 1兆5,221億円（28.7%）
科学技術予算 9,762億円（18.4%）【59億円】※5
高校生等への修学支援 4,487億円（8.5%）
私学助成関係予算※4 4,094億円（7.7%）【43億円】※5
国立大学法人運営費交付金 1兆807億円（20.4%）
5兆3,060億円（100%）

（注）1．幼児教育・保育の無償化に伴う予算組替後の数字。
　　　2．子ども・子育て支援新制度移行分を含めると，5兆3,072億円（対前年度10億円増）。
　　　3．「臨時・特別の措置」（防災・減災，国土強靱化関係）については別途1,092億円を計上。
　　　4．私学助成関係予算，スポーツ関係予算については重複計上がある。
　　　5．【　】に「臨時・特別の措置」の金額を外数として参考記載。
　　　6．幼児教育・保育の無償化に係る経費3,410億円の内数及び，高等教育の修学支援新制度に係る経費4,882億円を別途内閣府予算として計上。

（単位：億円）

| 年度 | 国の予算 | | | | | 文部科学省予算 | | 国の予算に占める文部科学省予算の割合 | |
| | 一般会計 | | 左のうち一般歳出 | | 一般歳出/一般会計 | | | 文部科学省/国の一般会計 | 文部科学省/国の一般歳出 |
| | 予算額 | 増加率 | 予算額 | 増加率 | | 予算額 | 増加率 | | |
| | | % | | % | % | | % | % | % |
| 平成17年度 | 821,829 | 0.1 | 472,829 | △0.7 | 57.5 | 57,333 | △5.4 | 7.0 | 12.1 |
| 18 | 796,860 | △3.0 | 463,660 | △1.9 | 58.2 | 51,324 | △10.5 | 6.4 | 11.1 |
| 19 | 829,088 | 4.0 | 469,784 | 1.3 | 56.7 | 52,705 | 2.7 | 6.4 | 11.2 |
| 20 | 830,613 | 0.2 | 472,845 | 0.7 | 56.9 | 52,739 | 0.1 | 6.3 | 11.2 |
| 21 | 885,480 | 6.6 | 517,310 | 9.4 | 58.4 | 52,817 | 0.1 | 6.0 | 10.2 |
| 22 | 922,992 | 4.2 | 534,542 | 3.3 | 57.9 | 55,926 | 5.9 | 6.1 | 10.5 |
| 23 | 924,116 | 0.1 | 540,780 | 1.2 | 58.5 | 55,428 | △0.9 | 6.0 | 10.2 |
| 24 | 903,339 | △2.2 | 517,957 | △4.2 | 57.3 | 54,128 | △2.3 | 6.0 | 10.5 |
| 25 | 926,115 | 2.5 | 539,774 | 4.2 | 58.3 | 53,558 | △1.1 | 5.8 | 9.9 |
| 26 | 958,823 | 3.5 | 564,697 | 4.6 | 58.9 | 53,627 | 0.1 | 5.6 | 9.5 |
| 27 | 963,420 | 0.5 | 573,555 | 1.6 | 59.5 | 53,378 | △0.3 | 5.5 | 9.3 |
| 28 | 967,218 | 0.4 | 578,286 | 0.8 | 59.8 | 53,216 | △0.2 | 5.5 | 9.2 |
| 29 | 974,547 | 0.8 | 583,591 | 0.9 | 59.9 | 53,097 | △0.2 | 5.4 | 9.1 |
| 30 | 977,128 | 0.3 | 588,958 | 0.9 | 60.3 | 53,093 | 0.1 | 5.4 | 9.0 |
| 元 | 994,291 | 1.8 | 599,359 | 1.8 | 60.3 | 53,787 | 1.3 | 5.3 | 8.9 |
| 2 | 1,008,791 | 1.5 | 617,184 | 3.0 | 61.2 | 53,060 | △0.0 | 5.3 | 8.6 |

（注）1　平成16年度一般会計予算額には，「NTT無利子貸付償還時補助金等（235億円）」を含む。
　　　2　平成17年度文部科学省予算額には，「NTT無利子貸付償還時補助金等（1,321億円）」を含む。
　　　3　増加率は，前年度予算額（平成27年度以降の文部科学省予算については，子ども・子育て支援新制度移行分を除いた額）に対する増加率である。
　　　4　令和元年度，令和2年度予算には，臨時・特別の措置の金額を含まない。
　　　5　令和元年度予算額の「臨時・特別の措置」は，国の一般会計予算額：2兆280億円，文部科学省予算額：2,084億円。
　　　6　令和2年度予算額の「臨時・特別の措置」は，国の一般会計予算額：1兆7,788億円，文部科学省予算額：1,092億円。
　　　7　国の一般歳出は，国の一般会計予算から国債費，地方交付税交付金等を除いたいわゆる政策的経費である。

［出典：文部科学省『令和 2 年度　文部科学白書』］

<図> IV-19　県予算と教育予算（令和２年度）

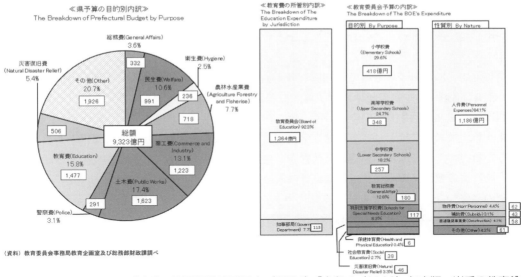

［出典：岩手県教育委員会（2021）『令和２（2020）年度版　岩手の教育』］

<図> IV-20　県費負担教職員制度の概要

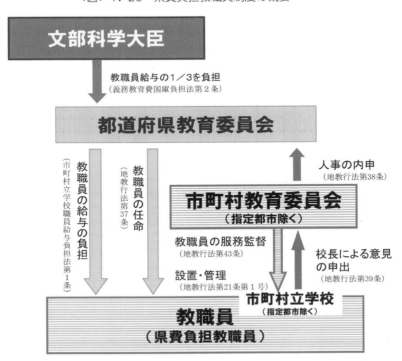

（注）地教行法…地方教育行政の組織及び運営に関する法律

［出典：文部科学省「県費負担教職員制度」https://www.mext.go.jp/a_menu/shotou/kyuyo/__
icsFiles/afieldfile/2017/09/14/1394392_01.pdf］

＜図＞IV-19 における目的別内訳の「その他」を除けば，都道府県予算の中で教育費が占める割合が上位となる．ただし，都道府県教育委員会の予算といっても目的別予算額をみれば，県が直接設置しているわけではない小学校経費が最大であり，同じく都道府県が設置主体ではない中学校経費と合わせるとおよそ半数を占める．また，性質別の予算額をみれば，人件費が大半を占めていることがわかる．なお，資料は省略するが，市町村の予算の一例として盛岡市の同年度の一般会計予算をみると，教育費が占めるのは7.9％に留まる（盛岡市ホームページを参照）．都道府県や市町村の教育予算がこのような特徴を示す背景にあるのが県費負担教職員制度である（＜図＞IV-20）．

　県費負担教職員制度とは，市町村立学校に勤務する教職員に対して国と都道府県が教職員の給与を負担するとともに，都道府県教育委員会がその任命権をもつという制度である．国と都道府県による教職員の給与負担と教職員の広域人事を通じて，市町村の財政力の差が教育の質や量の差につながることなく教育の機会均等の実現を目指すのが県費負担教職員制度である．なお，一定程度の政令指定都市は教職員の採用を独自に行っており，2017年度より義務教育費国庫負担法に基づき政令指定都市が採用した教職員の給与は政令指定都市が負担している．

　義務教育費国庫負担金は，一定の基準で算出され各都道府県に配置される教職員数（教職員定数）が算定基準となっている．教職員定数は基礎定数と加配定数に分類される．義務教育諸学校の場合，基礎定数は公立義務教育諸学校の学級編成及び教職員定数の標準に関する法律（義務標準法）に規定されている国の定める標準をもとに編成される学級数に一定の係数を乗じたものである．2011年4月の同法改正により小学校1年生に限って35人が標準とされた．その後，2021年3月31日に義務標準法が改正され，小学校の全ての学年で学級の標準が35人に引き

＜図＞IV-21　学校段階別の公私費負担割合（2011年）

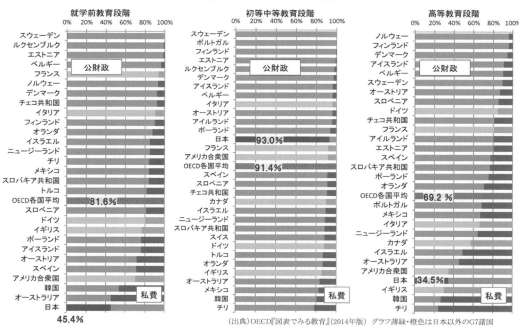

(出典）OECD『図表でみる教育』(2014年版)　グラフ薄緑・橙色は日本以外のG7諸国

［出典：文部科学省『我が国の教育行財政について』
https://www.kantei.go.jp/jp/singi/kyoikusaisei/bunka/dai3/dai1/siryou4.pdf］

下げられることとなった.

　県費負担教職員制度を例とした初等中等教育に関する財政制度に加えて，就学前教育段階および高等教育段階に関する近年の教育財政上の動向を紹介する．学校段階別の財政上の特徴を把握する際に，教育に係る費用を誰が負担しているかに注目する．政府が教育費を負担するのを公財政支出，反対に教育を受ける本人やその保護者が負担しているのを私費負担と分類すると，その比率を求めることで学校段階別の特徴が浮かび上がる．学校段階別の公私費負担割合を＜図＞IV-21 に示す.

　＜図＞IV-21 より，初等中等教育段階では公財政支出の割合は OECD 平均を上回るが，就学前教育および高等教育段階では OECD 平均を大きく下回っており，私費負担に依存していることが指摘できる．この点に関して，2018 年 12 月 28 日に関係閣僚合意がなされた「幼児教育・高等教育無償化の制度の具体化に向けた方針」が注目される．これを受けて，就学前教育段階では 2019 年 10 月より子ども・子育て新制度に含まれる施設を利用する 3 歳児以上の利用料が無償となった（＜図＞IV-22）．また，高等教育では住民税非課税世帯及びそれに準ずる世帯の学生を対象として，2020 年度より授業料・入学金の免除または減額と給付型奨学金が導入された.

＜図＞IV-22　幼児教育・保育の無償化に関する制度早わかり表

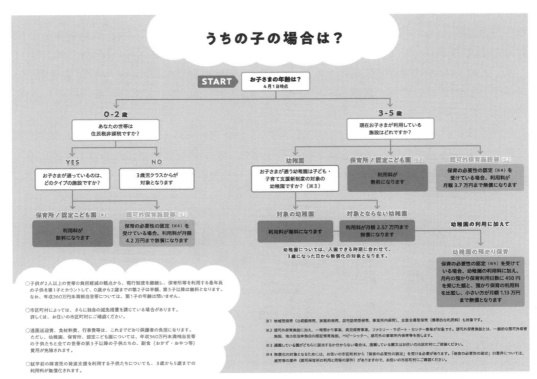

[出典：内閣府ホームページ「幼児教育・保育の無償化について」https://www.8.cao.go.jp/shoushi/shinseido/musyouka/about/pdf/hayawakarihyou.pdf]

## (4)「開かれた学校」から「地域とともにある学校」へ

　1990年代後半からの地方分権改革や行政機関の情報公開の流れを受けて，学校にも自律的な運営をはじめ，子どもや保護者および地域住民の参加，そして，その前提として学校に関する情報公開を通じた「開かれた学校」が求められるようになった．「開かれた学校」づくりの一環として，2000年度に学校評議員制度が導入された．学校評議員とは「校長の求めに応じて，学校の教育目標・計画や地域との連携の進め方など，校長の行う学校運営について意見を述べることができる」者である（学校教育法施行規則第49条）．ただし，学校評議員は校長の推薦により，当該学校の設置者が委嘱するものであり，「校長の求めに応じて」意見を述べることができるという条件があり，その権限は限定的であった．

　その後，2004年に地方教育行政法が改正され，学校運営協議会制度が導入された．学校運営協議会は地方教育行政法第47条の5に基づき当該学校の運営及び運営への必要な支援に関して協議をする合議制の機関である．学校運営協議会は① 校長が作成する学校運営の基本方針を承認する，② 学校運営について，教育委員会又は校長に意見を述べることができる，③ 教職員の任用に関して，教育委員会規則に定める事項について，教育委員会に意見を述べることができる，という3つの機能を有する．学校運営協議会を設置する学校をコミュニティ・スクールと呼び，学校運営に保護者や地域住民の意見を反映させることが期待される．また，学校運営協議会における保護者や地域の参画に加えて，地域の教育資源の窓口として地域学校協働本部を設置し，学校運営協議会と地域学校協働本部の一体的な推進による「地域とともにある学校」の実現が目指されている（＜図＞IV-23）．また，2017年の地方教育行政法の改正に伴い，学校運営協議会の設置が教育委員会の努力義務となったことから，2018年度以降に学校運営協議会の設置数が急増している（＜図＞IV-24）．なお，第3期教育振興基本計画（2018年6月15日閣議決定）では全ての小中学校区において地域学校協働活動の推進が目指されている．2021年度5月時点で公立の小学校，中学校，義務教育学校において学校運営協議会と地域学校協働本部の両方が設置されているのは8,528校（24.0%）であり，前年度から1,761校増加した（＜図＞IV-25）．

　教育委員という代表を選出して教育の民主化や自治が求められていた時と比較すれば，今日保護者や地域住民が学校に直接意向を伝えたり学校に参画する機会が保障されるようになった．一方で，学校は学校内外の教育資源の発見・開発や組織化を通じて，子どもに豊かな学び

＜図＞IV-23　「地域とともにある学校」

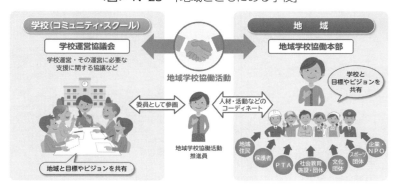

[出典：文部科学省（2020）『これからの学校と地域　コミュニティ・スクールと地域学校協働活動』]

<図> IV-24　全国のコミュニティ・スクールの設置状況

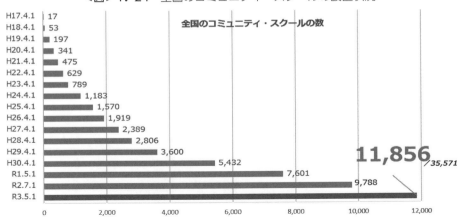

[出典：文部科学省（2021）「令和 3 年度コミュニティ・スクール及び
地域学校協働活動実施状況調査について（概要)」]

<図> IV-25　コミュニティ・スクールと地域学校協働本部の一体的な整備状況

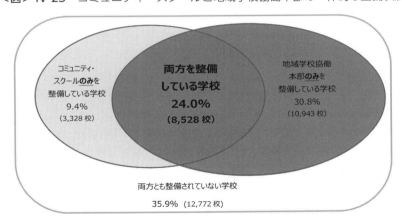

[出典：文部科学省（2021）「令和 3 年度コミュニティ・スクール及び
地域学校協働活動実施状況調査について（概要)」]

が提供できる可能性や必要性が高まっている．少子化の進行は，社会全体で見れば子どもや学校に対する理解者の減少を意味する．教育行政には地域を巻き込み学校と地域が目標を共有し「地域とともにある」学校を実現するためにも，学校運営を支える各種条件整備が求められる．

## (5) 学校における働き方改革

　教育行政による条件整備とともに保護者や地域の理解が求められる学校運営上の課題として，学校における働き方改革があげられる．
　2013 年に実施された OECD 国際教員指導環境調査（TALIS2013）において，日本の中学校教員の 1 週間当たりの仕事時間が TALIS2013 参加国の中で最長であることが明らかとなった（日本 53.9 時間，参加国平均 38.3 時間）．日本の中学校教員の授業時間が平均程度である

<図> IV-26 教員の仕事時間

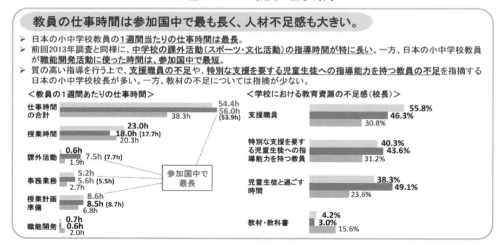

（注）グラフ上段：日本（小学校），中段：日本（中学校）（括弧内は前回 2013 年度調査），下段：参加国平均（中学校）
[出典：「我が国の教員の現状と課題—TALIS2018 結果より—」国立教育政策研究所ホームページより]

にもかかわらず，授業準備に要する時間が長く，とりわけ部活動の指導を含む課外活動や事務業務に従事する時間が長いことが浮き彫りになった．2018 年に実施された同調査においてもこの傾向は変わらず，むしろ前回調査と比較して中学校教員の仕事時間が長くなっている．TALIS2018 では新たに小学校教員による回答結果が示され，仕事時間の合計や事務業務が参加国中で最長である点が中学校教員と共通している（<図> IV-26）．

今日の学校は Society5.0 に示される社会の非連続的な変化に創造的に適応し，より良い社会を形成するために，2017 年に告示された学習指導要領の着実な実施と GIGA スクール構想にみられる時代の要請に応じた授業革新が求められている．これに加えて，学校はいじめ，不登校，虐待，貧困等の複雑化するさまざまな課題への対応が日々求められている．教職員や学校による対応には限界があるだけでなく，職能開発に時間を割く余裕が無いほどに教員が多忙であることが，学校教育の持続可能性や時代に適応した教育の実現に大きな影を落としている．教職員の業務改善と並行して，教員の本来業務である授業や子どもの指導に専念できるための資源の確保や条件整備が学校における働き方改革の柱である．

TALIS2013 の結果を受けて，国内においても教員の業務負担軽減策の検討やその前提として教員の勤務実態調査が行われはじめた．

2016 年には大規模な教員勤務実態調査が行われ，教諭の 1 週間当たりの学内総勤務時間数が示された（<図> IV-27）．週当たり 60 時間以上，すなわち 1 か月で 80 時間以上の時間外労働（過労死ライン）を上回る割合が小学校で 33.4%，中学校で 57.7% におよぶ．

中央教育審議会は 2017 年 6 月に文部科学大臣からの諮問を受け，初等中等教育分科会に「学校における働き方改革特別部会」を設置し議論を重ねてきた．2019 年 1 月 25 日に中央教育審議会において取りまとめられたのが「新しい時代の教育に向けた持続可能な学校指導・運営体制の構築のための学校における働き方改革に関する総合的な方策について（答申）」である．同答申では教職員の長時間労働の是正に関して，① 勤務時間管理の徹底と勤務時間・健康管

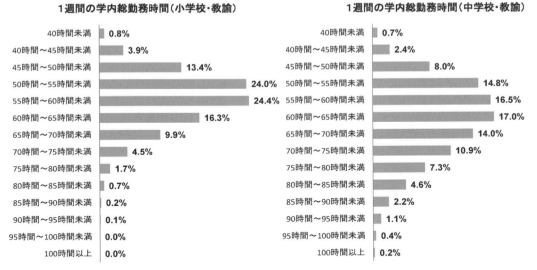

<図> IV-27　1週間の総勤務時間の分布

[出典：文部科学省「教員勤務実態調査（平成 28 年度）確定値について」2018 年 9 月]

理を意識した働き方の促進，② 学校及び教師が担う業務の明確化・適正化，③ 学校の組織運営体制の在り方，④ 教師の勤務の在り方を踏まえた勤務時間制度の改革，⑤ 学校における働き方改革の実現に向けた環境整備について方針が示された．

　とりわけ ② の学校及び教員が担う業務の明確化・適正化にあたっては，学校における業務の仕分けが例示された（<表> IV-8）．<表> IV-8 に示されている業務の中には，登下校時の見守りや放課後の対応等，保護者や地域の理解と協力が欠かせないものが含まれている．また，授業準備や学校徴収金の徴収・管理，支援が必要な児童生徒・家庭への対応は，教育行政による公会計化や専門スタッフあるいは支援スタッフの配置によって改善可能なものもある．

<表> IV-8　学校および教師が担う業務の明確化・適正化

| 基本的には学校以外が担うべき業務 | 学校の業務だが，必ずしも教師が担う必要のない業務 | 教師の業務だが，負担軽減が可能な業務 |
|---|---|---|
| ① 登下校に関する対応 | ⑤ 調査・統計等への回答等　（事務職員等） | ⑨ 給食時の対応　（学級担任と栄養教諭等との連携等） |
| ② 放課後から夜間などにおける見回り，児童生徒が補導された時の対応 | ⑥ 児童生徒の休み時間における対応　（輪番，地域ボランティア等） | ⑩ 授業準備　（補助的業務のサポートスタッフの参画等） |
| ③ 学校徴収金の徴収・管理 | ⑦ 校内清掃　（輪番，地域ボランティア等） | ⑪ 学習評価や成績処理　（補助的業務へのサポートスタッフの参画等） |
| ④ 地域ボランティアとの連絡調整　（※その業務の内容に応じて，地方公共団体や教育委員会，保護者，地域学校協働活動推進員や地域ボランティア等が担うべき．） | ⑧ 部活動（部活動指導員等）　（※部活動の設置・運営は法令上の業務ではないが，ほとんどの中学・高校で設置．多くの教師が顧問を担わざるを得ない実態．） | ⑫ 学校行事の準備・運営　（事務職員等との連携，一部外部委託等） |
| | | ⑬ 進路指導　（事務職員や外部人材との連携・協力等） |
| | | ⑭ 支援が必要な児童生徒・家庭への対応　（専門スタッフとの連携・協力等） |

[出典：中央教育審議会「新しい時代の教育に向けた持続可能な学校指導・運営体制の構築のための学校における働き方改革に関する総合的な方策について（答申）」2019 年 1 月]

　近年では「チーム学校」をスローガンとして学校の中に多様な職種を配置し，複雑化する課題への対応力の向上が目指されている．一例として，2017年3月の学校教育法改正において事務職員の職務内容が「事務に従事する」から「事務をつかさどる」へと修正され，その専門性向上を通じた学校運営への参画が期待されている．また，学校教育法施行規則の改訂によって教員と連携協力する専門・支援スタッフの名称と職務内容が法令によって規定されている（＜資料＞Ⅳ-12）．

　＜資料＞Ⅳ-13に示されているとおり，学校における働き方改革は教職員一人一人の意識や行動だけではなく，各学校における業務改善や教育行政による条件整備が不可欠である．そして，保護者や地域が学校の現状について理解を深め，学校に対して何ができるのかを問い直すことも欠かせない．

**＜資料＞Ⅳ-12　専門・支援スタッフの職務内容（学校教育法施行規則 2021 年 8 月 23 日改正）**

> 医療的ケア看護職員：小学校における日常生活及び社会生活を営むために恒常的に医療的ケア（人工呼吸器による呼吸管理，喀痰吸引その他の医療行為をいう．）を受けることが不可欠である児童の療養上の世話又は診療の補助に従事する．
> スクールカウンセラー：小学校における児童の心理に関する支援に従事する．
> スクールソーシャルワーカー：小学校における児童の福祉に関する支援に従事する．
> 情報通信技術支援員：教育活動その他の学校運営における情報通信技術の活用に関する支援に従事する．
> 特別支援教育支援員：教育上特別の支援を必要とする児童の学習上又は生活上必要な支援に従事する．
> 教員業務支援員：教員の業務の円滑な実施に必要な支援に従事する．

（注）いずれも中学校，高等学校にも準用される．また，スクールカウンセラー及びスクールソーシャルワーカーに関しては幼稚園においても活用が見込まれている．

**＜資料＞Ⅳ-13　「新しい時代の教育に向けた持続可能な学校指導・運営体制の構築のための学校における働き方改革に関する総合的な方策について（答申）」（抄）**

> ○‘子供のためであればどんな長時間勤務も良しとする’という働き方は，教師という職の崇高な使命感から生まれるものであるが，その中で教師が疲弊していくのであれば，それは‘子供のため’にはならない．教師のこれまでの働き方を見直し，教師が我が国の学校教育の蓄積と向かい合って自らの授業を磨くとともに日々の生活の質や教職人生を豊かにすることで，自らの人間性や創造性を高め，子供たちに対して効果的な教育活動を行うことができるようになることが学校における働き方改革の目的であり，そのことを常に原点としながら改革を進めていく必要がある．
>
> ○教師の長時間勤務については，教師自身において自らの働き方を見直していくことも必要である．その一方で，教師個人の「働き方」のみに帰結するものではなく，教師一人一人の取組や姿勢のみで解決できるものでもない．学校における働き方改革を進めるためには，我が国において学校教育について責任を負う文部科学省，給与負担者である都道府県・指定都市教育委員会，服務監督権者である市区町村教育委員会や学校の設置者，各学校の校長等の管理職が，それぞれの権限と責任を果たすことが不可欠である．
>
> ○今回の学校における働き方改革は，我々の社会が，子供たちを最前線で支える教師たちがこれからも自らの時間を犠牲にして長時間勤務を続けていくことを望むのか，心身ともに健康にその専門性を十二分に発揮して質の高い授業や教育活動を担っていくことを望むのか，その選択が問われているのである．子供たちの未来のため質の高い教育を実現するには，保護者・PTA や地域の協力が欠かせない．この答申の最後に，学校における働き方改革についての保護者・PTA や地域をはじめとする社会全体の御理解と，今後の推進のための御協力を心からお願いすることとしたい．

## (6)　教育課程行政と教科書制度

## ① 教育課程の国家基準としての学習指導要領

　公教育における教育内容はどの程度まで法的に基準化すべきであろうか．小学校，中学校，高等学校など初等中等教育について，学校教育法は各学校の教育目的と教育目標を定め（小学校の場合，法29条・30条），同法施行規則において教育課程の編成領域・教科目が設定されている（同，施行規則50条）が，さらにその詳細を定めるのが学習指導要領である．

　戦後しばらくの間「教師用手引き書」として発行されていた学習指導要領は1958（昭和33）年の「告示」化を契機に，国の定める教育課程の基準（現行法上，小学校につき，学校教育法33条，同施行規則52条）として法規の性格を有するとされたため，いわゆる教育権論争を巻き起こし多くの教育裁判を生んだ．全国一斉学力テスト事件最高裁判決（1976年）は，当時の学習指導要領が，憲法その他の法律に照らして許容される「大綱的基準」の範囲内にあるとしている（＜資料＞IV-14）．なお，文科省は教育領域・教科ごとの『学習指導要領解説』を発行しているが，これは指導要領本体とは異なり「指導，助言的性格のもの」（同判決）の範疇に属することに留意すべきであろう．

　学習指導要領はほぼ10年ごとに改訂が行われ，その時々の社会からの教育ニーズや教育課題を反映した方針が提示されてきた（→ III 章3節参照）．教育課程編成の主体は一貫して各学校にある（＜資料＞IV-15）とされながら，指導要領の基準性が過度に強調され，ともすれば画一的カリキュラムが編成される傾向も見られた．

　2017（平成29）年3月に告示（小・中学校）された指導要領は，今次改訂から置かれた前

### ＜資料＞ IV-14　学習指導要領の法的拘束性に関する最高裁の判断

　……本件当時の中学校学習指導要領の内容を通覧するのに，おおむね，中学校において地域差，学校差を超えて全国的に共通なものとして教授されることが必要な最小限度の基準と考えても必ずしも不合理とはいえない事項が，その根幹をなしていると認められるのであり，その中には，ある程度細目にわたり，かつ，詳細に過ぎ，また，必ずしも法的拘束力をもって地方公共団体を制約し，又は教師を強制するのに適切でなく，また，はたしてそのように制約し，ないしは強制する趣旨であるかどうか疑わしいものが幾分含まれているとしても，右学習指導要領の下における教師による創造的かつ弾力的な教育の余地や，地方ごとの特殊性を反映した個別化の余地が十分に残されており，全体としてはなお全国的な大綱的基準としての性格をもつものと認められるし，また，その内容においても，教師に対し一方的な一定の理論ないし観念を生徒に教え込むことを強制するような点は全く含まれていないのである．それ故，上記学習指導要領は，全体としてみた場合，教育政策上の当否はともかくとして，少なくとも法的見地からは，上記目的のために必要かつ合理的な基準の設定として是認することができるものと解するのが，相当である．（最高裁昭和51年5月21日判決）

### ＜資料＞ IV-15　教育課程の編成主体に関する小学校学習指導要領（第1章　総則）における記述

① 1958（昭和33）年告示「第1章　総則　1　各学校においては，教育基本法，学校教育法および同法施行規則，小学校学習指導要領，教育委員会規則等に示すところに従い，地域や学校の実態を考慮し，児童の発達段階や経験に即応して，適切な教育課程を編成するものとする．」
② 1977（昭和52）年告示「第1章　総則　1　学校においては，法令及びこの章以下に示すところに従い，児童の人間として調和のとれた育成を目指し，地域や学校の実態及び児童の心身の発達段階と特性を十分考慮して，適切な教育課程を編成するものとする．」
③ 2017（平成29）年告示「第1章　第1　小学校教育の基本と教育課程の役割　1　各学校においては，教育基本法及び学校教育法その他の法令並びにこの章以下に示すところに従い，児童の人間として調和のとれた育成を目指し，児童の心身の発達の段階や特性及び学校や地域の実態を十分考慮して，適切な教育課題を編成するものとし，これらに掲げる目標を達成するよう教育を行うものとする．」

<資料> IV-16　2017（平成 29）年告示
小学校学習指導要領（前文）における「社会に開かれた教育課程」の記述

前文（抄）
　教育課程を通して，これからの時代に求められる教育を実現していくためには，よりよい学校教育を通してよりよい社会を創るという理念を学校と社会とが共有し，それぞれの学校において，必要な学習内容をどのように学び，どのような資質・能力を身に付けられるようにするのかを教育課程において明確にしながら，社会との連携及び協働によりその実現を図っていくという，社会に開かれた教育課程の実現が重要となる．

<資料> IV-17　2017（平成 29）年告示
小学校学習指導要領（総則）における「カリキュラム・マネジメント」の記述

第 1 章　総則（抄）
第 1　小学校教育の基本と教育課程の役割
4　各学校においては，児童や学校，地域の実態を適切に把握し，教育の目的や目標の実現に必要な教育の内容等を教科横断的な視点で組み立てていくこと，教育課程の実施状況を評価してその改善を図っていくこと，教育課程の実施に必要な人的又は物的な体制を確保するとともにその改善を図っていくことなどを通して，教育課程に基づき組織的かつ計画的に各学校の教育活動の質の向上を図っていくこと（以下「カリキュラム・マネジメント」という．）に努めるものとする．
第 5　学校運営上の留意事項
1　教育課程の改善と学校評価等
　ア　各学校においては，校長の方針の下に，校務分掌に基づき教職員が適切に役割を分担しつつ，相互に連携しながら，各学校の特色を生かしたカリキュラム・マネジメントを行うよう努めるものとする．また，各学校が行う学校評価については，教育課程の編成，実施，改善が教育活動や学校運営の中核となることを踏まえ，カリキュラム・マネジメントと関連付けながら実施するよう留意するものとする．

文において「社会に開かれた教育課程」の方針（<資料> IV-16）を明言し，また各学校に「カリキュラム・マネジメント」の推進を求めている（<資料> IV-17）．教育課程は，学校・教員集団が児童生徒の実態に即し地域社会と協働して編成・実施するという意味において，今後は，個々の学校が指導要領に則りつつ，特色あるカリキュラムを編成する権限と責任が付与される新しい局面に入ったといえるであろう．

### ② 教科書制度

　戦後教科書制度は，戦前の国定制を排し，検定制と採択制の組合せによる多様な教科書の供給をめざすものに転換した（<図> IV-28，<表> IV-9）．法令上，教科書の定義は「教育課程の構成に応じて組織配列された教科の主たる教材として，教授の用に供せられる児童又は生徒用図書であって，文部科学大臣の検定を経たもの又は文部科学大臣が著作の名義を有するもの」とされている（教科書の発行に関する臨時措置法 2 条）．

　教科書は，義務教育段階でも当初有償であったが，憲法の無償規定に反するとする訴訟（→前掲<資料> IV-6 ①）の提起をも背景として，1963（昭和 38）年に立法化により無償制度が実現した（義務教育学校の教科用図書の無償に関する法律）．

　教科書検定（学校教育法 31 条）については，学問の自由，出版の自由，検閲の禁止などの憲法条項との適合性が問われ，高等学校日本史教科書の記述をめぐり 30 年以上にわたって教育行政の任務の限界，教育権の所在を争点に法廷の場で議論された（<資料> IV-18）．司法判断は，制度自体を合憲とする一方，当時の検定には合格とすべき箇所に修正を要求するなど裁量権の逸脱があったことを認め，国に損害賠償を命じた（→前掲最高裁判決<資料> IV-4）．このいわゆる教科書裁判を通じて検定手続が一部改善され，現在の検定制度になっている（教科用図書検定規則．<図> IV-29）．教科書検定基準は，教育基本法及び学校教育法の定め

<図> IV-28　教科書制度の概要−教科書が使用されるまで−

[出典：文部科学省『文部科学白書・令和２年版』]

<表> IV-9　教科書の検定・採択の周期

| 年度（西暦）学校種別等区分 | | 30(2018) | 31/R元(2019) | 2(2020) | 3(2021) | 4(2022) | 5(2023) | 6(2024) | 7(2025) | 8(2026) |
|---|---|---|---|---|---|---|---|---|---|---|
| 小学校 | 検定 | ◎ | | | | ◎ | | | | ◎ |
| | 採択 | △ | △ | | | | △ | | | |
| | 使用開始 | ● | ○ | ○ | | | | ○ | | |
| 中学校 | 検定 | ◎ | ◎ | | | | ◎ | | | |
| | 採択 | ▲ | △ | △ | | | | △ | | |
| | 使用開始 | | ● | ○ | ○ | | | | ○ | |
| 高等学校 | 主として低学年用 検定 | | ◎ | ◎ | | | | ◎ | | |
| | 採択 | | | △ | △ | | | | △ | |
| | 使用開始 | | | | ○ | ○ | | | | ○ |
| | 主として中学年用 検定 | | | ◎ | ◎ | | | | | ◎ |
| | 採択 | | | | △ | △ | | | | |
| | 使用開始 | ○ | | | | ○ | ○ | | | |
| | 主として高学年用 検定 | | | | ◎ | ◎ | | | | |
| | 採択 | △ | | | | △ | △ | | | |
| | 使用開始 | | ○ | | | | ○ | ○ | | |

◎：検定年度
△：直近の検定で合格した教科書の初めての採択が行われる年度
○：使用開始年度（小・中学校は原則として４年ごと，高校は毎年採択替え）
▲：前年度の検定で合格した「特別の教科　道徳」の教科書の初めての採択が行われる年度
●：「特別の教科　道徳」の教科書の使用開始年度
※小学校には義務教育学校の前期課程を，中学校には義務教育学校の後期課程及び中等教育学校の前期課程を，高等学校には中等教育学校の後期課程を含む。
※小学校における平成30年度，中学校における平成31年度／令和元年度においては，「特別の教科　道徳」を除く各教科の教科書について採択が行われた。
※太線以降は，学習指導要領改訂後の教育課程の実施に伴う教科書についてである。

[出典：文部科学省『文部科学白書・令和２年版』]

る教育目的・目標，学習指導要領の総則・各教科等の「目標」，「内容」及び「内容の取扱い」との一致と包含，児童生徒の発達段階への配慮などを求める（義務教育諸学校［高等学校］教科用図書検定基準）．教科書検定における学習指導要領の基準性の高さは，わが国の教科書の水準を一定程度保持する反面，独自性の高い教科書の作成は制約されるとの指摘もある．

　教科書採択については，法律上，国立および私立学校は校長，公立学校は設置する自治体の教育委員会のそれぞれに採択権限がある（<図> IV-30）．公立学校のうち，高等学校は事実上各学校の判断を教育委員会が認めるのに対し，義務教育段階では，複数市町村からなる共同採択地区で統一して採択している（義務教育諸学校の教科用図書の無償措置に関する法律）．

　初等中等教育段階の学校で授業を行う際には教科書使用義務があるが，近年の法改正でデジタル教科書も授業時数の２分の１未満までは使用可能とされ，また教科書以外の「有益適切な」教材を補助的に使用することもできる（学校教育法34条）．

　教科書制度のあり方は国によって多様であり，教科書が授業の中でどのような位置づけを与

<資料> Ⅳ-18　家永教科書検定訴訟（検定不合格の例）

[家永三郎著『検定不合格日本史』三一書房，
1974 年]

| 検定意見 |
| --- |
| 第 1 編ないし第 4 編の各とびらのさし絵にある「歴史をささえる人々」という見出しはどのようなことを意味するのかあいまいであり，生徒にとっては理解が困難である．そしてこれらの「歴史をささえる人々」という見出しとそれぞれの説明文をあわせてみると，たとえば，第 3 編のとびらの農民が封建社会をささえるという趣旨の説明文については，封建社会における武士の立場，役割をどうとらえているのかあいまいであり，また，第 4 編のとびらの労働者が資本主義経済において基本的な役割を演ずるという趣旨の説明文については，資本主義経済においては労働者のみが基本的な役割を演ずるものであるかのように理解されるおそれがあるなど，生徒を誤り導くおそれがある．それゆえ，このような第 1 編から第 4 編までのとびらにみられる「歴史をささえる人々」という見出しでそれぞれ説明文を付している記述は，全体として高等学校学習指導要領の日本史の目標 (2)「日本史における各時代の政治，経済，社会，文化などの動向を総合的にとらえさせて，時代の性格を明らかにし，その歴史的意義を考察させる.」という目標を達成するうえに適切でない. |

[梅原利夫編『教科書裁判から教育を考える』国土社，
1993 年]

<図> Ⅳ-29　教科書検定の手続

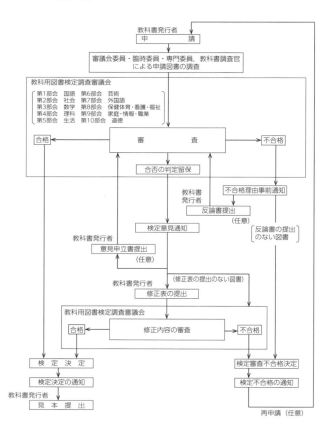

[出典：文部科学省 HP「教科書制
度の概要　5. 教科書検定の手続
等」https://www.mext.go.jp/
a_menu/shotou/kyoukasho/
gaiyou/04060901/1235090.htm]

＜図＞ IV-30　　義務教育諸学校用教科書採択の仕組み

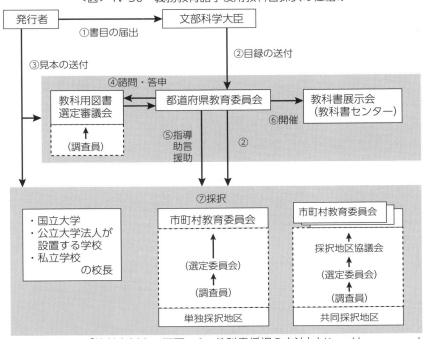

[出典：文部科学省 HP「教科書制度の概要　6．教科書採択の方法」https://www.mext.go.jp/a_menu/shotou/kyoukasho/gaiyou/04060901/1235091.htm]

＜表＞ IV-10　　諸外国の教科書制度

| 国　名 | | 教　科　書　制　度 | | | | | | | |
|---|---|---|---|---|---|---|---|---|---|
| | | 初等教育教科書 | | | | 中等教育教科書 | | | |
| | | 発行・検定 | | | | 発行・検定 | | | |
| | | 発行者 | | 検定 | 認定 | 発行者 | | 検定 | 認定 |
| | | 国 | 民間 | | | 国 | 民間 | | |
| ヨーロッパ・アメリカ諸国 | 1．イギリス | | ○ | | | | ○ | | |
| | 2．ドイツ | | ○ | ○ | | | ○ | ○ | |
| | 3．フランス | | ○ | | | | ○ | | |
| | 4．ロシア連邦 | | ○ | ○ | | | ○ | ○ | |
| | 5．スウェーデン | | ○ | | | | ○ | | |
| | 6．フィンランド | | ○ | | | | ○ | | |
| | 7．ノルウェー | | ○ | | | | ○ | | |
| | 8．アメリカ合衆国 | | ○ | | | | ○ | | |
| | 9．カナダ | | ○ | | ○ | | ○ | | ○ |
| アジア・太平洋諸国 | 1．中国 | ○ | ○ | ○ | | ○ | ○ | ○ | |
| | 2．韓国 | ○ | ○ | ○ | ○ | ○ | ○ | ○ | ○ |
| | 3．タイ | ○ | ○ | ○ | | ○ | ○ | | |
| | 4．マレーシア | ○ | | | | ○ | ○ | | |
| | 5．シンガポール | | ○ | ○ | | | ○ | ○ | |
| | 6．インドネシア | ○ | ○ | ○ | | ○ | ○ | | |
| | 7．オーストラリア | | ○ | | | | ○ | | |
| | 8．ニュージーランド | | ○ | | | | ○ | | |
| 日　本 | | | ○ | ○ | | | ○ | ○ | |

[出典：文部科学省 HP「教科書制度の概要　3．教科書検定の趣旨」https://www.mext.go.jp/a_menu/shotou/kyoukasho/gaiyou/04060901/1235088.htm]

えられているかについてその国の教科書観・授業観に基づくものといえる（＜表＞IV-10）.


## (7) 児童生徒の懲戒
### ① 事実上の懲戒と法律上の懲戒

　心身の発達の過程にある児童生徒は，善悪の判断に関しても試行錯誤を繰り返しながら学び成長する．ただし，法令や校則の違反をはじめ，他者を傷つけたり学校教育の円滑な実施を妨げる児童生徒の過ちに対しては，懲戒を含む児童生徒の自己教育力向上のための指導が求められる．学校における懲戒に関して，学校教育法第11条には「校長及び教員は，教育上必要があると認めるときは，文部科学大臣の定めるところにより，児童，生徒及び学生に懲戒を加えることができる．ただし，体罰を加えることはできない」と定められている．学校教育法第11条について以下の2点を確認したい．

　第1に，懲戒を加えることができるのに対して，体罰は法令上明確に禁止されている．体罰の禁止については1879年に教育令が発布されて以降，日本の教育制度上一貫して禁止されてきた．しかしながら，後述するように教職員による体罰が後を絶たない．学校教育法第11条に関しては，体罰の定義や懲戒権の限界として懲戒と体罰の境界が問われ続けてきた．

　第2に，「文部科学大臣の定めるところにより」という文言を受けて，学校教育法施行規則第26条が＜資料＞IV-19のとおり定められている．

＜資料＞ IV-19　懲戒に関する法制度

学校教育法施行規則第26条
　校長及び教員が児童等に懲戒を加えるに当つては，児童等の心身の発達に応ずる等教育上必要な配慮をしなければならない．
②　懲戒のうち，退学，停学及び訓告の処分は，校長（大学にあつては，学長の委任を受けた学部長を含む.）が行う．
③　前項の退学は，公立の小学校，中学校（学校教育法第71条の規定により高等学校における教育と一貫した教育を施すもの（以下「併設型中学校」という.）を除く.），義務教育学校又は特別支援学校に在学する学齢児童又は学齢生徒を除き，次の各号のいずれかに該当する児童等に対して行うことができる.
　一　性行不良で改善の見込がないと認められる者
　二　学力劣等で成業の見込がないと認められる者
　三　正当の理由がなくて出席常でない者
　四　学校の秩序を乱し，その他学生又は生徒としての本分に反した者
④　第2項の停学は，学齢児童又は学齢生徒に対しては，行うことができない．
⑤　学長は，学生に対する第2項の退学，停学及び訓告の処分の手続を定めなければならない．

　学校教育法施行規則第26条より，懲戒には教育上必要な配慮が求められている．すなわち，懲戒も教育の一環として位置づけられなければならない．また，懲戒には退学，停学，訓告という児童生徒の身分に変更を強いる手段が用意されている．教職員による叱責等を事実上の懲戒というのに対し，退学，停学，訓告という法律上の懲戒に関しては校長に権限がある．

　第3項及び第4項より，懲戒処分は教育の一環であることから，学齢児童生徒の学習権を侵害するような懲戒処分は認められていない．そのため，学校の設置者を問わず学齢児童生徒に対する停学処分が禁止されている．他方，私立学校及び国立学校に在籍する学齢児童生徒に対しては，退学後に公立校への転学が可能であることから退学処分が認められている．

　また，第5項に関して懲戒処分に係る手続きの公平性と透明性を担保するために，処分の基準を定めることが義務付けられている．本書の主たる読者として想定される大学生は，在籍校

で円滑な学生生活を送る上で何が・どのような処分対象となりうるかを把握しておく必要がある．とりわけ大学では新歓等での無理な飲酒によって学生が命を落とす事案が頻発していることから，一般的な法令違反に加えてアルコールの強要に対して重い処分が科されうる．

　学校教育法施行規則第 26 条における懲戒処分としての停学に対して，児童生徒に一定期間の出席を禁止する措置として出席停止がある．出席停止には性行不良で他の児童の教育に妨げがあると認められる児童生徒の保護者に対する学校教育法上の出席停止命令と，感染症の拡大防止の観点から校長が判断する学校保健安全法上の出席停止がある（＜資料＞ IV-20）．

＜資料＞ IV-20　出席停止に関する法令

---

**学校教育法第 35 条**
　市町村の教育委員会は，次に掲げる行為の一又は二以上を繰り返し行う等性行不良であつて他の児童の教育に妨げがあると認める児童があるときは，その保護者に対して，児童の出席停止を命ずることができる．
　一　他の児童に傷害，心身の苦痛又は財産上の損失を与える行為
　二　職員に傷害又は心身の苦痛を与える行為
　三　施設又は設備を損壊する行為
　四　授業その他の教育活動の実施を妨げる行為
②　市町村の教育委員会は，前項の規定により出席停止を命ずる場合には，あらかじめ保護者の意見を聴取するとともに，理由及び期間を記載した文書を交付しなければならない．
③　前項に規定するもののほか，出席停止の命令の手続に関し必要な事項は，教育委員会規則で定めるものとする．
④　市町村の教育委員会は，出席停止の命令に係る児童の出席停止の期間における学習に対する支援その他の教育上必要な措置を講ずるものとする．

**学校保健安全法第 19 条**
　校長は，感染症にかかつており，かかつている疑いがあり，又はかかるおそれのある児童生徒等があるときは，政令で定めるところにより，出席を停止させることができる．

---

　学校教育法上の出席停止はあくまで該当児童生徒に対する懲戒処分ではなく，学校の秩序を維持し他の児童生徒の学習権を保障するものであると位置づけられている．2001 年に同条の改正に伴い出席停止の要件の具体化が図られ，制度の活用が目指された．しかしながら，学齢児童生徒の保護者に対する出席停止命令を出せるのが市町村教育委員会であることから，慎重な運用がなされている．「令和 2 年度　児童生徒の問題行動・不登校等生徒指導上の諸課題に関する調査」では，2020 年度間の小中学校におけるいじめ認知件数が 501,774 件，小中学校における校内暴力が 62,349 件発生しているのに対して，学齢児童生徒の保護者に対して出席停止が命じられたのは 4 件（いずれも中学校）に留まる．

　学校の秩序維持や他の児童生徒が安心して教育を受けられる環境の確保を目的とする出席停止の運用が極めて慎重になされているのに対して，高校生の退学処分に関しては懲戒権者の裁量の妥当性が問われる事案がたびたび発生している．生徒の法的身分に変更を迫る懲戒のなかでも退学は身分の剥奪を伴う措置であり，要件の厳格さや手続きの適切さに加えて生徒や保護者等への周知が不可欠である．代表的な例として，信仰上の理由により体育で必修とされる剣道の実技を拒否し続け原級留置が続いた高等専門学校生に対する退学処分の取り消しを求めた「エホバの証人退学処分等取消訴訟」（最高裁平成 8 年 3 月 8 日）は，代替措置について検討することなく原級留置処分を重ね退学処分にした校長の措置について違法性が認められた．

　高校生の「自主退学」に関して，2016 年に京都府立高校において妊娠した女子生徒に対して休学を勧め，卒業するためには体育の実技が必要だと説明した事案がある．これを受けて文

部科学省が実施した公立高等学校における妊娠を理由とした退学等に関する実態把握の結果，2015年度及び2016年度に学校が妊娠の事実を把握した生徒が2,098名確認された．2017年9月1日現在における妊娠した生徒の在籍状況は＜表＞IV-11のとおりである．

<表> IV-11　妊娠した生徒の在籍状況と学校の勧めにより「自主退学」した生徒の意思

○　平成29年9月1日現在における、妊娠した生徒の在籍状況（単位：件）

| | | | 全日制 | | 定時制 | |
|---|---|---|---|---|---|---|
| | | | 回答数 | 割合 | 回答数 | 割合 |
| 妊娠・出産を理由とする | ①産前産後（概ね出産の前後6〜8週間程度）を除く全ての期間通学（※） | | 319 | 31.7% | 459 | 42.0% |
| | ②課程の変更 | | 9 | 0.9% | 26 | 2.4% |
| | ③産前産後（概ね出産の前後6〜8週間程度）以外の妊娠期・育児期における休学 | | 42 | 4.2% | 146 | 13.4% |
| | ④転学 | | 153 | 15.2% | 25 | 2.3% |
| | 退学 | ⑤懲戒退学 | 0 | 0.0% | 0 | 0.0% |
| | | ⑥退学を勧めた結果として「自主退学」　計：32件 | 21 | 2.1% | 11 | 1.0% |
| | | ⑦真に本人（又は保護者）の意思に基づいて自主退学 | 371 | 36.9% | 271 | 24.8% |
| ⑧妊娠・出産以外を理由とする②〜⑦ | | | 91 | 9.0% | 154 | 14.1% |
| 計 | | | 1006 | 100.0% | 1092 | 100.0% |

※妊娠後も休学・転学・退学もせずに在籍した者について計上

○　妊娠又は出産を理由として、学校が退学を勧めた結果「自主退学」した生徒の意思等（単位：件）

| | 全日制 | | 定時制 | |
|---|---|---|---|---|
| | 回答数 | 割合 | 回答数 | 割合 |
| ①生徒又は保護者の意思を確認したところ、引き続きの通学、休学又は転学を希望していたが、学校は退学を勧めた | 12 | 57.1% | 6 | 54.5% |
| ②生徒又は保護者の意思を確認したところ、今後についての明確な希望はなく、学校が退学を勧めた | 9 | 42.9% | 5 | 45.5% |
| ③生徒又は保護者の意思は確認せず、学校が退学を勧めた。 | 0 | 0.0% | 0 | 0.0% |

［出典：文部科学省初等中等教育局児童生徒化生徒指導室「妊娠した生徒への対応等について」］

＜表＞IV-11より，学校が退学を勧めたうえでの「自主退学」が32件確認され，そのうち18件では生徒又は保護者が通学の継続等を希望していたにも関わらず学校が退学を勧めたことが明らかとなった．義務教育ではないながらも今日大半の生徒が高等学校に通っており，就労するにあたって高卒資格が求められることが多い現状に鑑みれば，妊娠を理由とした「自主退学」や学校による退学の要請は，学校だけではなく社会からの排除にもつながりかねない．

② 懲戒と体罰

前述のとおり，学校教育法第11条における但し書きによって体罰は法律上禁止されている．しかしながら，学校現場における体罰が根絶されているとはいえない．体罰に関する論点の一つが，懲戒と体罰の境界である．学校教育法施行後間もない時期における同法第11条における体罰の解釈と運用については，高知県警察隊長の照会に対する法務庁（当時）法務調査意見長官による回答として1948年12月22日に国家地方警察本部長官，厚生省社会局，文部省学校教育局宛に出された「児童懲戒権の限界について」が参照される（＜資料＞IV-21）．

2012年に発生した大阪市立桜宮高等学校バスケットボール部の顧問による体罰に起因する生徒の自殺事案を受け，体罰に関する実態調査と文部科学省による通知が出された．懲戒や体罰に関する解釈・運用の基準となるのが2013年3月13日に発出された「体罰の禁止及び児童生徒理解に基づく指導の徹底について（通知）」である（＜資料＞IV-22）．

なお，同通知には児童生徒の懲戒・体罰等に関する参考事例が示されている（＜資料＞IV-

<資料> IV-21　児童懲戒権の限界について

> 　第1問
> 　学校教育法第11条にいう「体罰」の意義如何. たとえば放課後学童を教室内に残留させることは「体罰」に該当するか. また, それは刑法の監禁罪を構成するか.
> 　　回答
> 1　学校教育法第11条にいう「体罰」とは, 懲戒の内容が身体的性質のものである場合を意味する. すなわち
> (1)　身体に対する侵害を内容とする懲戒－なぐる・けるの類－がこれに該当することはいうまでもないが, さらに
> (2)　被罰者に肉体的苦痛を与えるような懲戒もまたこれに該当する. たとえば端坐・直立等, 特定の姿勢を長時間にわたつて保持させるというような懲戒は体罰の一種と解せられなければならない.
> 2　しかし, 特定の場合が右の (2) の意味の「体罰」に該当するかどうかは, 機械的に判定することはできない. たとえば, 同じ時間直立させるにしても, 教室内の場合と炎天下または寒風中の場合とでは被罰者の身体に対する影響が全くちがうからである. それ故に, 当該児童の年齢・健康・場所的および時間的環境等, 種々の条件を考え合わせて肉体的苦痛の有無を制定しなければならない. (以下略).

<資料> IV-22　体罰の禁止及び児童生徒理解に基づく指導の徹底について (抄)

> 1　体罰の禁止及び懲戒について
> 　体罰は, 学校教育法第11条において禁止されており, 校長及び教員 (以下「教員等」という.) は, 児童生徒への指導に当たり, いかなる場合も体罰を行ってはならない. 体罰は, 違法行為であるのみならず, 児童生徒の心身に深刻な悪影響を与え, 教員等及び学校への信頼を失墜させる行為である.
> 　体罰により正常な倫理観を養うことはできず, むしろ児童生徒に力による解決への志向を助長させ, いじめや暴力行為などの連鎖を生む恐れがある. もとより教員等は指導に当たり, 児童生徒一人一人をよく理解し, 適切な信頼関係を築くことが重要であり, このために日頃から自らの指導の在り方を見直し, 指導力の向上に取り組むことが必要である. 懲戒が必要と認める状況においても, 決して体罰によることなく, 児童生徒の規範意識や社会性の育成を図るよう, 適切に懲戒を行い, 粘り強く指導することが必要である. ここでいう懲戒とは, 学校教育法施行規則に定める退学 (公立義務教育諸学校に在籍する学齢児童生徒を除く.), 停学 (義務教育諸学校に在籍する学齢児童生徒を除く.), 訓告のほか, 児童生徒に肉体的苦痛を与えるものでない限り, 通常, 懲戒権の範囲内と判断されると考えられる行為として, 注意, 叱責, 居残り, 別室指導, 起立, 宿題, 清掃, 学校当番の割当て, 文書指導などがある.
>
> 2　懲戒と体罰の区別について
> (1)　教員等が児童生徒に対して行った懲戒行為が体罰に当たるかどうかは, 当該童生徒の年齢, 健康, 心身の発達状況, 当該行為が行われた場所的及び時間的環境, 懲戒の態様等の諸条件を総合的に考え, 個々の事案ごとに判断する必要がある. この際, 単に, 懲戒行為をした教員等や, 懲戒行為を受けた児童生徒・保護者の主観のみにより判断するのではなく, 諸条件を客観的に考慮して判断すべきである.
> (2)　(1) により, その懲戒の内容が身体的性質のもの, すなわち, 身体に対する侵害を内容とするもの (殴る, 蹴る等), 児童生徒に肉体的苦痛を与えるようなもの (正座・直立等特定の姿勢を長時間にわたって保持させる等) に当たると判断された場合は, 体罰に該当する.
>
> 3　正当防衛及び正当行為について
> (1)　児童生徒の暴力行為等に対しては, 毅然とした姿勢で教職員一体となって対応し, 児童生徒が安心して学べる環境を確保することが必要である.
> (2)　児童生徒から教員等に対する暴力行為に対して, 教員等が防衛のためにやむを得ずした有形力の行使は, もとより教育上の措置たる懲戒行為として行われたものではなく, これにより身体への侵害又は肉体的苦痛を与えた場合は体罰には該当しない. また, 他の児童生徒に被害を及ぼすような暴力行為に対して, これを制止したり, 目前の危険を回避したりするためにやむを得ずした有形力の行使についても, 同様に体罰に当たらない. これらの行為については, 正当防衛又は正当行為等として刑事上又は民事上の責めを免れうる.

23).　参考事例はあくまで参考として事例を簡潔に示して整理したものであり, 個々の事案が体罰に該当するか等を判断するにあたっては, 事案ごとに判断する必要がある.

<資料> Ⅳ-23 学校教育法第11条に規定する児童生徒の懲戒・体罰等に関する参考事例（抄）

---

(1) 体罰（通常，体罰と判断されると考えられる行為）
〇身体に対する侵害を内容とするもの
・体育の授業中，危険な行為をした児童の背中を足で踏みつける．
・授業態度について指導したが反抗的な言動をした複数の生徒らの頬を平手打ちする．
・部活動顧問の指示に従わず，ユニフォームの片づけが不十分であったため，当該生徒の頬を殴打する．
〇非罰者に肉体的苦痛を与えるようなもの
・放課後に児童を教室に残留させ，児童がトイレに行きたいと訴えたが，一切，室外に出ることを許さない．
・別室指導のため，給食の時間を含めて生徒を長く別室に留め置き，一切室外に出ることを許さない．
・宿題を忘れた児童に対して，教室の後方で正座で授業を受けるよう言い，児童が苦痛を訴えたが，そのままの姿勢を保持させた．
(2) 認められる懲戒（通常，懲戒権の範囲内と判断されると考えられる行為）（ただし肉体的苦痛を伴わないものに限る．）
・放課後等に教室に残留させる．
・授業中，教室内に起立させる．
・学習課題や清掃活動を課す．
・学校当番を多く割り当てる．
・立ち歩きの多い児童生徒を叱って席につかせる．
・練習に遅刻した生徒を試合に出さずに見学させる．
(3) 正当な行為（通常，正当防衛，正当行為と判断されると考えられる行為）
〇児童生徒から教員等に対する暴力行為に対して，教員等が防衛のためにやむを得ずした有形力の行使
・児童が教員の指導に反抗して教員の足を蹴ったため，児童の背後に回り，体をきつく押さえる．
〇他の児童生徒に被害を及ぼすような暴力行為に対して，これを制止したり，目前の危険を回避するためにやむを得ずした有形力の行使
・休み時間に廊下で，他の児童を押さえつけて殴るという行為に及んだ児童がいたため，この児童の両肩をつかんで引き離す．

---

　<資料> Ⅳ-22 および<資料> Ⅳ-23 のとおり，身体に対する侵害を内容とするものや肉体的苦痛を与えるようなものが体罰と判断されるというのは，1948年の法務庁による回答と軌を一にする．一方で，全ての有形力の行使が体罰に該当するとは考えられておらず，正当な行為があるという点は留意されたい．児童生徒から教職員に対する暴力に対して教職員が防衛するための有形力の行使や，他の児童生徒に被害を及ぼすような暴力行為に対する制止等は，正当防衛（刑法第36条）や正当行為（刑法第35条）として認められうる．体罰を禁止することが現場の委縮を招くという言説が提示されることがあるが，教職員自身や子どもの安全を守るための有形力の行使までが禁止されるわけではないということを念頭に置いて指導にあたることが求められる．

　学校における体罰の実態については文部科学省が実施する「体罰の実態把握について」という調査にとりまとめられている．その中でも体罰の発生学校数及び体罰把握のきっかけを示す（<表> Ⅳ-12 ～<表> Ⅳ-14）．

　体罰把握のきっかけに関しては，小学校から高等学校へと学校段階が上がるにつれて児童生徒からの訴えの割合が高まり，保護者の訴えの割合が減少傾向にある．一方で，特別支援学校においては児童生徒や保護者からの訴えは低調であり，教員の申告が半数強を占めている．しかしながら，学校種を問わず合計に注目すると，教員からの申告は28.9%に留まる．学校で起こる暴力から子どもを守り，体罰の被害にあった子どもを救済する体制の構築が求められる．

　この点に関して最後に，傷害罪や暴行罪に問われかねない体罰を行った教員に対して，教育委員会が刑事告発する指針を示す自治体の事例を紹介する．2020年9月に宝塚市立長尾中学

<表> IV-12　体罰の発生学校数

|  | 発生学校数A |  | 学校数B |  | 発生率(A/B) |  |
|---|---|---|---|---|---|---|
| 小学校 | 183校 | （171校） | 19,738校 | （19,892校） | 0.93% | （0.86%） |
| 中学校 | 209校 | （245校） | 10,222校 | （10,270校） | 2.04% | （2.39%） |
| 義務教育学校 | 1校 | （2校） | 94校 | （82校） | 1.06% | （2.44%） |
| 高等学校 | 217校 | （256校） | 5,000校 | （5,007校） | 4.34% | （5.11%） |
| 中等教育学校 | 3校 | （4校） | 54校 | （53校） | 5.56% | （7.55%） |
| 特別支援学校 | 22校 | （19校） | 1,146校 | （1,141校） | 1.92% | （1.67%） |
| 合計 | 635校 | （697校） | 36,254校 | （36,445校） | 1.75% | （1.91%） |

［出典：文部科学省「体罰の実態把握について（令和元年度)」］

<表> IV-13　被害を受けた児童生徒数

|  | 被害児童生徒数A |  | 児童生徒数B |  | 発生率(A/B) |  |
|---|---|---|---|---|---|---|
| 小学校 | 330人 | （277人） | 6,368,550人 | （6,427,867人） | 0.01% | （0.00%） |
| 中学校 | 338人 | （548人） | 3,218,137人 | （3,251,670人） | 0.01% | （0.02%） |
| 義務教育学校 | 1人 | （2人） | 40,747人 | （34,559人） | 0.00% | （0.01%） |
| 高等学校 | 547人 | （617人） | 3,366,065人 | （3,422,163人） | 0.02% | （0.02%） |
| 中等教育学校 | 5人 | （8人） | 32,153人 | （32,325人） | 0.02% | （0.03%） |
| 特別支援学校 | 23人 | （22人） | 142,996人 | （141,939人） | 0.02% | （0.02%） |
| 合計 | 1,244人 | （1,474人） | 13,168,648人 | （13,310,523人） | 0.01% | （0.01%） |

※　（　）は平成３０年度の状況

［出典：文部科学省「体罰の実態把握について（令和元年度)」］

<表> IV-14　体罰把握のきっかけ

| 区　分 | 小学校 |  | 中学校 |  | 義務教育学校 |  | 高等学校 |  | 中等教育学校 |  | 特別支援学校 |  | 合　計 |  |
|---|---|---|---|---|---|---|---|---|---|---|---|---|---|---|
| 児童生徒の訴え | 47（ | 24.6%　） | 56（ | 25.1%　） | 0（ | 0.0%　） | 91（ | 37.3%　） | 1（ | 25.0%　） | 2（ | 9.1%　） | 197（ | 28.8%　） |
| 保護者の訴え | 109（ | 57.1%　） | 73（ | 32.7%　） | 1（ | 100.0%　） | 75（ | 30.7%　） | 1（ | 25.0%　） | 4（ | 18.2%　） | 263（ | 38.4%　） |
| 教員の申告 | 36（ | 18.8%　） | 86（ | 38.6%　） | 0（ | 0.0%　） | 62（ | 25.4%　） | 2（ | 50.0%　） | 12（ | 54.5%　） | 198（ | 28.9%　） |
| 第三者の通報 | 22（ | 11.5%　） | 21（ | 9.4%　） | 0（ | 0.0%　） | 35（ | 14.3%　） | 0（ | 0.0%　） | 4（ | 18.2%　） | 82（ | 12.0%　） |
| その他 | 5（ | 2.6%　） | 13（ | 5.8%　） | 0（ | 0.0%　） | 11（ | 4.5%　） | 0（ | 0.0%　） | 1（ | 4.5%　） | 30（ | 4.4%　） |

［出典：文部科学省「体罰の実態把握について（令和元年度)」］

校の柔道部顧問が武道場の冷凍庫にあったアイスキャンディーを無断で食べたことに激高し，1年生部員2名に対して重軽傷を負わせたなどとして逮捕，起訴された．当該顧問は同年11月24日に懲戒免職となり，2021年2月15日に神戸地裁において有罪判決（懲役2年執行猶予3年）が言い渡された．本件を受けて，宝塚市教育委員会は2021年2月4日に「体罰事案に関する刑事告発の指針」を策定した（<資料> IV-24）．教育委員会が体罰を刑事告発することについて，刑事訴訟法に定める公務員の告発義務を踏まえて指針を示している．同指針が学校における体罰の抑止に寄与しているのかについては，今後の運用に期待される．

<資料> Ⅳ-24　体罰事案に関する刑事告発の指針

| |
|---|
| 1　校長は，体罰事案が発生した場合には，教育委員会に直ちに報告するとともに，速やかに，児童生徒及びその保護者並びに教職員その他の関係者からの聴き取り等を実施する．その上で，明らかになった当該事案の事実関係と被害の状況等について，教育委員会に報告しなければならない．<br>2　教育委員会は，当該体罰が刑法等刑罰法令に定める傷害や暴行等の犯罪行為に該当すると考えられる場合は，速やかに審議決定し刑事告発を行うものとする．なお，刑事告発を行うに当たっては，顧問弁護士の意見を参考にしながら，捜査機関と必要な連携を行うものとする．<br>3　教育委員会は，刑事告発を行う趣旨及び理由を事前に当該児童生徒及びその保護者や関係者に説明し，理解を得られるよう努めるものとする． |

## (8) 教員の養成・採用・研修

　子どもたちの教育を受ける権利を保障するためには，政府による条件整備に加えて質の高い教員の適切な確保が求められる．教育基本法第9条に規定されるように，教員は「自己の崇高な使命を深く自覚し，絶えず研究と修養に励み，その職責の遂行に勤めなければならない」専門職であり，教員が職能開発を続けていくためには「その身分が尊重され，待遇の適正が期せられるとともに，養成と研修の充実が図られなければならない」(教育基本法第9条第2項)．教員の養成・採用・研修が学校教育の質を左右するといっても過言ではない．

　とりわけ2020年代を通じて実現が目指されている「令和の日本型学校教育」の担い手となる教員には，新たな時代の学校教育の実現にふさわしい学びのあり方が求められている．そこで，中央審議会における会議資料に依拠しながら，教員の養成・採用・研修の基礎事項とともに，今後の学校教育の担い手として求められる資質・能力を概説する．

### ① 免許制度

　はじめに，教員免許制度について概説する．教育職員免許法に規定されているとおり，教職員は学校種や教科等に分かれる相当の免許状を有する者でなければならない(第3条第1項)．これを免許状主義や相当免許主義といい，子どもの発達段階や教科等に応じて異なる専門性が求められている．第1項の例外として，例えば特別支援学校の教員は特別支援学校の教員免許状のほかに特別支援学校の各部(幼稚部・小学部・中学部・高等部)に相当する学校の免許状が求められる(第3条第3項)．また，義務教育学校の教員には小学校の教員免許状および中学校の教員免許状を有する者でなければならず(第3条第4項)，中等教育学校の教員は中学校の教員免許状と高校の教員免許状を有する者でなければならない(第3条第5項)といったように，戦後改革期以降に創設された新たな学校種に関しては，現行制度における複数の学校種の免許状の所有が求められている．

　教育職員免許法第4条において，免許状の種類は普通免許状，特別免許状，臨時免許状に分類されている．普通免許には養成課程に応じて，二種免許状(短大卒業程度)，一種免許状(大学卒業程度)，専修免許状(修士課程卒業程度)に分けられる．

　専修免許状は1989年の教育職員免許法改正に伴い創設されたものであり，1980年代以降に顕在化，深刻化したいじめや不登校等の教育問題に対応できる教員養成の高度化が目指された．同年に二種免許状を有する教員には，相当の一種免許状の取得が努力義務化されている(第9条の5)．普通免許状に関して，ある基礎となる免許状をもとにした新たな免許状の取得方法は<図> Ⅳ-31のとおりである．小規模校における免許外教科担任制度や学校統廃合に伴う義務教育学校設置への対応等，複数の免許状取得が期待される場面が増えている．大学等の教

<図> IV-31　基礎となる免許状をもとにした新たな免許状の取得

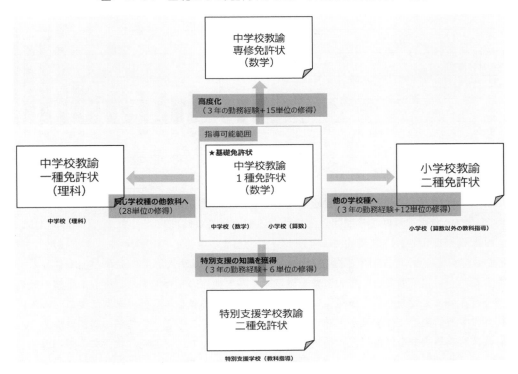

[出典：文部科学省ホームページ「「令和の日本型学校教育」を担う教師の
養成・採用・研修等の在り方について　関係資料」]

員養成課程在学中に複数の免許状を取得することが難しいとしても，教員としてのキャリアを
積んでいく中で他の免許状取得は可能である．

　特別免許状は 1988 年に創設された．特別免許状は優れた知識や経験等を有する教員免許状
をもっていない社会人等を常勤の教員として活用し，学校教育の活性化や多様化への対応を図
るために都道府県教育委員会が授与するものである．特別免許状は教育職員免許法第 5 条第 3
項および第 6 条にもとづき教育職員検定に合格した者に授与される．また，特別免許状の授与
については「特別免許状の授与に係る教育職員検定等に関する指針」が示されているが，制度
が創設されて以来その活用が進んでこなかった（<図> IV-32）．授与件数もさることながら，
授与されているのが高校に偏っていて小学校ではほとんど授与されておらず，公立学校での授
与も進んでいないとされている．

　そこで，2021 年 5 月 11 日に公立学校や小中学校でより一層特別免許状の活用が進むように
「特別免許状の授与に係る教育職員検定等に関する指針」が改訂された．教育職員検定は主と
して「授与候補者の教員としての資質の確認」，「任命者又は雇用者の推薦による学校教育の効
果的実施の確認」，「授与候補者の教員としての資質についての第三者の評価を通じた確認」を
行うものとされている．このなかでも「教員としての資質の確認」に関して「教科に関する専
門的な知識経験又は技能」を確認する際，教科に関する授業に携わった経験や勤務経験によら
ない方法が例示された．具体的にはオリンピック等の国際大会やコンクールの出場者，博士号

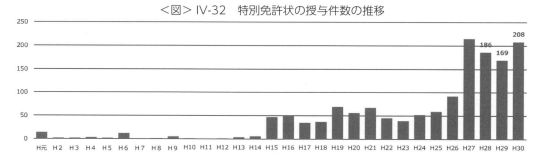

<図> Ⅳ-32　特別免許状の授与件数の推移

[出典：文部科学省ホームページ「「令和の日本型学校教育」を担う教師の
養成・採用・研修等の在り方について　関係資料」]

の取得者には相当する教科の専門性を有すると認められる．また，教科に関する授業に携わっ
た時間については「最低1学期間以上にわたる概ね計600時間以上」のうち「600時間以上」
という要件が廃止され，継続的に1学期間以上勤務する場合も含まれるようになった．また，
教科に関する専門分野に関する勤務経験についても，NPO法人等での勤務が加味されること
となった．さらに，教員としての資質を確認する際の観点の一つである「社会的信望や教員の
職務を行うのに必要な熱意と識見」については，学習指導員や学校外の学習活動における児童
生徒への学習活動の支援実績が加味されることとなった．このような基準の緩和に加えて，都
道府県教育委員会や市区町村教育委員会，勤務校等において，普通免許状所有者が指導・支援
を行う形で特別免許状所有者に対する研修の立案，実施が求められるほか，大学における教職
科目の履修促進が新たに明記された．

　特別免許状については制度の趣旨に沿った活用により，学校の中に多様な専門性やキャリア
をもつ人材を迎えることが期待される．その一方で，一部の自治体では教員不足を理由として
博士号をもつ研究員を中学校教諭として採用する方針が示されている．「特別免許状の授与に
係る教育職員検定等に関する指針」では修士号や博士号取得者の活用も例示されているが，こ
のような形での特別免許状の授与は任命権者自身が普通免許状を取得している者の専門性に対
する疑問を投げかけるものであり，適切な採用ができない一因として指摘される学校における
勤務環境の改善が求められる．

### ② 養成

　戦前の日本では，初等学校の教員は中等教育機関に相当する師範学校で養成され，中等学校
の教員は高等師範学校を中心に養成されていた．いずれも大学ではない職業訓練機関での教員
養成が主ではあったが，それだけでは教員の供給が追い付かず，検定試験や大学等の卒業生に
対する無試験での資格付与が行われていた．

　戦後の学制改革を機に旧師範学校が各地の国立大学に統合されたのに伴い，教員養成も大学
において行われることとなった．学問の自由や自治が保障された大学において教員養成を行う
ことは，学問を修め「真理の代弁者」として科学的根拠にもとづき指導ができる教員を養成す
ることを意味し，「大学での教員養成」は戦後の教員養成における重要な原則の一つである．
また，師範学校という教員養成を目的とした教育機関に限らず，一定の養成課程をもつ大学で
あればどこでも教員免許状が取得できる「開放制」も戦後教員養成制度の柱となる原則である．

　<図> Ⅳ-33に示すとおり，2020年度の教員採用試験採用者の内訳として国立の教員養成

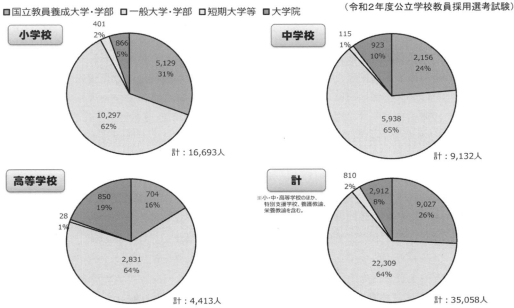

<＜図＞ IV-33　公立学校教員採用選考試験における採用者の学歴別内訳

（令和2年度公立学校教員採用選考試験）

[出典：文部科学省ホームページ「「令和の日本型学校教育」を担う教師の
養成・採用・研修等の在り方について　関係資料」]

大学・学部出身者の採用は 26% にとどまる．教員養成を目的とする大学・学部以外の比率が高いことから，開放性が一定程度機能していると考えられる．

また，2005 年度より教員養成分野に係る大学等の設置や収容定員に関する抑制が撤廃されたことを契機として，私立大学の教員養成課程が増加している（＜図＞ IV-34）．

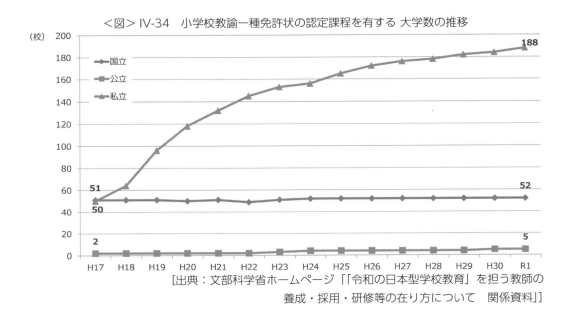

＜図＞ IV-34　小学校教諭一種免許状の認定課程を有する 大学数の推移

[出典：文部科学省ホームページ「「令和の日本型学校教育」を担う教師の
養成・採用・研修等の在り方について　関係資料」]

　教員養成の高度化を図るために，2008年度より教職大学院が創設された．教職大学院は2006年7月に出された中央教育審議会答申「今後の教員養成・免許制度の在り方について」において，教員養成に特化した専門職大学院の創設が提言されたのを受けて2007年度に制度化されたものである．2008年度の開設以降，2012年8月に出された中央教育審議会答申「教職の全体を通じた教員の資質能力の総合的な向上方策について」や教員の資質能力の向上に係る当面の改善方策の実施に向けた協力者会議による報告「大学院段階の教員養成の改革と充実等について」を経て，全都道府県での教職大学院設置や，教員養成系の修士課程を原則として教職大学院に段階的に移行することが求められてきた．2021年度現在で全国に54か所（国立大学47校，私立大学7校）設置されており，鳥取県を除く46都道府県に設置されている．教職大学院の修了生のうち現職教員院生を除いた修了者の教員就職率は95.5％であり，初めて修了者を輩出した2010年度以降，最も高い就職率を記録している（臨時的任用を含む）．その一方で，2020年度の入学定員充足率が81.0％と低調であることが課題とされている．

　教員養成における近年の動向として，教職課程コアカリキュラムの導入があげられる．上述のとおり開放制を採用する教員養成制度では，教員養成課程は文部科学省の認定を受けて設置されている．公教育の担い手である教員について全国的な水準を確保し，すべての教職課程で共通して修得すべき資質能力を示すものとして教職課程コアカリキュラムが作成された．

　2017年11月17日に教職課程コアカリキュラムの在り方に関する検討会により公表された「教職課程コアカリキュラム」は，学校種の共通性が高い「教職に関する科目」について作成されたものであり，コアカリキュラムの定める内容を学生に修得させたうえで，地域や学校現場のニーズに応えた教育内容や各大学の自主性や独自性を反映させることが求められている．教職課程コアカリキュラムに対応した教職課程の再認定を経て，2019年度より新たな教職課程が開始されている．

　教職課程コアカリキュラムの作成によって新たに加わった項目の一例として，「教育に関する社会的，制度的又は経営的事項」の中に学校安全への対応が求められることになった．学校管理下で発生する事件，事故や災害の実情を踏まえ，危機管理や事故対応を含む学校安全の必要性を理解することに加えて，生活安全・交通安全・災害安全の各領域から学校を取り巻く安全上の課題について，安全管理及び安全教育の両面から具体的な取組を理解することが到達目標とされている．平日の午後という学校管理下で発生した東日本大震災を機に，学校における防災教育や地域の防災拠点としての学校の役割が再確認された．また，石巻市市立大川小学校をめぐる仙台高裁判決では，危機管理マニュアルの不備といった事前防災に関する過失が認定され，学校には防災に関して地域住民の有する平均的な知識よりもはるかに高い水準の知識が求められると明言された．また同判決では，学校保健安全法に規定されている安全確保義務に関して，学校が安全であることは公教育を円滑に運営するための根源的義務であるという解釈が示された．地震や津波に限らず例年のように各地で自然災害が発生している．子どもの命を預かる教員には公教育を円滑に運営するためにも学校安全に関する理解が求められている．

### ③ 採用

　教員の採用は任命権者が行う．とりわけ公立の義務教育諸学校の場合は県費負担教職員制度により都道府県が市町村立学校の教員採用を行っているが，一部政令市や豊能地区が独自に教員採用を行っている．教員採用関して顕著な課題は，教員の担い手不足である．＜図＞Ⅳ-35および＜図＞Ⅳ-36のとおり，教員採用試験の倍率が低下している．

<＜図＞ IV-35　公立小学校教員採用選考試験の実施状況（小学校）

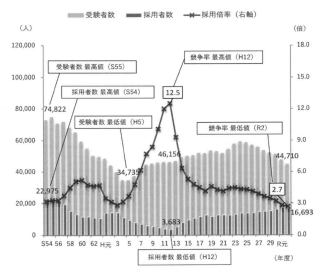

[出典：文部科学省ホームページ「「令和の日本型学校教育」を担う教師の
養成・採用・研修等の在り方について　関係資料」]

<＜図＞ IV-36　公立小学校教員採用選考試験の実施状況（中学・高校）

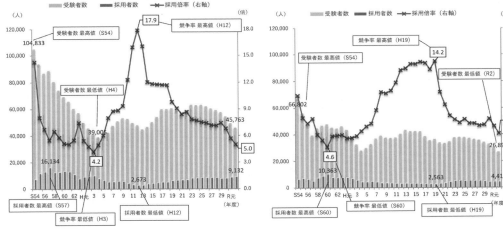

[出典：文部科学省ホームページ「「令和の日本型学校教育」を担う教師の
養成・採用・研修等の在り方について　関係資料」]

　教員採用選考試験の倍率が低下している主な要因は，教職員の大量退職にある．＜図＞
IV-37 のとおり，50 代以上の教員が全体の 34.5％ を占めており，現在は大量退職の時期にある．
また，若年層が増えることで，産休や育休に伴う臨時的任用が求められる（＜図＞ IV-38）．
　文部科学省が 2017 年に 11 県市を対象とした教員不足に関する実態調査が行ったところ，年
度初めにおいて小学校では 316 名，中学校では 254 名の教員が不足していることが明らかになっ

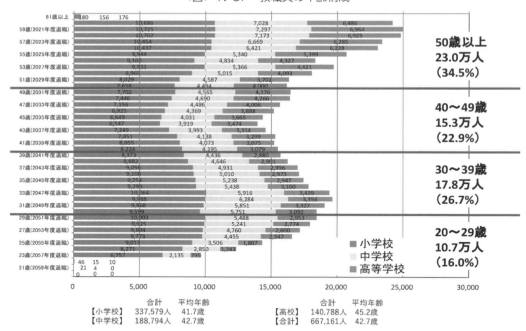

<図> IV-37　教職員の年齢構成

[出典：文部科学省ホームページ「「令和の日本型学校教育」を担う教師の
養成・採用・研修等の在り方について　関係資料」]

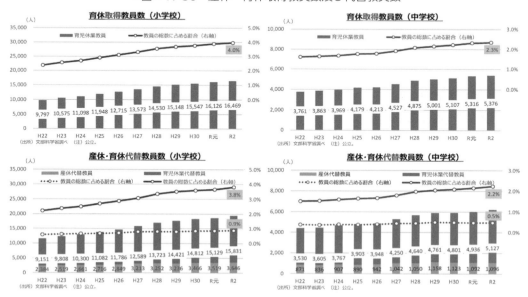

<図> IV-38　産休・育休取得教員数及び代替教員数

[出典：文部科学省ホームページ「「令和の日本型学校教育」を担う教師の
養成・採用・研修等の在り方について　関係資料」]

た．＜図＞IV-39 は同調査結果の一部であり，上述の産休・育休取得者の増加とともに，特別支援学級数の増加に伴う必要教員数の増加による教員不足が指摘されている．それに加えて，「講師登録名簿登載希望者の減少」を実感する自治体の多さが注目される．

　＜図＞IV-39 に示されている講師登録名簿登載希望者の減少の背景には，採用選考の受験者に占める正規採用者の増加も考えられる．ただし，教員採用選考試験の受験者数自体が減少していることから，教員需要に対して供給が追い付いていないことが推察される．

　臨時的任用教員の確保に係る困難に関して，一部の自治体では「採用候補者が免許状の未更新等により採用できなかった」ことがあげられている．2021 年 2 月 8 日に開催された中央教育審議会教員養成部会では，教員免許更新制が臨時的任用の採用に負の影響を及ぼしていることが指摘されている．教員免許更新制に伴い現在 65 歳に達する退職教員は免許の更新講習を受講しなければ臨時的任用として採用できない．そのため，受講者に負担のかかる更新講習を受講してまで臨時的任用を望まない者がおり，退職教員の活用に関する懸念が示されている．

　これらの要因以外にも，近年の教員の多忙化に象徴される労働環境の厳しさが教員採用試験の受験者数に影響を与えていると指摘されている．そこで，文科省は「標準職務例」を作成し教員が担う業務の明確化に取り組むとともに，学校における働き方改革の推進に取り組んでいる．また，小中学校では採用選考の倍率がピークを過ぎた 2000 年代より「実践的指導力」を備えた教員を確保するために，一部の教育委員会が「教師（養成）塾」を開講している．これは大学における教員養成という戦後の教員養成制度の原則に対する補完とみるべきか否定を見るべきかさまざまな評価がありえるが，教員養成を担ってきた大学と採用や研修を担ってきた

＜図＞IV-39　教員不足の原因について（教員の確保の状況に関するアンケート調査結果）

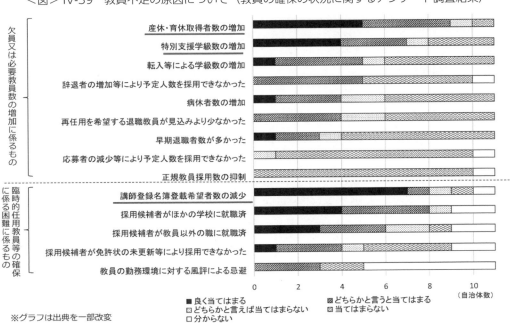

※グラフは出典を一部改変

[出典：文部科学省ホームページ「「令和の日本型学校教育」を担う教師の
養成・採用・研修等の在り方について　関係資料」]

教育委員会が協議会を設置し，教員育成指標にもとづき教員研修の体系化が進んでいる．

### ④ 研修

　教員の研修に関する法的根拠は，教員としての職責を遂行するために絶えず研究と修養に努めなければならないことが規定される教育基本法第9条や教育公務員特例法第21条に求められる．研究と修養を略して研修という．教育公務員特例法第22条第1項では「教育公務員には，研修を受ける機会が与えられなければならない」と規定されており，研修は教員の権利としての側面がある．ただし，教員研修が行政機関主体となって担われることで，教員一人一人の自主的・自発的な学びを促進し公教育の水準向上に寄与することもあれば，教員の主体性を剥奪し教員の管理や排除につながりかねない．とりわけ法定研修として導入された初任者研修，中堅教諭等資質向上研修，指導改善研修は，教員を管理し排除する契機となりうる．教員研修の実施体系は＜図＞IV-40のとおりである．

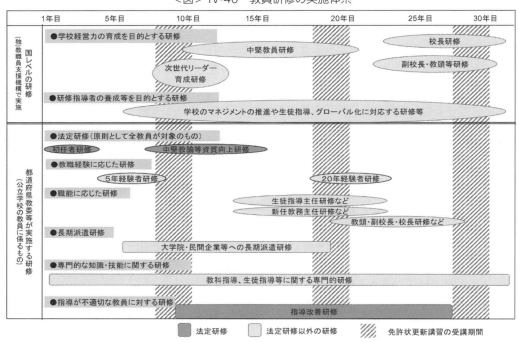

＜図＞ IV-40　教員研修の実施体系

[出典：文部科学省ホームページ「「令和の日本型学校教育」を担う教師の
養成・採用・研修等の在り方について　関係資料」]

　＜図＞IV-40は実施主体に着目した研修の体系である．一方で教員は「授業に支障のない限り，本属長の承認を受けて，勤務場所を離れて研修を行うことができる」ことが保障されており（教育公務員特例法第22条第2項），「教育公務員は，任命権者の定めるところにより，現職のままで，長期にわたる研修を受けることができる」（教育公務員特例法第22条第3項）．なお，教育公務員とは公立学校の学長，校長，教員に加えて教育委員会の専門的教育職員（指導主事，社会教育主事）を指す．また，2001年度より教育公務員特例法第26条から第28条において主幹教諭等が専修免許状の取得を目的として大学院の課程を履修するために休業する制度が設けられた（大学院修学休業）．大学院修学休業をしている期間は地方公務員としての

身分を保有するが，職務には従事せず，給与は支給されない（第27条）．

　法定研修について概観する．まず，初任者研修制度は1988年度に創設，1989年度より実施されている．初任者研修は教育公務員特例法第23条に基づき，任命権者に対して教員が採用された日から1年間職務の遂行に必要な事項に関する実践的な研修の実施を義務付けたものであり，校内研修と校外研修に大別される．

　教員の初任者研修は条件付き採用期間（いわゆる試用期間）の延長と相まって，入り口管理施策としての側面をもつ．地方公務員の条件付き採用期間が6月（地方公務員法第22条）であるのに対し，初任者研修の導入に伴い教員の条件付き採用期間が半年から1年に延長されている．東京都の例では，2020年度に採用された教員3,091名のうち87名が正式採用になっていない．87名の内訳として懲戒免職1名を除き，86名が自主退職者である．教員を志し教員採用選考試験を通過したとしても，2.8%が正式採用に至っていないこととなる．

　近年では初任者研修の工夫として，校内研修においてベテラン教員やミドルリーダークラスの教員が若手教員への指導助言や授業研究等を行い，チーム内で学び合う中で若手教員を育成するメンター方式の導入が約半数の自治体で取り組まれている（「初任者研修実施状況（令和元年度）調査結果について」）．また，一部の自治体では教職大学院修了者や臨時的任用講師としての経験を持つ者に対する研修の一部免除といった個別対応も行われており，初任者研修の弾力化が図られている．

　十年経験者研修及び中堅教諭等資質向上研修は，ともに教育公務員特例法第24条を根拠とする．前者は2003年度より開始され，個々の教員の能力や適性等に応じた研修を通じて教科指導，生徒指導等，指導力の向上や得意分野づくりを促すことを目的として在職期間が10年に達した後の相当の期間内に実施するものである．その後，2009年度からの免許更新講習との整合性を図り実施時期を弾力化することで，各校の中核的役割を果たすことが期待される教員の資質向上を図るため2017年度より名称を改めた．

　指導改善研修は2008年度に創設された．指導改善研修は教育公務員特例法25条に規定されており，任命権者が児童等に対する指導が不適切であると認定した教員に対して，1年を超えない範囲で指導の改善を図るために行う研修である．指導改善研修の終了時に任命権者は研修を受けた者の指導の改善の程度に関する認定を行わなければならない．「令和2年度公立学校教職員の人事行政状況調査」によれば，2020年度間で指導が不適切な教員として59名が認定された．これは在職者数のうちの0.008%であり，極めて限られた制度運用となっている．学校種で見れば59名のうち33名が小学校勤務と半数強を占める．59名のうち27名は2020年度に新規で認定された者である．2020年度中に37名が指導改善研修を受け，うち24名が現場復帰，4名が依願退職，2名が分限休職，7名が研修継続と認定された．

　一連の法定研修と関連して，免許更新講習の導入と廃止（発展的解消）があげられる．2009年度より教員免許状の更新制が導入された．これにより，2009年度以降に教員免許状を取得した教員は，10年に一度30時間以上に及ぶ免許更新講習を受講し修了認定を受けことが課されることとなった．しかしながら，更新講習の受講料を教員自身が負担しなければならず，講習費用に関する負担だけでなく，申請手続きや遠方の大学等に更新講習を受講しに行くための負担が指摘されてきた．また，免許更新制自体についても，免許状の更新手続きを忘れてしまったことで免許が失効し，公務員としての身分を喪失してしまうことへの疑問も付されていた．

　このような課題を受けて，教員免許更新制や研修制度に関する包括的な検証が重ねられた．

<図> IV-41　学び続ける教員を支えるキャリアシステム（将来的イメージ）

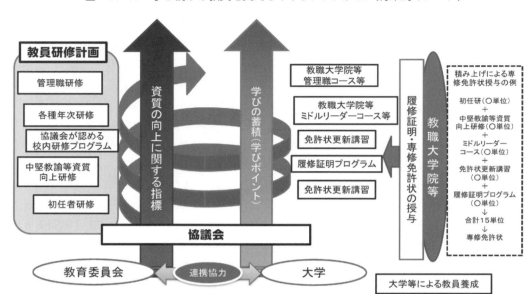

[出典：文部科学省ホームページ「「令和の日本型学校教育」を担う教師の
養成・採用・研修等の在り方について　関係資料」]

その結果，2021年11月15日に中央教育審議会「令和の日本型学校教育」を担う教師の在り方特別部会と初等中等教育分科会教員養成部会の合同会議において，教員免許更新制の廃止が適切とする審議まとめが文部科学大臣に報告された．2022年2月25日に教員免許更新制の廃止を含む教育公務員特例法および教育職員免許法の一部を改正する法律案が閣議決定された．その後，5月11日の参議院本会議にて同法案が可決，成立し，普通免許状および特別免許状の更新制に関する規定が削除された．

　現在は更新制の発展的解消に代わる制度のあり方が問われている．その際，任命権者による教員研修計画や教員育成指標に基づく研修履歴の記録，管理及び活用が検討されている（<図> IV-41）．教員育成指標とは，教員の採用段階から勤続年数や職責等に応じて教員に求められる資質に関する指標である．教育公務員特例法第22条の5に基づき任命権者である教育委員会や大学等からなる協議会によって策定される．公立学校の教員を目指す者は，採用を希望する自治体の教員育成指標に目を通すのが必須といえる．

### ⑤ これからの教員に求められる学びの姿

　本節では，教員免許制度の基礎事項の解説をはじめ，教員の養成・採用・研修に関する制度について概説してきた．最後に，2021年11月15日に取りまとめられた中央教育審議会「令和の日本型学校教育」を担う教師の在り方特別部会による「『令和の日本型学校教育』を担う新たな教師の学びの姿の実現に向けて　審議まとめ」を踏まえて，これからの教員に求められる学びの姿について言及する．中央教育審議会「令和の日本型学校教育」を担う教師の在り方

<図> IV-42　「令和の日本型学校」を担う教師の新たな学びの姿に関するイメージ図

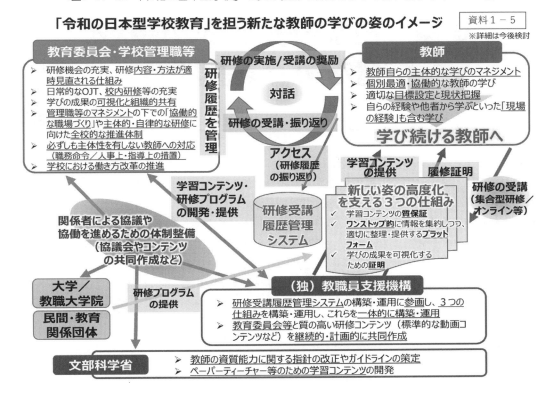

［出典：中央教育審議会「令和の日本型学校教育」を担う教師の在り方特別部会（第4回）
・教員免許更新制小委員会（第6回）合同会議資料］

特別部会（第4回）・教員免許更新制小委員会（第6回）合同会議の配布資料にて示された「令和の日本型学校」を担う新たな学びの姿に関するイメージ図は<図> IV-41のとおりである.

　<図> IV-42より，これからの教員に求められる学びの姿は，学習指導要領や「令和の日本型学校」において子どもに必要とされている学びの姿と相似形にあるといえる．非連続的な未来が訪れると予測されているなか，教員自身も常に最新の知識技能を学び続けていくことがより一層必要となってきている．そのためには，座学等を中心とする知識伝達型の研修を受け身の姿勢で学ぶだけではなく，自らの日々の経験や他者との対話をといった「現場の経験」を重視した学びがより重要になってきている．さらに，子どもにとって身近な大人である教員が主体的に学び続ける姿を子どもたちに示すことで，子どもたちに主体的に学び続ける意欲を培うことが期待される．そのためにも，教員が安心して学べて，誇りをもって主体的に研修に打ち込むことができる環境整備が求められている.

# V章　日本の子どもの現状と　教育をめぐる諸問題

　II章で考察したように，「児童の権利に関する条約」は，「児童の最善の利益」という観点を強調している．では，はたして現代日本の家庭や学校や社会は，この観点に立って子どもの生存や発達や学習の権利を最大限に保障しているといえるのであろうか．家庭や地域の教育力の低下が指摘されるようになって久しいが，このことは，さまざまな面で子どもの人間形成に大きな影響を与えている．また，いじめや不登校に代表されるように，学校現場も多くの問題を抱えている．さらには，近年の日本の政治・経済・社会の構造的な変化が，家庭・地域社会・学校といった子どもを取り巻く環境に大きな影響を与えつつある．この章では，このような現代日本の子どもの現状と教育をめぐる具体的な問題について考察してみよう．

## 1　家庭と子どもをめぐる状況の変化

### (1) 核家族化と少子化の進行

　現代日本の家庭をめぐる状況の中で，高齢化とともに顕著な特徴は，「核家族化」と「少子化」である．高齢化，核家族化，そして少子化は先進国に共通の課題であるが，とりわけ日本ではその傾向が顕著となっている．日本の場合，核家族化は高度経済成長期の社会構造の大規模な変革などを背景に進行した．核家族（夫婦と未婚の子どもだけ，あるいは夫婦のみの世帯）が全世帯に占める割合を見ると，1986（昭和61）年では69.6%だったが，2019（令和元）年になると82.5%と上昇している．一方，三世代世帯（祖父母，夫婦とその子どもの世帯）の全世帯に占める割合を見ると，1986年では27.0%だったが，2019年になると13.3%にまで減少している．つまり，核家族化の進行が顕著であることがわかる（＜表＞V-1）．

　さらに，児童のいる世帯数の世帯全体に占める割合を見ると，1986（昭和61）年では46.20%だったが，2019（令和元）年になると21.73%，つまり約30年の間に児童のいる世帯が世帯全体に占める割合が半減以上の激減となっている．しかも，児童がいる世帯のうちで，児童が一人の世帯は，1986年から2019年の間に35.2%から46.8%へと増加している．同じことは，児童のいる世帯の平均児童数は，1986年の1.83人から2019年の1.68人へと，減少していることからも確認することができる（＜表＞V-1）．

　次に，子どもの絶対数，つまり出生数と合計特殊出生率（一人の女性が出産可能とされる15歳から49歳までに産む子どもの数の平均）の推移を見てみよう．＜図＞V-1によれば，1950（昭和25）年の出生数は約230万人だったものが，その後減少し続け，いわゆる第2次ベビーブーム期の1970年代前半に約200万人に増加したが，その後はほぼ一貫して減少を続け，2019（令和元）年には約87万人まで減少した．合計特殊出生率は，1950年時点では3.65人であったが，1989（平成元）年には1.57人となった．1989年は，それまで，丙午（ひのえ

<表> V-1　世帯構成別にみた児童のいる世帯数と平均児童数の年次推移

| | 児童のいる世帯 | 全世帯に占める割合(%) | 児　童　数 | | | 世　帯　構　造 | | | | | 児童のいる世帯の平均児童数 |
| | | | 1人 | 2人 | 3人以上 | 核家族世帯 | 夫婦と未婚の子のみの世帯 | ひとり親と未婚の子のみの世帯 | 三世代世帯 | その他の世帯 | |
|---|---|---|---|---|---|---|---|---|---|---|---|
| | | | 推　計　数 | | | (単位：千世帯) | | | | | (人) |
| 1986 (昭和61)年 | 17 364 | (46.2) | 6 107 | 8 381 | 2 877 | 12 080 | 11 359 | 722 | 4 688 | 596 | 1.83 |
| '89 (平成元) | 16 426 | (41.7) | 6 119 | 7 612 | 2 695 | 11 419 | 10 742 | 677 | 4 415 | 592 | 1.81 |
| '92 (　4) | 15 009 | (36.4) | 5 772 | 6 697 | 2 540 | 10 371 | 9 800 | 571 | 4 087 | 551 | 1.80 |
| '95 (　7) | 13 586 | (33.3) | 5 495 | 5 854 | 2 237 | 9 419 | 8 840 | 580 | 3 658 | 509 | 1.78 |
| '98 (　10) | 13 453 | (30.2) | 5 588 | 5 679 | 2 185 | 9 420 | 8 820 | 600 | 3 548 | 485 | 1.77 |
| 2001 (　13) | 13 156 | (28.8) | 5 581 | 5 594 | 1 981 | 9 368 | 8 701 | 667 | 3 255 | 534 | 1.75 |
| '04 (　16) | 12 916 | (27.9) | 5 510 | 5 667 | 1 739 | 9 589 | 8 851 | 738 | 2 902 | 425 | 1.73 |
| '07 (　19) | 12 499 | (26.0) | 5 544 | 5 284 | 1 671 | 9 489 | 8 645 | 844 | 2 498 | 511 | 1.71 |
| '10 (　22) | 12 324 | (25.3) | 5 514 | 5 181 | 1 628 | 9 483 | 8 669 | 813 | 2 320 | 521 | 1.70 |
| '13 (　25) | 12 085 | (24.1) | 5 457 | 5 048 | 1 580 | 9 618 | 8 707 | 912 | 1 965 | 503 | 1.70 |
| '16 (　28) | 11 666 | (23.4) | 5 436 | 4 702 | 1 527 | 9 386 | 8 576 | 810 | 1 717 | 564 | 1.69 |
| '17 (　29) | 11 734 | (23.3) | 5 202 | 4 937 | 1 594 | 9 698 | 8 814 | 885 | 1 665 | 371 | 1.71 |
| '18 (　30) | 11 267 | (22.1) | 5 117 | 4 551 | 1 599 | 9 385 | 8 623 | 761 | 1 537 | 345 | 1.71 |
| '19 (令和元) | 11 221 | (21.7) | 5 250 | 4 523 | 1 448 | 9 252 | 8 528 | 724 | 1 488 | 480 | 1.68 |
| | | | 構　成　割　合 | | | (単位：%) | | | | | |
| 1986 (昭和61)年 | 100.0 | ・ | 35.2 | 48.3 | 16.6 | 69.6 | 65.4 | 4.2 | 27.0 | 3.4 | ・ |
| '89 (平成元) | 100.0 | ・ | 37.2 | 46.3 | 16.4 | 69.5 | 65.4 | 4.1 | 26.9 | 3.6 | ・ |
| '92 (　4) | 100.0 | ・ | 38.5 | 44.6 | 16.9 | 69.1 | 65.3 | 3.8 | 27.2 | 3.7 | ・ |
| '95 (　7) | 100.0 | ・ | 40.4 | 43.1 | 16.5 | 69.3 | 65.1 | 4.3 | 26.9 | 3.7 | ・ |
| '98 (　10) | 100.0 | ・ | 41.5 | 42.2 | 16.2 | 70.0 | 65.6 | 4.5 | 26.4 | 3.6 | ・ |
| 2001 (　13) | 100.0 | ・ | 42.4 | 42.5 | 15.1 | 71.2 | 66.1 | 5.1 | 24.7 | 4.1 | ・ |
| '04 (　16) | 100.0 | ・ | 42.7 | 43.9 | 13.5 | 74.2 | 68.5 | 5.7 | 22.5 | 3.3 | ・ |
| '07 (　19) | 100.0 | ・ | 44.4 | 42.3 | 13.4 | 75.9 | 69.2 | 6.8 | 20.0 | 4.1 | ・ |
| '10 (　22) | 100.0 | ・ | 44.7 | 42.0 | 13.2 | 76.9 | 70.3 | 6.6 | 18.8 | 4.2 | ・ |
| '13 (　25) | 100.0 | ・ | 45.2 | 41.8 | 13.1 | 79.6 | 72.0 | 7.5 | 16.3 | 4.2 | ・ |
| '16 (　28) | 100.0 | ・ | 46.6 | 40.3 | 13.1 | 80.5 | 73.5 | 6.9 | 14.7 | 4.8 | ・ |
| '17 (　29) | 100.0 | ・ | 44.3 | 42.1 | 13.6 | 82.7 | 75.1 | 7.5 | 14.2 | 3.2 | ・ |
| '18 (　30) | 100.0 | ・ | 45.4 | 40.4 | 14.2 | 83.3 | 76.5 | 6.8 | 13.6 | 3.1 | ・ |
| '19 (令和元) | 100.0 | ・ | 46.8 | 40.3 | 12.9 | 82.5 | 76.0 | 6.5 | 13.3 | 4.3 | ・ |

注：1）1995（平成7）年の数値は，兵庫県を除いたものである。
　　2）2016（平成28）年の数値は，熊本県を除いたものである。
　　3）「その他の世帯」には，「単独世帯」を含む。

[厚生労働省「2019 年 国民生活基礎調査の概況」厚生労働省ホームページ]

<図> V-1　出生数，合計特殊出生率の推移

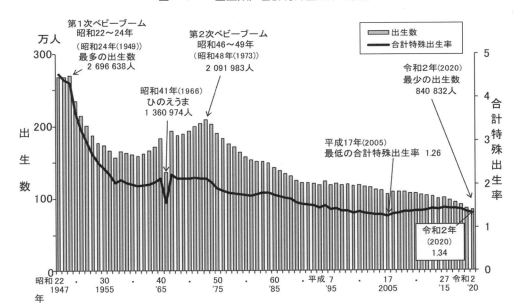

[厚生労働省「令和 2 年度版厚生労働白書」]

<図> V-2　少子化（出生率低下）の原因とその背景にある要因

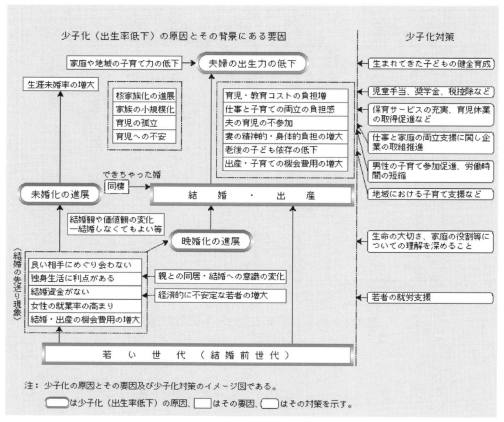

[内閣府『平成16年版　少子化社会白書』内閣府ホームページ]

うま）の年のために最も合計特殊出生率が低かった1966（昭和41）年の1.58人を下回って戦後最低となったことから，「1.57ショック」として大きな社会問題化した．しかし，その後も国挙げてのさまざまな少子化対策にも関わらず，合計特殊出生率の回復は思わしくなく（2005年には1.26人），2020年時点では1.34人に止まっている．

　出生率の低下については，単身生活の便利さの増大，女性の高学歴化・就業率の高まりなどによる非婚化・晩婚化，育児への精神的負担感の増大，教育費の増大，子どもの将来への不安，多様な楽しみの増大，仕事と家事・育児の両立の難しさ（背景として，不十分な夫の家事分担，長い労働時間などにみられる職場中心社会，不十分な居住環境，過熱している受験競争などが考えられる），育児のための施設面や制度面での支援の不十分さなどさまざまな要因が指摘されている（<図> V-2）．このように現代日本の家庭では，まさに「少なく生んで賢く育てる」というスタイルが定着しつつある．

## (2) 子どもの生活実態

　では，現代の子どもたちはどのような生活を送り，そこにはどのような傾向や課題があるのだろうか．ここでは，全国の小学生・中学生・高校生の生活時間の実態について，2008（平成

20）年と 2013（平成 25）年について調査した結果から，その一端を確認してみよう．

### ① 学校の宿題と宿題以外の勉強に取り組む時間

　まず，平日の子どもたちは学校の宿題をどの程度行っているのだろうか．2008 年と 2013 年の経年変化を見ると，小学生から高校生までのどの学年（ただし，高校 3 年生は 2008 年は対象外）についても，宿題をする時間が増加していることがわかる．宿題をする時間は一日およそ 40 〜 50 分の間となっている．もう一つ特徴的なことは，宿題をしないと回答した割合が学年が上がるに伴って増加していること，特に高校 3 年生は 2013 年の時点で 29.1% と高いことである．加えて，高校生の場合は宿題に 1 時間以上取り組んでいる割合が，約 40% 程度（高校 2 年生では 46.5%）と高くなっている．つまり，学年が上がるに伴って，宿題に長時間取り組む子どもたちとしない子どもたちとの二極分化が進んでいるといえる（＜図＞ V-3）．

　宿題をする時間が増加した背景としては，2008（平成 20）年に改訂告示された学習指導要領から，いわゆる「ゆとり教育」からの脱却と「確かな学力」の形成に大きく教育政策が転換し，家庭学習も重視されるようになってきたことが考えられる．

　一方，宿題以外の勉強に取り組む時間を見ると，宿題をする時間と異なり，学校段階（学年）による差異が大きいことが確認される．小学校 5 年と 6 年の場合は，2008 年と 2013 年では宿

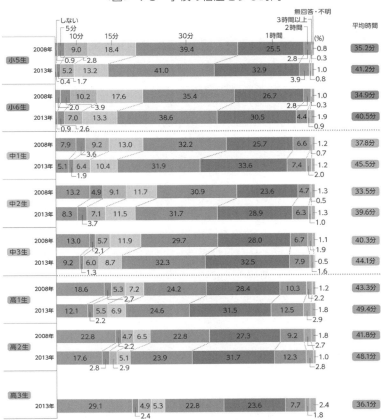

＜図＞ V-3　学校の宿題をする時間

[ベネッセ教育総合研究所『第 2 回 放課後の生活時間調査−子どもたちの時間の使い方
[意識と実態] 速報版 [2013]』]

<＜図＞ Ⅴ-4　学校の宿題以外の勉強をする時間>

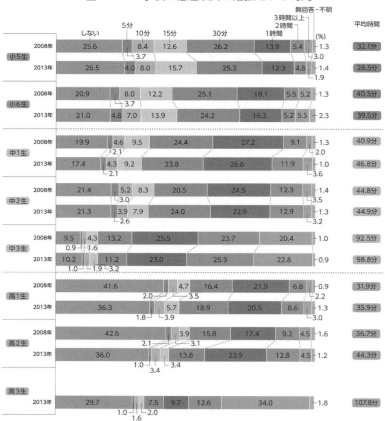

[ベネッセ教育総合研究所『第 2 回 放課後の生活時間調査－子どもたちの時間の使い方
[意識と実態] 速報版 [2013]』]

題以外の勉強に取り組む時間が減少しているのに対して，中学生と高校生の場合は，この 5 年間で宿題以外の勉強に取り組む時間が増加している．特に，受験直前の中学校 3 年生と高校 3 年生の場合は，それぞれ 98.8 分と 107.8 分と学習時間が長くなっている．しかし，宿題をする時間の場合と同様に，特に高校生の場合には，宿題以外の勉強に取り組んでいない子どもたちも約 30% と高い割合となっている．ここにも，勉強に取り組む子どもとしない子どもとの二極分化の傾向を指摘することができる（＜図＞ Ⅴ-4）．

## ② 習い事の時間と通塾率

　まず，習い事に行っている子どもたちについて見ると，2008 年の時点の調査結果では，小学生の 80.0%，中学生の 41.3%，高校生の 17.6% が何らかの習い事に行っており，学年が上がるにつれて低下していることがわかる（＜図＞ Ⅴ-5）．資料として示すことはできないが，習い事の種類では，小学生ではスポーツが群を抜いて高い割合を示しており，2008 年と 2013 年の比較では，同じくスポーツの割合が小学生と中学生ともに増加傾向にあり，同じく英語・英会話の割合も増加している．この調査結果からはスポーツの種類はわからないが，伝統的な野球とともにサッカーが増えていることが考えられる．また，英語・英会話の習い事も増加して

<図> V-5　習い事に行っている比率

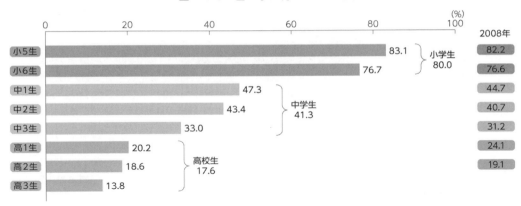

[ベネッセ教育総合研究所『第 2 回 放課後の生活時間調査－子どもたちの時間の使い方
[意識と実態] 速報版 [2013]』]

いる背景には，急速な国際化の進行により英語の運用能力の必要性が高まったこと，2008（平成 20）年に改訂告示された学習指導要領で，小学校に「外国語活動」が導入されたことなどがあると考えられる.

　通塾率（学習塾および予備校で学んでいる比率）に関する 2008 年の調査結果によれば，小学校 5 年生から中学校 3 年生へと学年が上がるにつれて通塾率は上昇し，中学校 3 年生では 64.2% と高率となっている. 中学校の 3 学年の平均では，50.5% である. 高校生の場合は，中学生ほどではないが，学年が上がるにつれて通塾率が上がり，3 年では 31.4% となっている. 中学校 3 年生と高校 3 年生の通塾率の高さは，それぞれ高校受験と大学受験が関係していることはいうまでもないだろう（<図> V-6）. また，1 週間の通塾回数を確認すると，中学校 3 年生の場合，週 3 回以上通塾している割合が，2013 年時点で 64.3% と極めて高く，しかも 2008 年時点よりも割合が増加してもいることが注目される. ただ，一方では，中学校 1 年生と 2 年生の場合，2008 年と 2013 年を比較すると，週 1 回の通塾の割合が増加し，週 2 回以上

<図> V-6　通塾率

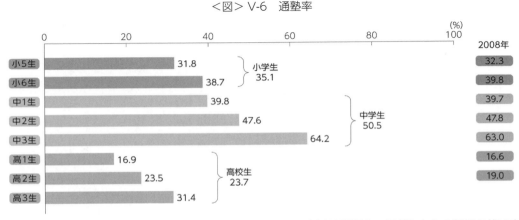

[ベネッセ教育総合研究所『第 2 回 放課後の生活時間調査－子どもたちの時間の使い方
[意識と実態] 速報版 [2013]』]

<図> V-7　1週間の通塾回数

| 学年 | 年 | 1回 | 2回 | 3回 | 4回 | 5回以上 | 無回答・不明 (%) |
|---|---|---|---|---|---|---|---|
| 小5生 | 2008年 | 15.5 | 55.9 | 13.9 | 8.1 | 4.6 | 2.1 |
| 小5生 | 2013年 | 21.7 | 49.2 | 13.4 | 6.6 | 8.3 | 0.8 |
| 小6生 | 2008年 | 16.1 | 48.7 | 11.5 | 8.5 | 12.5 | 2.6 |
| 小6生 | 2013年 | 16.1 | 46.9 | 12.3 | 9.4 | 9.8 | 5.6 |
| 中1生 | 2008年 | 14.4 | 54.7 | 24.5 | 2.8 | 1.0 | 2.6 |
| 中1生 | 2013年 | 17.3 | 54.4 | 17.3 | 3.3 | 5.6 | 2.0 |
| 中2生 | 2008年 | 13.3 | 48.0 | 30.3 | 6.2 | 1.1 | 1.2 |
| 中2生 | 2013年 | 17.6 | 45.7 | 25.9 | 5.0 | 3.6 | 2.2 |
| 中3生 | 2008年 | 9.7 | 25.9 | 33.2 | 17.8 | 12.2 | 1.4 |
| 中3生 | 2013年 | 9.5 | 24.4 | 30.1 | 16.4 | 18.1 | 1.6 |
| 高1生 | 2008年 | 38.2 | 37.6 | 15.3 | 5.1 | 1.3 | 2.5 |
| 高1生 | 2013年 | 31.7 | 38.6 | 15.2 | 7.6 | 6.2 | 0.7 |
| 高2生 | 2008年 | 27.7 | 38.0 | 16.9 | 5.4 | 10.2 | 1.8 |
| 高2生 | 2013年 | 30.7 | 32.4 | 20.1 | 3.9 | 12.8 | 0.0 |
| 高3生 | 2013年 | 11.7 | 22.6 | 14.5 | 11.3 | 38.3 | 1.6 |

［ベネッセ教育総合研究所『第2回 放課後の生活時間調査－子どもたちの時間の使い方［意識と実態］速報版［2013］』］

の通塾の割合は減少している（＜図＞ V-7）. このことは，一体，どんなことが関係していると考えられるか，検討してみよう.

### ③ 土曜日の過ごし方

　わが国では，長らく土曜日も学校での授業が行われてきた. しかし，子どもたちに生活のゆとりをもたらし，豊かな心やたくましさを育てる趣旨から，1992（平成4）年9月から月1回，1995（平成7）年4月から月2回という形で，土曜日を休業とする学校5日制が段階的に導入され，2002（平成14）年4月からは完全学校5日制が実施となった. では，子どもたちは土曜日をどのように過ごしているのだろうか.

　まず，土曜日に通学しているかどうかであるが，2013年の時点で，小学校5年生の約80％，6年生の約75％は通学していないが，中学校および高校の1年生と2年生では，約70％が通学しているという対照的な状況となっている（＜図＞ V-8）. 土曜日に通学している小学生のうち，「クラス全員で授業を受けることのため」と回答した割合は26.4％で，1回以上の授業を受けるためと回答した割合が約58％となっている. 特に注目されるのは，小学校で土曜日に通学している児童のうちの5.0％は，1か月に4回以上，クラス全員で授業を受けているとの実態であろう. また，土曜日に通学する中学生の約90％は「部活動の練習や試合」のためと回答し，そのうち1か月に4回以上の回数と回答した割合が約60％と高率を占めていることも注目したい. 同様に，土曜日に通学する高校生の41.5％が1か月に4回以上の回数で部活動のために通学していることがわかる（＜図＞ V-9）.

　本来の学校5日制の趣旨からは，土曜日には授業がないだけでなく部活動もなくすことが望まれることと考える. しかし，資料で確認したとおり，僅かではあれ小学校の児童が毎週土曜日に授業のために通学していること，また中学生の約6割と高校生の約4割が部活動のために

<図> V-8　土曜日に通学している回数（1か月あたり　2013年）

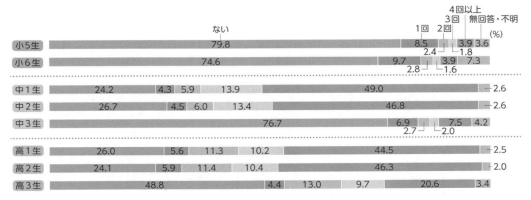

[ベネッセ教育総合研究所『第2回 放課後の生活時間調査－子どもたちの時間の使い方
[意識と実態] 速報版 [2013]』]

<図> V-9　土曜日に通学する理由とその回数（1か月あたり　2013年）

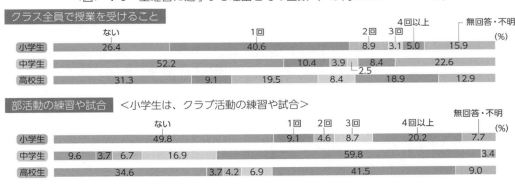

[ベネッセ教育総合研究所『第2回 放課後の生活時間調査－子どもたちの時間の使い方
[意識と実態] 速報版 [2013]』]

1か月に4回以上，土曜日に通学している実態がある．この子どもたちの実態は，教員の働き方改革との関連でも慎重に検討すべき課題といえるだろう．

### ④ メディアの利用時間とその課題

　現代は，コンピュータと通信技術の急速な発達に伴って，多様なメディアが登場し，かつ普及もしたことにより，子どもたちの生活はメディアなしには語れなくなっている．では，子どもたちはどの程度，どんなメディアを使用しているのだろうか．<表> V-2は，小学校5年生から高校3年生までの子どもたちが利用したメディアの種類と利用時間について，2008年と2013年の経年変化を調査した結果である（ただし，2008年の高校3年生は調査対象外）．

　まず，「テレビやDVDを見る」，「マンガや雑誌を読む」，「新聞を読む」，そして「本を読む」の項目では，どの学年においても利用時間が減少している．テレビ，マンガや雑誌，新聞および本は，いわば伝統的なメディアの代表格であるが，現代の子どもたちの生活時間の中に，これらのメディアは位置づかなくなっている．新聞を読む時間は，全ての学年で最も利用時間が長い中学校1年生の場合でも，2008年の5.7分から2013年には2.7分へと半減している．同

<表> V-2　メディアの種類と利用時間

(1日の平均時間（分）)

| | | 小5生 | 小6生 | 中1生 | 中2生 | 中3生 | 高1生 | 高2生 | 高3生 |
|---|---|---|---|---|---|---|---|---|---|
| サンプル数 | 2008年 | 1,339 | 1,264 | 1,243 | 1,183 | 1,166 | 948 | 874 | ―― |
| | 2013年 | 1,245 | 1,162 | 1,130 | 1,049 | 1,103 | 857 | 763 | 791 |
| テレビやDVDを見る | 2008年 | 103.0 | 112.0 | 112.6 | 117.4 | 104.3 | 93.8 | 96.2 | ― |
| | 2013年 | 94.9 | 98.0 | 88.8 | 95.0 | 88.2 | 77.1 | 78.7 | 73.1 |
| テレビゲームや携帯ゲーム機で遊ぶ | 2008年 | 35.7 | 36.5 | 35.7 | 36.0 | 32.1 | 29.8 | 33.0 | ― |
| | 2013年 | 41.5 | 43.0 | 35.9 | 39.0 | 31.6 | 35.0 | 33.1 | 27.8 |
| 携帯電話を使う＋スマートフォンを使う | 2008年 | 1.9 | 5.1 | 17.2 | 28.1 | 37.8 | 71.1 | 76.0 | ― |
| | 2013年 | 6.3 | 11.8 | 25.5 | 43.9 | 52.4 | 112.8 | 108.1 | 103.6 |
| マンガや雑誌を読む | 2008年 | 19.5 | 21.6 | 23.3 | 23.7 | 22.9 | 20.7 | 23.0 | ― |
| | 2013年 | 15.9 | 19.4 | 16.4 | 19.8 | 16.2 | 14.7 | 13.2 | 13.0 |
| 本を読む | 2008年 | 19.4 | 21.2 | 20.7 | 21.6 | 22.2 | 16.7 | 18.7 | ― |
| | 2013年 | 17.4 | 22.7 | 18.2 | 20.0 | 19.6 | 15.5 | 12.7 | 14.4 |

［ベネッセ教育総合研究所『第2回 放課後の生活時間調査－子どもたちの時間の使い方［意識と実態］速報版［2013］』］

じく，本を読む時間も，中学校3年生の場合，22.2分から19.6分へ減少し，高校3年生の場合は2013年の時点で14.4分と，全学年で最も少ない時間となっている．

　反対に，「携帯電話を使う＋スマートフォンを使う」と「パソコンを使う＋タブレット端末を使う」の項目を見ると，いずれの学年においても利用時間が増加している．パソコンおよびタブレット端末の利用時間は，小学校5年生でも14.2分（2013年）となっており，全学年で最も長い中学校3年生の場合は36.6分（2013年）となっている．とりわけ注目すべきは，携帯電話（スマートフォン）を利用する時間である．小学校5年生の場合，1.9分から6.3分へと約3倍も増加している．とりわけ，携帯電話を利用する時間が長いのは高校生であり，高校1年生の場合は71.1分から112.8分へと長時間化している．高校生は平日に2時間弱の時間，携帯電話（スマートフォン）を利用して生活していることになる．

　以上のように，現代の子どもたちは，テレビ，本，新聞といった伝統的なメディアを利用する時間が減少し，反対にコンピュータ内蔵の携帯電話やパソコン（タブレット端末）という新しいメディアを長時間利用する生活をしている．このことは，子どもたちの心身の成長・発達にどのような作用や影響があるのか，十分慎重に検討する必要があると思われる．

## (3) 子どもの貧困と児童虐待

　家庭と子どもをめぐる現代的状況として，喫緊の課題となっている問題は，子どもの貧困と児童虐待であろう．ここでは，この二つの課題について，資料に基づきながら検討してみよう．

### ① 子どもの貧困とその対策

　「貧困」とは，一般には，「食べるものがない」，「飲料水もない」，といった生命の維持が困

難なほどの貧しい生活実態を指す言葉である．しかし，「子どもの貧困」という場合の「貧困」とは，こうした一般的な意味における貧困＝「絶対的貧困」ではなく，その社会における平均的な生活水準との比較で劣っていること，したがって「相対的貧困」のことを指す言葉である．相対的貧困率の算出の方法にはいくつかあるが，最も一般的には，等価世帯所得（世帯内の全ての世帯員の合算所得）の個人単位の中央値を計算し，その中央値の50％を貧困線とし，貧困線を下回る所得しか得ていない者の割合のことを相対的貧困率としている．子どもの貧困率とは，子ども全体に占める貧困線に満たない子どもの割合のことを指す．

<表> V-3　貧困率の年次推移

| | 1985 (昭和60)年 | 1988 ( 63) | 1991 (平成3)年 | 1994 ( 6) | 1997 ( 9) | 2000 ( 12) | 2003 ( 15) | 2006 ( 18) | 2009 ( 21) | 2012 ( 24) | 2015 ( 27) | 2018 ( 30) | ( 30) 新基準 |
|---|---|---|---|---|---|---|---|---|---|---|---|---|---|
| | （単位：％） | | | | | | | | | | | | |
| 相対的貧困率 | 12.0 | 13.2 | 13.5 | 13.8 | 14.6 | 15.3 | 14.9 | 15.7 | 16.0 | 16.1 | 15.7 | 15.4 | 15.7 |
| 子どもの貧困率 | 10.9 | 12.9 | 12.8 | 12.2 | 13.4 | 14.4 | 13.7 | 14.2 | 15.7 | 16.3 | 13.9 | 13.5 | 14.0 |
| 子どもがいる現役世帯 | 10.3 | 11.9 | 11.6 | 11.3 | 12.2 | 13.0 | 12.5 | 12.2 | 14.6 | 15.1 | 12.9 | 12.6 | 13.1 |
| 　大人が一人 | 54.5 | 51.4 | 50.1 | 53.5 | 63.1 | 58.2 | 58.7 | 54.3 | 50.8 | 54.6 | 50.8 | 48.1 | 48.3 |
| 　大人が二人以上 | 9.6 | 11.1 | 10.7 | 10.2 | 10.8 | 11.5 | 10.5 | 10.2 | 12.7 | 12.4 | 10.7 | 10.7 | 11.2 |
| | （単位：万円） | | | | | | | | | | | | |
| 中　央　値　（ a ） | 216 | 227 | 270 | 289 | 297 | 274 | 260 | 254 | 250 | 244 | 244 | 253 | 248 |
| 貧　困　線　（ a/2 ） | 108 | 114 | 135 | 144 | 149 | 137 | 130 | 127 | 125 | 122 | 122 | 127 | 124 |

注：1) 1994（平成6）年の数値は，兵庫県を除いたものである．
　　2) 2015（平成27）年の数値は，熊本県を除いたものである．
　　3) 2018（平成30）年の「新基準」は，2015年に改定されたOECDの所得定義の新たな基準で，従来の可処分所得から更に「自動車税・軽自動車税・自動車重量税」，「企業年金の掛金」及び「仕送り額」を差し引いたものである．
　　4) 貧困率は，OECDの作成基準に基づいて算出している．
　　5) 大人とは18歳以上の者，子どもとは17歳以下の者をいい，現役世帯とは世帯主が18歳以上65歳未満の世帯をいう．
　　6) 等価可処分所得金額不詳の世帯員は除く．

[厚生労働省「2019 年 国民生活基礎調査の概況」厚生労働省ホームページ]

<表> V-4　貧困率の国際比較

| 順位 | 相対的貧困率 国名 | 割合 | 順位 | 子どもの貧困率 国名 | 割合 | 順位 | 子どもがいる世帯の相対的貧困率 合計 国名 | 割合 | 順位 | 大人が一人 国名 | 割合 | 順位 | 大人が二人以上 国名 | 割合 |
|---|---|---|---|---|---|---|---|---|---|---|---|---|---|---|
| 1 | チェコ | 5.8 | 1 | デンマーク | 3.7 | 1 | デンマーク | 3.0 | 1 | デンマーク | 9.3 | 1 | ドイツ | 2.6 |
| 2 | デンマーク | 6.0 | 2 | フィンランド | 3.9 | 2 | フィンランド | 3.7 | 2 | フィンランド | 11.4 | 2 | デンマーク | 2.6 |
| 3 | アイスランド | 6.4 | 3 | ノルウェー | 5.1 | 3 | ノルウェー | 4.4 | 3 | ノルウェー | 14.7 | 3 | ノルウェー | 2.8 |
| 4 | ハンガリー | 6.8 | 4 | アイスランド | 7.1 | 4 | アイスランド | 6.3 | 4 | スロヴァキア | 15.9 | 4 | フィンランド | 3.0 |
| 5 | ルクセンブルク | 7.2 | 5 | オーストリア | 8.2 | 5 | オーストリア | 6.9 | 5 | 英国 | 16.9 | 5 | アイスランド | 3.4 |
| 6 | フィンランド | 7.3 | 6 | スウェーデン | 8.2 | 6 | スウェーデン | 6.9 | 6 | スウェーデン | 18.6 | 6 | スウェーデン | 4.3 |
| 7 | ノルウェー | 7.5 | 7 | チェコ | 9.0 | 7 | ドイツ | 7.1 | 7 | アイルランド | 19.5 | 7 | アイルランド | 5.4 |
| 8 | オランダ | 7.5 | 8 | ドイツ | 9.1 | 8 | チェコ | 7.6 | 8 | ポーランド | 25.3 | 8 | オランダ | 5.4 |
| 9 | スロヴァキア | 7.8 | 9 | スロベニア | 9.4 | 9 | オランダ | 7.9 | 9 | オーストリア | 25.7 | 9 | フランス | 5.6 |
| 10 | フランス | 7.9 | 9 | ハンガリー | 9.4 | 10 | スロベニア | 8.2 | 10 | アイスランド | 27.1 | 10 | チェコ | 6.0 |
| 11 | オーストリア | 8.1 | 9 | 韓国 | 9.4 | 11 | フランス | 8.7 | 11 | ギリシャ | 27.3 | 11 | スロベニア | 6.7 |
| 12 | ドイツ | 8.8 | 12 | 英国 | 9.8 | 12 | スイス | 8.9 | 12 | ニュージーランド | 28.8 | 12 | スイス | 7.2 |
| 13 | アイルランド | 9.0 | 12 | スイス | 9.8 | 13 | ハンガリー | 9.0 | 13 | ニュージーランド | 28.8 | 13 | ハンガリー | 7.5 |
| 14 | スウェーデン | 9.1 | 14 | オランダ | 9.9 | 14 | 英国 | 9.2 | 14 | ポルトガル | 30.9 | 13 | ベルギー | 7.5 |
| 15 | スロベニア | 9.2 | 15 | アイルランド | 10.2 | 15 | アイルランド | 9.7 | 15 | メキシコ | 31.3 | 15 | ニュージーランド | 7.9 |
| 16 | スイス | 9.5 | 16 | フランス | 11.0 | 16 | ルクセンブルク | 9.9 | 15 | オランダ | 31.3 | 15 | ルクセンブルク | 7.9 |
| 17 | ベルギー | 9.7 | 17 | ルクセンブルク | 11.4 | 17 | ニュージーランド | 10.4 | 17 | スイス | 31.5 | 17 | 英国 | 7.9 |
| 18 | 英国 | 9.9 | 18 | スロヴァキア | 12.1 | 18 | ベルギー | 10.5 | 18 | エストニア | 31.9 | 18 | アイルランド | 8.3 |
| 19 | ニュージーランド | 10.3 | 19 | エストニア | 12.4 | 19 | スロヴァキア | 10.9 | 19 | ハンガリー | 32.7 | 19 | オーストラリア | 8.6 |
| 20 | ポーランド | 11.0 | 20 | ベルギー | 12.8 | 20 | チェコ | 11.1 | 20 | チェコ | 33.2 | 20 | カナダ | 9.3 |
| 21 | ポルトガル | 11.4 | 21 | ニュージーランド | 13.3 | 21 | カナダ | 11.9 | 21 | スロベニア | 33.4 | 21 | エストニア | 9.7 |
| 22 | エストニア | 11.7 | 22 | ポーランド | 13.6 | 22 | ドイツ | 12.0 | 22 | ベルギー | 34.0 | 22 | スロヴァキア | 10.7 |
| 23 | カナダ | 11.9 | 23 | カナダ | 14.0 | 23 | オーストラリア | 12.5 | 23 | ベルギー | 34.3 | 23 | ポーランド | 11.8 |
| 24 | イタリア | 13.0 | 24 | オーストラリア | 15.1 | 24 | ポルトガル | 14.2 | 24 | イタリア | 35.2 | 24 | 日本 | 12.7 |
| 25 | ギリシャ | 14.3 | 25 | 日本 | 15.7 | 25 | 日本 | 14.6 | 25 | トルコ | 38.2 | 25 | ポルトガル | 13.1 |
| 26 | オーストラリア | 14.5 | 26 | ポルトガル | 16.2 | 26 | ギリシャ | 15.8 | 26 | スペイン | 38.8 | 26 | アメリカ | 15.2 |
| 27 | 韓国 | 14.9 | 27 | ギリシャ | 16.6 | 27 | カナダ | 16.2 | 27 | カナダ | 39.8 | 27 | ギリシャ | 15.2 |
| 28 | スペイン | 15.4 | 28 | イタリア | 17.8 | 28 | アメリカ | 18.6 | 28 | ルクセンブルク | 44.2 | 28 | イタリア | 15.4 |
| 29 | 日本 | 16.0 | 29 | スペイン | 20.5 | 29 | スペイン | 18.9 | 29 | オーストラリア | 44.9 | 29 | チリ | 17.9 |
| 30 | アメリカ | 17.4 | 30 | アメリカ | 21.2 | 30 | 日本 | 20.5 | 30 | アメリカ | 45.0 | 30 | スペイン | 18.2 |
| 31 | チリ | 18.0 | 31 | チリ | 23.9 | 31 | メキシコ | 21.5 | 31 | イスラエル | 47.7 | 31 | メキシコ | 21.0 |
| 32 | トルコ | 19.3 | 32 | メキシコ | 24.5 | 32 | チリ | 23.0 | 32 | チリ | 49.2 | 32 | トルコ | 22.6 |
| 33 | メキシコ | 20.4 | 33 | トルコ | 27.5 | 33 | イスラエル | 24.3 | 33 | 日本 | 50.8 | 33 | イスラエル | 23.3 |
| 34 | イスラエル | 20.9 | 34 | イスラエル | 28.5 | ─ | 韓国 | ─ | ─ | 韓国 | ─ | ─ | 韓国 | ─ |
| | OECD平均 | 11.3 | | OECD平均 | 13.3 | | OECD平均 | 11.6 | | OECD平均 | 31.0 | | OECD平均 | 9.9 |

[内閣府「平成 26 年版　子ども・若者白書」]

　では，子どもの貧困の現状はどのようになっているかのだろうか．＜表＞V-3 は，厚生労働省「2019 年　国民生活基調調査の概況」に示されている子どもの貧困率の年次推移である．それによれば，相対的に貧困の状態にある子どもたちの割合（子どもの貧困率）は，2012（平成 24）年に 16.3% と最も高かったが，その後徐々に低下し，2018（平成 30）年では 13.5% と，2015（平成 27）年の 13.9% よりは 0.4 ポイント低下した．ただ，僅かながら低下したとはいえ，13.5% という貧困率は，約 7 人に 1 人の子どもが相対的貧困状態にあることを意味している．

　子どもの貧困率を国際比較で確認できる資料を見てみよう．＜表＞V-4 は，2010 年時点での貧困率の国際比較である．これを見ると，日本の子どもの貧困率は 15.7% で，この数字は最も低いデンマークの 3.7% から数えて，OECD（経済協力開発機構）加盟 34 か国中 25 番目，逆にいえば貧困率の高い順番では 34 か国中 10 番目となっている．OECD 平均の子どもの貧困率は 13.3% であるから，日本はこの国際平均を上回っている．さらに，この図表で注目すべきは，子どもがいる世帯のうち大人が 1 人，つまり 1 人親世帯の相対的貧困率で，日本は 50.8% と OECD 加盟国の中で最も高い割合となっている事実である．

　日本の子どもたちの相対的貧困が大きな社会問題となっている中で，とりわけ深刻な状況に置かれているのは，1 人親世帯の子どもたちである．この問題の一端は，＜表＞V-5 からも知ることができる．OECD 調査結果の数値に符合して，2018（平成 30）年時点の 1 人親世帯の平均所得は 369.4 万円で，これは夫婦のいる世帯の所得の 49.5%，つまり約半額しかないことを意味する．この 1 人親世帯の経済的困窮は，子どもの高校等への進学率（全世帯よりやや低い）および大学等への進学率（全世帯より 14.5 ポイントも低い）の低さとしても示されている．したがって，子どもの貧困という問題は，その状況に置かれている子どもたちの教育を受ける機会が制限されている問題と直結している．この問題への早急で具体的な対策が求められている．

　子どもの貧困問題への国としての代表的な取組みとしては，2013（平成 25）年の「子ども

＜表＞V-5　1 人親世帯の現状

（1）子どものいる世帯の 1 世帯あたりの平均所得（平成 30 年）

|  | （万円） |
|---|---|
| 夫婦と未婚の子のみの世帯 | 753.8 |
| ひとり親と未婚の子のみの世帯 | 369.4 |

（出典）厚生労働省「国民生活基礎調査」
（注）「子ども」は 18 歳未満の未婚の者をいう．

（2）1 人親家庭の子供の進学率

|  | ひとり親家庭 | 全世帯 |
|---|---|---|
| 高校等への進学率 | 95.9% | 99.0% |
| 大学等への進学率 | 58.5% | 73.0% |

（出典）ひとり親家庭：「全国ひとり親世帯等調査」（平成 28 年度），全世帯：「学校基本調査」（平成 29 年度）を基に算出．
（注）1.「1 人親家庭」において，「高校等」とは，高等学校，高等専門学校を，「大学等」とは，大学，短期大学，専修学校，各種学校をいう．
　　　2.「全世帯」において，「高校等」とは，高等学校，高等専門学校，中等教育学校の後期課程，特別支援学校の高等部，専修学校の高等課程を，「大学等」とは，大学，短期大学，高等学校・特別支援学校高等部の専攻科，専修学校（高等課程を除く），各種学校をいう．

[出典：内閣府「令和 3 年版　子供・若者白書」]

の貧困対策の推進に関する法律」（子どもの貧困対策推進法）および 2019（令和元）年の「子どもの貧困対策の推進に関する法律の一部を改正する法律」の制定，同法に基づき 5 年ごとに閣議決定により策定する「子供の貧困対策に関する大綱」の策定（2013 年，2019 年）などを挙げることができる．今，わが国では，内閣府，文部科学省，厚生労働省などの中央官庁が中心となり，子どもの貧困対策を推進している．さらに，官公民の連携・協働プロジェクトとして，「子供の未来応援国民運動」を推進しており，その主要事業としては，子どもの貧困対策のために民間資金を活用する「子供の未来応援基金」の設置がある．この「子供の未来応援基金」には，2019 年度（令和元年度）末時点で約 12 億 3,700 万円の寄付が寄せられ，この寄付金が各地で子どもの貧困対策に取り組んでいる NPO 法人などへの支援金として活用されている．

### ② 児童虐待とその対策

2018（平成 30）年に東京都目黒区で起きた幼い子どもの虐待による死亡事件は，児童虐待の問題を改めて日本の社会問題の一つとして認識させる契機となった．当時 5 歳の A 子ちゃんは，食事を与えず極度の栄養失調状態にして放置するなど，両親から酷い虐待を受け，虐待の発覚を恐れた両親は衰弱した A 子ちゃんを病院に連れて行くこともしなかった．A 子ちゃ

<資料> Ⅴ-1　　目黒区虐待死事件

**目黒・5歳死亡「虐待 発覚恐れ放置」**

**遺棄致死の疑い 両親を逮捕**

**児相の対応 調査へ**

## パパママ おねがいゆるして

**毎朝4時に起床**

**「減量」食事制限**

■事件の経緯

| | |
|---|---|
| **2016年** | |
| 9月 | 香川県善通寺市の自宅（当時）でA子ちゃんが大声で泣いているとの情報。児童相談所の定期訪問開始 |
| 12月 | A子ちゃんが外でうずくまっているのを近隣住民が発見。児相が一時保護 |
| **17年** | |
| 2月 | 香川県警がA子ちゃんへの傷害容疑でB容疑者を書類送検。児相が一時保護を解除 |
| 3月 | 児相がA子ちゃんを2度目の一時保護 |
| 5月 | 県警がB容疑者を再び書類送検（いずれも不起訴） |
| 7月 | 2度目の一時保護が解除される |
| **18年** | |
| 1月 | 一家で東京都目黒区での生活開始。県の児相が品川児相に情報を引き継ぐ |
| 2月9日 | 品川児相が家庭訪問。A子ちゃんの姿は確認できず |
| 3月2日 | B容疑者が119番通報。A子ちゃんは搬送先で死亡 |
| 3日 | 警視庁がB容疑者を傷害容疑で逮捕 |
| 23日 | 東京地検がB容疑者を傷害罪で起訴 |

（東京都、香川県、警視庁などへの取材から）

［朝日新聞　2018 年 6 月 7 日　朝刊］

<資料> Ⅴ-2　児童虐待防止法（2000年制定，2004年一部改正）

（目的）
第1条　この法律は，児童虐待が児童の人権を著しく侵害し，その心身の成長及び人格の形成に重大な影響を与えるとともに，我が国における将来の世代の育成にも懸念を及ぼすことにかんがみ，児童に対する虐待の禁止，児童虐待の予防及び早期発見その他の児童虐待の防止に関する国及び地方公共団体の責務，児童虐待を受けた児童の保護及び自立の支援のための措置等を定めることにより，児童虐待の防止等に関する施策を促進し，もって児童の権利利益の擁護に資することを目的とする.

（注：下線部は2004年の改正で追加された文言）

（児童虐待の定義）
第2条　この法律において，「児童虐待」とは，保護者（親権を行う者，未成年後見人その他の者で，児童を現に監護するものをいう．以下同じ.）がその監護する児童（18歳に満たない者をいう．以下同じ.）について行う次に掲げる行為をいう.
　一　児童の身体に外傷が生じ，又は生じるおそれのある暴行を加えること.
　二　児童にわいせつな行為をすること又は児童をしてわいせつな行為をさせること.
　三　児童の心身の正常な発達を妨げるような著しい減食又は長時間の放置，保護者以外の同居人による前二号又は次号に掲げる行為と同様の行為の放置その他の保護者としての監護を著しく怠ること.
　四　児童に対する著しい暴言又は著しく拒絶的な対応，児童が同居する家庭における配偶者に対する暴力（配偶者（婚姻の届出をしていないが，事実上婚姻関係と同様の事情にある者を含む.）の身体に対する不法な攻撃であって生命又は身体に危害を及ぼすもの及びこれに準ずる心身に有害な影響を及ぼす言動をいう．第16条において同じ.）その他の児童に著しい心理的外傷を与える言動を行うこと.

（児童に対する虐待の禁止）
第3条　何人も，児童に対し，虐待をしてはならない.

んは低栄養状態に伴う肺炎による敗血症で亡くなったという（<資料> Ⅴ-1）.

　まず，児童虐待とは何を指す言葉なのか，その定義を確認しておこう．児童虐待の意味内容や定義については必ずしも一致をみている訳ではないが，最も代表的な定義としては，2000（平成12）年に制定された「児童虐待の防止等に関する法律」（以下，児童虐待防止法という）の第2条の定義が代表的なものである（<資料> Ⅴ-2）．この定義を要約すれば，児童虐待とは，親などの保護者がその子どもに行う行為のうち，身体的虐待，性的虐待，ネグレクト（養育の怠慢），心理的虐待の4つの行為を指し，当然ながらこれらの虐待行為は法律上も禁止されている．なお，<資料> Ⅴ-2の注記にもあるとおり，児童虐待防止法が2004年に一部改正された際に，第1条において児童虐待が人権侵害であることが追記されている.

　では，児童虐待の現状はどのようになっているのだろうか．<図> Ⅴ-10は，1990年度（平成2年度）から2020年度（令和2年度）までに，全国の児童相談所が対応した児童虐待件数の推移を示したものである．それによれば，過去30年間，児童虐待件数が一貫して増加してきたこと，とりわけ，平成24年度頃から対前年度比＋10%〜20%と，急激な増加傾向を示してきていることがわかる．直近の2020年度の児童虐待件数は205,029件となり，その数は30年前の1990年の1,101件と比べると，実に約186倍の激増となっている.

　児童虐待の内訳を見ると，2020年度の場合，心理的虐待が121,334件（全体の59.2%）と最も多く，次いで身体的虐待（全体の24.4%），ネグレクト（全体の15.3%），性的虐待（全体の1.1%）となっている．虐待の内訳の経年変化としては，ネグレクトが占める割合が2009（平成21）年の34.3%から2020年度の15.3%へとほぼ半減し，また身体的虐待も2009年の39.3%から2020年度の24.4%へと減少した一方で，心理的虐待が2009年度の23.3%から2020年度の59.2%へと2倍強の増加をしたことがわかる（<表> Ⅴ-6）.

　また，虐待相談の相談経路では，2020年度の場合，警察等からの連絡が全体の50.5%と半

<図> V-10　全国の児童相談所が対応した児童虐待件数の推移

| 年　度 | 平成21年度 | 平成22年度 | 平成23年度 | 平成24年度 | 平成25年度 | 平成26年度 | 平成27年度 | 平成28年度 | 平成29年度 | 平成30年度 | 令和元年度 | 令和2年度 |
|---|---|---|---|---|---|---|---|---|---|---|---|---|
| 件　数 | 44,211 | 注 56,384 | 59,919 | 66,701 | 73,802 | 88,931 | 103,286 | 122,575 | 133,778 | 159,838 | 193,780 | 205,044 |
| 対前年度比 | +3.6% | － | － | +11.3% | +10.6% | +20.5% | +16.1% | +18.7% | +9.1% | +19.5% | +21.2% | +5.8% |

(注) 平成22年度の件数は，東日本大震災の影響により，福島県を除いて集計した数値。

[厚生労働省「令和2年度 児童相談所での児童虐待相談対応件数」]

<表> V-6　児童相談所での虐待相談の内容別件数の推移

|  | 身体的虐待 | ネグレクト | 性的虐待 | 心理的虐待 | 総　　数 |
|---|---|---|---|---|---|
| 平成21年度 | 17,371( 39.3%) | 15,185( 34.3%) | 1,350( 3.1%) | 10,305( 23.3%) | 44,211(100.0%) |
| 平成22年度 | 21,559( 38.2%) | 18,352( 32.5%) | 1,405( 2.5%) | 15,068( 26.7%) | 56,384(100.0%) |
| 平成23年度 | 21,942( 36.6%) | 18,847( 31.5%) | 1,460( 2.4%) | 17,670( 29.5%) | 59,919(100.0%) |
| 平成24年度 | 23,579( 35.4%) | 19,250( 28.9%) | 1,449( 2.2%) | 22,423( 33.6%) | 66,701(100.0%) |
| 平成25年度 | 24,245( 32.9%) | 19,627( 26.6%) | 1,582( 2.1%) | 28,348( 38.4%) | 73,802(100.0%) |
| 平成26年度 | 26,181( 29.4%) | 22,455( 25.2%) | 1,520( 1.7%) | 38,775( 43.6%) | 88,931(100.0%) |
| 平成27年度 | 28,621( 27.7%) | 24,444( 23.7%) | 1,521( 1.5%) | 48,700( 47.2%) | 103,286(100.0%) |
| 平成28年度 | 31,925( 26.0%) | 25,842( 21.1%) | 1,622( 1.3%) | 63,186( 51.5%) | 122,575(100.0%) |
| 平成29年度 | 33,223( 24.8%) | 26,821( 20.0%) | 1,537( 1.1%) | 72,197( 54.0%) | 133,778(100.0%) |
| 平成30年度 | 40,238( 25.2%) | 29,479( 18.4%) | 1,730( 1.1%) | 88,391( 55.3%) | 159,838(100.0%) |
| 令和元年度 | 49,240( 25.4%) | 33,345( 17.2%) | 2,077( 1.1%) | 109,118( 56.3%) | 193,780(100.0%) |
| 令和2年度 | 50,035( 24.4%)<br>(+795) | 31,430( 15.3%)<br>(-1,915) | 2,245( 1.1%)<br>(+168) | 121,334(59.2%)<br>(+12,216) | 205,044(100.0%)<br>(+11,264) |

[厚生労働省「令和2年度 児童相談所での児童虐待相談対応件数」]

分を占め，次いで近隣知人から（全体の 13.5%），家族親戚から（全体の 8.2%），そして学校から（全体の 6.7%）の順となっている．経年変化では，家族親戚からと近隣知人からの相談は減少してきたのに対して，警察等からの相談が 2009 年度の 14.9% から 2020 年度の 50.5% へと大幅に増加していることが特徴的である（<表> V-7）．

　児童虐待が起きる背景や要因は，社会全体の状況も含めて複雑で複合的であると考えられるが，ここでは家庭の状況の側面から検討してみよう．やや，古い資料ではあるが，東京都福祉保健局が 2001（平成 13）年と 2005（平成 17）年に，児童虐待が行われた家庭の状況を複数回答で調査した結果がある．それによれば，どちらの調査年においても，児童虐待が生じた家庭

<表> V-7　児童相談所での虐待相談の経路別件数の推移

| | 家族親戚 | 近隣知人 | 児童本人 | 都道府県指定都市・中核市 児童相談所 | 福祉事務所 | 保健センター | 市町村 福祉事務所 | 保健センター | 児童福祉施設 保育所 | 児童福祉施設 | 保健所・医療機関 保健所 | 医療機関 | 警察等 | 児童委員 | 学校等 幼稚園 | 学校 | 教育委員会 | その他 | 総数 |
|---|---|---|---|---|---|---|---|---|---|---|---|---|---|---|---|---|---|---|---|
| 21年度 | 7,342 (16.6%) | 7,615 (17.2%) | 504 (1.1%) | 2,667 (6.0%) | 1,383 (3.1%) | 187 (0.4%) | 4,608 (10.4%) | 474 (1.1%) | 787 (1.8%) | 614 (1.4%) | 226 (0.5%) | 1,715 (3.9%) | 6,600 (14.9%) | 206 (0.5%) | 176 (0.4%) | 4,858 (11.0%) | 209 (0.5%) | 4,040 (9.1%) | 44,211 (100.0%) |
| 22年度 | 8,908 (15.8%) | 12,175 (21.6%) | 696 (1.2%) | 3,152 (5.6%) | 1,324 (2.3%) | 372 (0.7%) | 5,535 (9.8%) | 453 (0.8%) | 862 (1.5%) | 722 (1.3%) | 155 (0.3%) | 2,116 (3.8%) | 9,135 (16.2%) | 208 (0.4%) | 216 (0.4%) | 5,197 (9.2%) | 254 (0.5%) | 4,904 (8.7%) | 56,384 (100.0%) |
| 23年度 | 8,949 (14.9%) | 12,813 (21.4%) | 741 (1.2%) | 3,621 (6.0%) | 1,282 (2.1%) | 340 (0.6%) | 5,160 (8.6%) | 366 (0.6%) | 882 (1.5%) | 634 (1.1%) | 202 (0.3%) | 2,310 (3.9%) | 11,142 (18.6%) | 220 (0.4%) | 213 (0.3%) | 5,536 (9.2%) | 313 (0.5%) | 5,195 (8.7%) | 59,919 (100.0%) |
| 24年度 | 8,664 (13.0%) | 13,739 (20.6%) | 773 (1.2%) | 4,165 (6.2%) | 1,220 (1.8%) | 424 (0.6%) | 5,339 (8.0%) | 375 (0.6%) | 909 (1.4%) | 689 (1.0%) | 221 (0.3%) | 2,653 (4.0%) | 16,003 (24.0%) | 233 (0.3%) | 211 (0.3%) | 5,730 (8.6%) | 303 (0.5%) | 5,050 (7.6%) | 66,701 (100.0%) |
| 25年度 | 8,947 (12.1%) | 13,866 (18.8%) | 816 (1.1%) | 4,835 (6.6%) | 1,195 (1.6%) | 375 (0.5%) | 5,423 (7.3%) | 292 (0.4%) | 881 (1.2%) | 799 (1.1%) | 179 (0.2%) | 2,525 (3.4%) | 21,223 (28.8%) | 225 (0.3%) | 213 (0.3%) | 6,006 (8.1%) | 279 (0.4%) | 5,723 (7.8%) | 73,802 (100.0%) |
| 26年度 | 9,802 (11.0%) | 15,636 (17.6%) | 849 (1.0%) | 5,806 (6.5%) | 1,448 (1.6%) | 482 (0.5%) | 5,625 (6.3%) | 306 (0.4%) | 906 (1.0%) | 808 (0.9%) | 155 (0.2%) | 2,965 (3.3%) | 29,172 (32.8%) | 225 (0.3%) | 259 (0.3%) | 6,719 (7.6%) | 278 (0.3%) | 7,443 (8.4%) | 88,931 (100.0%) |
| 27年度 | 10,936 (10.6%) | 17,415 (16.9%) | 930 (0.9%) | 6,372 (6.2%) | 1,428 (1.4%) | 429 (0.4%) | 5,708 (5.5%) | 303 (0.3%) | 1,047 (1.0%) | 678 (0.7%) | 192 (0.2%) | 3,078 (3.0%) | 38,524 (37.3%) | 179 (0.2%) | 288 (0.3%) | 7,546 (7.3%) | 349 (0.3%) | 7,848 (7.6%) | 103,286 (100.0%) |
| 28年度 | 11,535 (9.4%) | 17,428 (14.2%) | 1,108 (0.9%) | 6,747 (5.5%) | 1,499 (1.2%) | 428 (0.3%) | 6,174 (5.0%) | 306 (0.2%) | 947 (0.7%) | 825 (0.7%) | 203 (0.2%) | 3,109 (2.5%) | 54,812 (44.7%) | 157 (0.1%) | 248 (0.2%) | 8,264 (6.7%) | 338 (0.3%) | 8,447 (6.9%) | 122,575 (100.0%) |
| 29年度 | 11,835 (8.8%) | 16,982 (12.7%) | 1,118 (0.8%) | 6,328 (4.7%) | 1,332 (1.0%) | 457 (0.3%) | 6,294 (4.7%) | 273 (0.2%) | 1,047 (0.8%) | 999 (0.7%) | 168 (0.1%) | 3,199 (2.4%) | 66,055 (49.4%) | 131 (0.1%) | 333 (0.2%) | 8,605 (6.4%) | 343 (0.3%) | 8,279 (6.2%) | 133,778 (100.0%) |
| 30年度 | 13,492 (8.4%) | 21,449 (13.4%) | 1,414 (0.9%) | 7,460 (4.7%) | 1,345 (0.8%) | 428 (0.3%) | 6,986 (4.4%) | 348 (0.2%) | 1,397 (0.9%) | 1,042 (0.7%) | 216 (0.1%) | 3,542 (2.2%) | 79,138 (49.5%) | 168 (0.1%) | 406 (0.3%) | 10,649 (6.7%) | 394 (0.2%) | 9,964 (6.2%) | 159,838 (100.0%) |
| 元年度 | 15,799 (8.2%) | 25,285 (13.0%) | 1,663 (0.9%) | 9,313 (4.8%) | 1,552 (0.8%) | 467 (0.2%) | 8,890 (4.6%) | 396 (0.2%) | 1,616 (0.8%) | 1,255 (0.6%) | 232 (0.1%) | 3,675 (1.9%) | 96,473 (49.8%) | 148 (0.1%) | 525 (0.3%) | 13,856 (7.2%) | 447 (0.2%) | 12,188 (6.3%) | 193,780 (100.0%) |
| 2年度 | 16,765 (8.2%) | 27,641 (13.5%) | 2,115 (1.0%) | 9,947 (4.9%) | 1,466 (0.7%) | 705 (0.3%) | 8,265 (4.0%) | 405 (0.2%) | 1,607 (0.8%) | 1,346 (0.7%) | 233 (0.1%) | 3,427 (1.7%) | 103,625 (50.5%) | 150 (0.1%) | 479 (0.2%) | 13,644 (6.7%) | 553 (0.3%) | 12,671 (6.2%) | 205,044 (100.0%) |

[厚生労働省「令和2年度 児童相談所での児童虐待相談対応件数」]

状況として，「ひとり親家庭」，「経済的困難」，「親族，近隣等からの孤立」が高い割合を占めており，次いで「夫婦間不和」，「育児疲れ」および「就労の不安定」などの要因となっている（<表> V-8）．ここからは，児童虐待の背景・要因として，前述の子どもの貧困とも関連して，経済的困難さや就労の不安定の問題を抱える1人親家庭，両親がいても不仲や経済的な困難さを抱えていること，地域社会の人々との交流がなく孤立している，といった現代の日本の家庭が抱える問題状況が浮上してくる．

<表> V-8　児童虐待が行われた家庭状況

| (平成17年) | | | | | |
|---|---|---|---|---|---|
| 家庭の状況 | | | あわせて見られる他の状況上位3つ | | |
| | | | 1 | 2 | 3 |
| 1 | ひとり親家庭 | 460件 (31.8%) | 経済的困難 | 孤立 | 就労の不安定 |
| 2 | 経済的困難 | 446件 (30.8%) | ひとり親家庭 | 孤立 | 就労の不安定 |
| 3 | 孤立 | 341件 (23.6%) | 経済的困難 | ひとり親家庭 | 就労の不安定 |
| 4 | 夫婦間不和 | 295件 (20.4%) | 経済的困難 | 孤立 | 育児疲れ |
| 5 | 育児疲れ | 261件 (18.0%) | 経済的困難 | ひとり親家庭 | 孤立 |
| (平成13年) | | | | | |
| 家庭の状況 | | | あわせて見られる他の状況上位3つ | | |
| | | | 1 | 2 | 3 |
| 1 | 経済的困難 | 286件 (27.5%) | ひとり親家庭 | 就労の不安定 | 孤立 |
| 2 | ひとり親家庭 | 248件 (23.8%) | 経済的困難 | 孤立 | 育児疲れ |
| 3 | 夫婦間不和 | 209件 (20.1%) | 経済的困難 | 孤立 | 育児疲れ |
| 4 | 育児疲れ | 177件 (17.0%) | 経済的困難 | ひとり親家庭 | 孤立 |
| 5 | 孤立 | 174件 (16.7%) | 経済的困難 | ひとり親家庭 | 育児疲れ |
| 出典：東京都福祉保健局「児童虐待の実態 II」（平成17年） | | | | | |

[内閣府『平成20年版青少年白書』]

＜資料＞ V-3　児童虐待防止法の一部改正（2019 年 6 月）　家庭内の体罰の禁止

> 14 条 1 項
> 　児童の親権を行う者は，<u>児童のしつけに際して，体罰を加えることその他民法第 820 条の規定による監護及び教育に必要な範囲を超える行為により当該児童を懲戒してはならず</u>，当該児童の親権の適切な行使に配慮しなければならない.
>
> （下線部が，2019 年 6 月の法改正により追加規定された文言）

　最後に，児童虐待をどのようにして防止したらよいのか，この点について資料にもとづきながら二つの側面から検討したい．まず，一つの側面は，児童虐待と密接な関連のある「体罰」を家庭等から排除する法制上の対策である．親が子どもに対してしつけ（躾）と称して体罰，つまり暴力を振い，結果的には児童虐待となるケースが頻発している．こうした状況を踏まえ，2019（令和元）年 6 月，児童虐待防止法の一部改正が行われ，親（親権者）はしつけのために体罰を行うことが法律上も禁止された（施行は 2020 年 4 月から）（＜資料＞ V-3）.

　ただし，親による子どもへの体罰が法律上禁止されたとはいえ，依然として親の子どもに対する体罰を容認する風潮があることから，厚生労働省も体罰等によらない子育てについての啓発活動に務めている（＜図＞ V-11）.

　児童虐待の防止対策のもう一つの側面は，児童虐待はどの家庭でも起こりえるとの認識に立って，何か特定の家庭問題に局限したり，児童相談所の権限強化といった対症療法に頼るのでもなく，日本社会全体の問題として真剣に考え，対策を講じていく必要があるということである.

　上述のとおり，児童虐待が，現代の家庭が抱える問題，とりわけ 1 人親家庭や家庭の経済的困難さを背景していることは確かであろう．しかし，先に挙げた 2018（平成 30）年の東京都目黒区で起きた幼児虐待の場合に代表されるように，経済的には何の問題もない，ごく普通の両親も揃った家庭においても児童虐待は起きていることも事実である．その意味では，＜資料

＜図＞ V-11　「体罰等によらない子育てのために」ポスター

[厚生労働省「体罰等によらない子育てについて」厚生労働省ホームページ]

<資料> V-4　厚生労働省「子ども虐待対応の手引き」から

第2章　　発生予防

１．子ども虐待問題を発生予防の観点で捉えることの重要性（子ども虐待はなぜ起こるのか）

　子ども虐待は，身体的，精神的，社会的，経済的等の要因が複雑に絡み合って起こると考えられている．虐待発生のリスク要因は明らかにされてきており，危機状況の家族や育児困難を感じている親子を見極めるための目安としては重要である．しかし，それらの要因を多く有しているからといって，必ずしも虐待につながるわけではない．適切に判断するためには，リスク要因とともに，虐待を発生させることを防ぐ防御因子とのバランスを意識してアセスメントすることが重要ある．主な虐待発生の要因は表２－１のとおりである．

　特に最近は，少子化や核家族化あるいはコミュニティーの崩壊に経済不況等の世相が加わっての生きづらさの現れとして語られており，特別な家族の問題という認識で取り組むのではなく，どの家庭にも起こりうるものとして捉えられるようになっている．保健・医療・福祉等の関係者は，このような認識に立ち，子どもを持つ全ての親を念頭に入れて，子ども虐待防止の取組を進めていく必要がある．

<資料> V-5　全国児童相談研究会「抜本的な改善が必要な児童虐待対策」

【6】思い切った社会的コストを！

　ところで私たちは，従来から「児童相談所で応じているさまざまな相談の背景には，共通して養護の問題が潜んでいる」と考えてきました．ここで言う養護問題とは，広い意味での貧困問題ととらえることができますが，児童虐待の背景には，しばしば非常に深刻かつ複雑な養護問題が隠されています．では私たちの社会は，こうした貧困の克服に真剣に取り組んできたでしょうか．例えば，生活保護世帯が急増し貧困層の広がりが懸念されていますが，財務省の諮問機関である財政制度審議会では，老齢加算や母子家庭向け加算の廃止に向けた検討を提言するなど，弱者をさらに追いつめるような議論さえなされています．また労働の分野でも，安いコストで労働力を確保するため正規の雇用が減り，パートや派遣で働かざるをえない人が増えていますが，こうした生活の不安が離婚やDV，児童虐待の背景要因の一つになっています．

　それゆえ私たちの社会が児童虐待防止，児童虐待への適切な対応を本当に実現するつもりなら，通告を受ける児童相談所や子どもを保護する児童福祉施設，里親，及び医療，司法など関係諸機関の抜本的な充実・強化はもちろんのこと，貧困対策や雇用対策をはじめとした国民生活支援に，思い切って「社会的なコスト」をかけねばなりません．でなければどのような立派な「虐待防止法の見直し」も決して実を結ぶことはなく，「虐待防止の呼びかけ」は単なるかけ声倒れになってしまう，私たちは，そう強く表明するものです．

> V-4のとおり，児童虐待は「どの家庭にも起こりうる」との認識を持つことが必要となるだろう．そして，児童虐待は「どの家庭にも起こりうる」との認識に立つならば，その本当の意味での対策としては，児童虐待を日本社会全体の問題として，思い切った「社会的コスト」をかけることが必要となるだろう（<資料> V-5）．具体的に，どのような「社会的コスト」をかけるべきか，意見交換してみよう．

　（本節の執筆にあたり，川崎二三彦『児童虐待 ―現場からの提言』（岩波新書，2006年）から多くの有益な知見を学び，活用させていただいた．）

## 2　不登校と教育機会の保障

### (1) 不登校

　文部科学省が実施する「児童生徒の問題行動・不登校等生徒指導上の諸課題に関する調査」では，不登校は「何らかの心理的，情緒的，身体的，あるいは社会的な要因・背景により，児童生徒が登校しないあるいはしたくともできない状況にある者（ただし，「病気」や「経済的理由」による者を除く．）」と定義されている．ただし，2020年度は「新型コロナウイルスの感染回避」による欠席が不登校とは別に集計された．すなわち，不登校児童生徒数とは年間30日以上欠席した児童生徒（長期欠席児童生徒）のうち，「病気」や「経済的理由」，「新型コロナウイル

スの感染回避」，「その他」を除いた数を指す．年間 30 日以上が長期欠席の基準とされた 1991 年度以降の不登校児童生徒数の推移と 2020 年度の長期欠席の内訳は以下のとおりである．

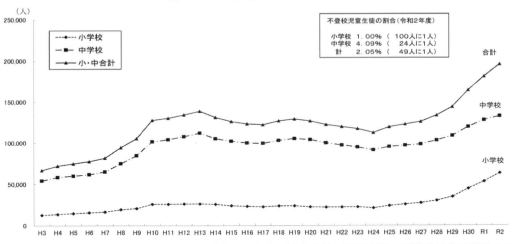

<図> V-12　不登校児童生徒数の推移

[出典：文部科学省「令和 2 年度　児童生徒の問題行動・不登校等生徒指導上の諸課題に関する調査結果について」]

　　<図> V-12 より，不登校児童生徒数は増加傾向にあり，2020 年度の不登校児童生徒数は過去最高を更新した．また，<表> V-9 より，長期欠席者数の 68.2% が「不登校」と分類されており，長期欠席の大半を占めている．2020 年度調査にて集計された「新型コロナウイルスの感染回避」による欠席者とは，「新型コロナウイルスの感染を回避するため，本人又は保護者の意思で出席しない者，及び医療的ケア児や基礎疾患児で登校すべきでないと校長が判断した者」であり，感染を回避するために学校での教育機会が制約された児童生徒として見ることができる．

　　<表> V-9 で示した理由別長期欠席者数を都道府県単位で概観する．<表> V-10 は 2020 年度の都道府県別の理由別長期欠席者の実数からその比率を求め，長期欠席に占める不登校の比率が高い順に並べたものである．紙幅の都合上，上位 3 県と下位 3 府県を示す．

　　<表> V-10 より，公的統計として共通の定義が定められているにも関わらず，都道府県間で長期欠席の理由の比率にばらつきがある．極端な例だが新潟県と岡山県を比較すると，岡山

<表> V-9　2020 年度間の理由別長期欠席者数の内訳（小・中学校　国公私立計）

| 理由 | 病気 | 経済的理由 | 不登校 | 新型コロナウイルスの感染回避 | その他 | 計 |
|---|---|---|---|---|---|---|
| 人数 | 44,427 | 33 | 196,127 | 20,905 | 26,255 | 287,747 |
| 構成比 | 15.4 | 0.0 | 68.2 | 7.3 | 9.1 | 100.0 |
| 在籍児童生徒に占める割合 | 0.5 | 0.0 | 2.0 | 0.2 | 0.3 | 3.0 |

[出典：文部科学省「令和 2 年度　児童生徒の問題行動・不登校等生徒指導上の諸課題に関する調査結果について」]

<表> Ⅴ-10　理由別長期欠席者数およびその割合（小・中学校　国公私立計）

| | | 実数 | | | | | 比率 | | | |
|---|---|---|---|---|---|---|---|---|---|---|
| | | 長期欠席者合計 | 病気 | 不登校 | 新型コロナウイルスの感染回避 | その他 | 病気 | 不登校 | 新型コロナウイルスの感染回避 | その他 |
| 1 | 島根県 | 1,459 | 108 | 1,283 | 15 | 53 | 7.4 | 87.9 | 1.0 | 3.6 |
| 2 | 新潟県 | 3,557 | 321 | 3,112 | 58 | 66 | 9.0 | 87.5 | 1.6 | 1.9 |
| 3 | 石川県 | 2,395 | 304 | 1,983 | 61 | 46 | 12.7 | 82.8 | 2.5 | 1.9 |
| ⋮ | ⋮ | ⋮ | ⋮ | ⋮ | ⋮ | ⋮ | ⋮ | ⋮ | ⋮ | ⋮ |
| 45 | 大阪府 | 23,779 | 5,078 | 14,325 | 1,268 | 3,108 | 21.4 | 60.2 | 5.3 | 13.1 |
| 46 | 沖縄県 | 6,106 | 898 | 3,663 | 764 | 781 | 14.7 | 60.0 | 12.5 | 12.8 |
| 47 | 岡山県 | 5,296 | 1,135 | 2,600 | 521 | 1,040 | 21.4 | 49.1 | 9.8 | 19.6 |

（注）紙幅の都合上，都道府県間でほとんど差がみられない「経済的理由」を除いた．

［出典：2020 年度「児童生徒の問題行動・不登校等生徒指導上の諸課題に関する調査」をもとに筆者作成］

県の方が長期欠席者数が多いものの，「不登校」の比率に 38.4 ポイントの差があるため，新潟県には岡山県より不登校児童生徒数が多く存在することになっている．したがって，子どもの教育を受ける権利の保障という観点からは長期欠席児童生徒数全体に目を向ける必要があり，不登校児童生徒数の比較に一喜一憂して不登校対策を検討していると問題を見誤るおそれがある．

　つづいて，不登校の要因という不登校の質的な面に注目したい．

　<表> Ⅴ-11 より，不登校の主たる要因として本人の「無気力・不安」が 46.9％ と最も多く，「主たるもの以外にも当てはまる」ものを含めても本人に係る状況に不登校の要因が求められている．果たして，この結果を素直に受け止めて良いのだろうか．

　<図> Ⅴ-13 は文部科学省が 2019 年度に不登校であった者の一部を対象として実施したアンケートの結果である．<表> Ⅴ-11 が教職員による回答であるのに対して，<図> Ⅴ-13 は子どもによる回答であることに特徴がある．資料を比較すると，不登校の要因や学校に行きづらいと感じたきっかけに関する回答の傾向に差が見られる．子ども自身の回答に着目すると，教職員による回答では重視されていない教員自身の要因をはじめ，いじめ・嫌がらせ等の友人関係，本人の身体の不調および生活リズムの乱れが注目される．さらに，子ども自身が学校に行きづらいと感じたきっかけを自覚できていない場合も一定数含まれていることも注目される．例年公表される公的統計に従い本人に係る要因に注目するだけでは，本当の要因を理解しきれないおそれがある．

　本節では不登校に関する公的統計を中心に，不登校について量的・質的の両面から概観した．公的統計といえども人が判断し回答した結果である．何について誰が回答したのか，そして，その人は調査対象とどんな関係にあるのか，その人の回答によって何が見落とされているのか

<表> V-11　不登校の要因（小・中学校　国公私立計）

| | 学校に係る状況 | | | | | | | 家庭に係る状況 | | | 本人に係る状況 | | |
| --- | --- | --- | --- | --- | --- | --- | --- | --- | --- | --- | --- | --- | --- |
| | いじめ | いじめを除く友人関係をめぐる問題 | 教職員との関係をめぐる問題 | 学業の不振 | 進路に係る不安 | クラブ活動・部活動等への不適応 | 学校のきまり等をめぐる問題 | 入学、転編入学・進級時の不適応 | 家庭の生活環境の急激な変化 | 親子の関わり方 | 家庭内の不和 | 生活リズムの乱れ、あそび、非行 | 無気力・不安 | 左記に該当なし |
| 主たるもの（人） | 399 | 20,830 | 2,413 | 10,675 | 1,581 | 783 | 1,514 | 6,533 | 5,667 | 17,395 | 3,483 | 23,439 | 91,886 | 9,529 |
| 主たるもの（％） | 0.2 | 10.6 | 1.2 | 5.4 | 0.8 | 0.4 | 0.8 | 3.3 | 2.9 | 8.9 | 1.8 | 12.0 | 46.9 | 4.9 |
| 主たるもの以外にも当てはまるもの（人） | 204 | 9,145 | 2,206 | 16,307 | 2,412 | 1,085 | 1,667 | 3,277 | 3,706 | 18,811 | 4,037 | 15,932 | 20,087 | *** |
| 主たるもの以外にも当てはまるもの（％） | 0.1 | 4.7 | 1.1 | 8.3 | 1.2 | 0.6 | 0.8 | 1.7 | 1.9 | 9.6 | 2.1 | 8.1 | 10.2 | *** |

（注 1）「主たるもの」は「長期欠席者の状況」で「不登校」と回答した児童生徒全員につき，主たる要因を一つ選択したもの．（注 2）「主たるもの以外にも当てはまるもの」は，主たるもの以外で該当するものがある場合，一人につき 2 つまで選択可．

［出典：2020 年度「児童生徒の問題行動・不登校等生徒指導上の
諸課題に関する調査」をもとに筆者作成］

<図> V-13　最初に行きづらいと感じたきっかけ（小学校）

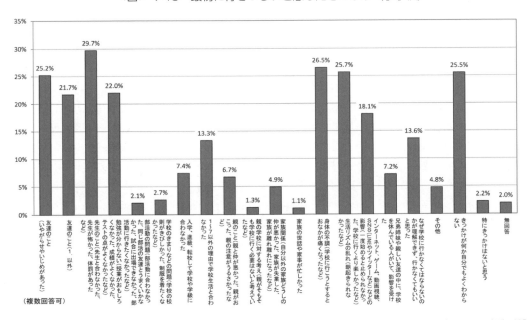

［出典：文部科学省「令和 2 年度不登校児童生徒の実態調査　結果の概要」より一部転載］

等に目を向けて結果を解釈する必要性がある．国の施策においても，学校へ行けない・行かない子どもに対する認識は一様ではなかった．文部科学省（旧文部省を含む）に設置された不登校に関する主な調査研究協力者会議による報告における基本的視点の一部を以下に示す．

＜資料＞ V-6　不登校に対する基本的視点の変遷

○ 学校不適応対策調査研究協力者会議報告（1992）「登校拒否（不登校）問題について―児童生徒の「心の居場所」づくりを目指して―」
・登校拒否はどの子どもにも起こりうるものである，という視点に立って登校拒否をとらえていく必要がある．
・あくまでも児童生徒の学校への復帰を目指して支援策が講ぜられる必要がある．
○ 不登校問題に関する調査研究協力者会議（2003）「今後の不登校への対応の在り方について」
・不登校の解決の目標は，児童生徒の将来的な社会的自立に向けて支援することである．
・不登校を「心の問題」としてのみとらえるのではなく，「進路の問題」としてとらえ，本人の進路形成に資するような指導・相談や学習支援・情報 提供等の対応をする必要がある．
○ 不登校に関する調査研究協力者会議（2016）「不登校児童生徒への支援に関する最終報告～一人一人の多様な課題に対応した切れ目のない組織的な支援の推進～」
・不登校とは，多様な要因・背景により，結果として不登校状態になっているということであり，その行為を「問題行動」と判断してはいけない．
・学校・家庭・社会が不登校児童生徒に寄り添い共感的理解と受容の姿勢を持つことが，児童生徒の自己肯定感を高めるためにも重要である．

　上記の囲いを概観すると，協議会の名称から学校に行けない・行かない子どもたちの捉え方や不登校の解決の目標の変化が把握できる．今日では不登校という行為を「問題行動」と判断せず，学校復帰を主たる目標とする通知が廃止されるに至っている．この間，官民を問わず学校外の教育機会が多様化した．また，不登校に限らず学校教育が十分保障されていない人々の存在が注目されたのを機に，法律を根拠として広く教育機会の保障が求められている．

## （2）教育機会の保障

　現在の日本の公教育制度では，日本国憲法によって保障されている教育を受ける権利は学校教育法第1条に規定された「正系」の，とりわけ義務教育においては昼間の学校教育を中心に保障されるのが原則となっている．そのため，学校教育が受けられていない子どもの教育を受ける権利を保障する仕組は長らく未整備であった．しかしながら，不登校児童生徒の増加や高止まりに加えて，2010年に実施された国勢調査において義務教育未修了者が128,187名存在することが明らかとなり世間の注目を集めた．義務教育未修了者の中には戦争や経済的理由等によって学校教育を受けられなかった高齢者や，就学義務の対象にならない外国にルーツのある人々が含まれている．これらの学習ニーズに応えてきたのが民間のフリースクール等や夜間中学校（中学校夜間学級）をはじめとする多様な学びの場である．義務教育として行われる普通教育は「各個人の有する能力をのばしつつ社会において自立的に生きる基礎を培い，また，国家及び社会の形成者として必要とされる基本的資質を養う」（教育基本法第2条）ものと位置づけられている．したがって，普通教育の機会が保障されないというのは，現在と将来の社会参画の機会が剥奪されていることと同義であるといえる．

　このような観点から普通教育を求める者に対する多様な学びを保障することを打ち出した「義務教育の段階における普通教育に相当する教育の機会の確保等に関する法律」（教育機会確保法）が2016年12月14日に成立した．

　同法第7条1項に基づき，国は2017年3月31日に「義務教育の段階における普通教育に相

<資料> V-7 教育機会確保法の目的と理念

第１条（目的） この法律は，教育基本法（平成 18 年法律第 120 号）及び児童の権利に関する条約等の教育に関する条約の趣旨にのっとり，教育機会の確保等に関する施策に関し，基本理念を定め，並びに国及び地方公共団体の責務を明らかにするとともに，基本指針の策定その他の必要な事項を定めることにより，教育機会の確保等に関する施策を総合的に推進することを目的とする．

第３条（基本理念） 教育機会の確保等に関する施策は，次に掲げる事項を基本理念として行われなければならない．

一 全ての児童生徒が豊かな学校生活を送り，安心して教育を受けられるよう，学校における環境の確保が図られるようにすること．

二 不登校児童生徒が行う多様な学習活動の実情を踏まえ，個々の不登校児童生徒の状況に応じた必要な支援が行われるようにすること．

三 不登校児童生徒が安心して教育を十分に受けられるよう，学校における環境の整備が図られるようにすること．

四 義務教育の段階における普通教育に相当する教育を十分に受けていない者の意思を十分に尊重しつつ，その年齢又は国籍その他の置かれている事情にかかわりなく，その能力に応じた教育を受ける機会が確保されるようにするとともに，その者が，その教育を通じて，社会において自立的に生きる基礎を培い，豊かな人生を送ることができるよう，その教育水準の維持向上が図られるようにすること．

五 国，地方公共団体，教育機会の確保等に関する活動を行う民間の団体その他の関係者の相互の密接な連携の下に行われるようにすること．

当する教育の機会の確保等に関する基本指針」を策定した．法第３条の基本理念を踏まえ，不登校児童生徒等に対する教育機会の確保等に関する事項，夜間その他特別な時間において授業を行う学校における就学の機会の提供等に関する事項，その他教育機会の確保等に関する施策を総合的に推進するために必要な事項に関する指針が示されている．不登校児童生徒等に対する教育機会の確保等に関する事項としては，いじめ，暴力行為，体罰等を許さない学校づくりを含む児童生徒が安心して教育を受けられる魅力ある学校づくりに加えて，不登校特例校や教育支援センターの設置促進，民間団体との連携等があげられている．

　不登校特例校とは，不登校児童生徒に対してその実態に配慮して特別に編成された教育課程にもとづく教育を行う学校を指す．2022 年 4 月現在で全国に 21 校設置されている．制度導入当初は教育特区制度が活用されていた．2004 年 12 月に特区事業の全国展開が閣議決定され，2005 年 7 月の学校教育法施行規則改正により特区事業としてではなく全国で不登校特例校が設置可能となっている．教育機会確保法の施行を契機として，不登校特例校の新設が例年のように各地で確認される（<表> V-12）．近年では学校としての設置に加えて，分教室（学級）単位の設置が見受けられる．

　つづいて，不登校支援における教育委員会，学校と民間団体との連携について概観する．教育機会の確保等に関する「基本指針を作成し，又は変更しようとするときは，あらかじめ地方公共団体及び教育機会の確保等に関する活動を行う民間の団体その他の関係者の意見を反映させるために必要な措置を講ずるものとする」（第 7 条 3 項）と規定されており，民間団体の参画が明記されている．また，基本指針では教育委員会，学校，多様な教育機会を提供している民間の団体が相互に協力・補完し合いながら不登校児童生徒に対する支援を推進していくという観点から，連携協議会の設置や官民の連携による施設の設置・運営について記載されている．

　連携協議会に関しては 2005 年度に設置された「神奈川県学校・フリースクール等連携協議会」が先進事例として知られている．また，大阪府池田市や川崎市等の一部自治体には公設民営型のフリースクールやフリースペースが存在する．公設民営となることで，不登校児童生徒は学

＜表＞ V-12　不登校特例校一覧（2022 年 4 月現在）

| 学校名 | 教育課程の特徴 |
| --- | --- |
| 八王子市立高尾山学園<br>（2004 年 4 月開校） | 不登校児童生徒のための市立小中一貫校. 学年を超えた習熟度別ステップ学習や小学校 1・2 年次における「総合的な学習の時間」の導入，多様な体験活動などを行う. |
| 学科指導教室「ASU」<br>（2004 年 4 月開校） | 不登校児童生徒の学習の場として，学科指導教室「ASU」を設置し，学年を超えた習熟度別指導，児童生徒の興味・関心に応じた多様な体験活動などを行う. |
| 京都市立洛風中学校<br>（2004 年 10 月開校） | 不登校生徒のための市立中学校. 実社会と直結した実践的な体験活動や京都の特性を活かした文化・芸術・ものづくり活動などを行う. |
| 星槎中学校<br>（2005 年 4 月開校） | 不登校生徒に対し，個別指導計画を作成し，習熟度別クラス編成や体験学習等の導入を行うとともに，授業時数を増やして指導を行う. |
| 鹿児島城西高等学校ドリームコース（2006 年 4 月開校） | 「産業社会と人間」，「進路研究（自己理解）」等を学校設定科目として設け，不登校状態がそれぞれ異なる個々の生徒に，きめ細かな指導と弾力性を持った教育を提供する. |
| 東京シューレ葛飾中学校<br>（2007 年 4 月開校） | 道徳及び特別活動の時間を統合した「コミュニケーションタイム」を新設し，話し合い，共に協力しあいながら，自分達のやりたいことを実現していく方法等を学ばせる. |
| 京都市立洛友中学校<br>（2007 年 4 月開校） | 学齢超過の義務教育未修了者を対象とする二部学級を設置する中学校. 二部学級の生徒とのふれあい等を通して，学習意欲向上と集団への適応を目指す. |
| NHK 学園高等学校<br>（2008 年 4 月開校） | 「生活実習」や「職業技術科目」等により，実習・体験型の学習による達成経験の積み重ねなどを通じて，生徒の社会性や自立性の育成，活動意欲や学習意欲の向上を促す. |
| 星槎名古屋中学校<br>（2012 年 4 月開校） | 「基礎学力」及び「社会に適応する能力」向上を目指した特別な教育課程を編成し，指導を行う. また，生徒の興味や関心，適性をふまえた学習意欲を高めるための指導を充実するために特別な教育課程を編成し，指導を行う. |
| 星槎もみじ中学校<br>（2014 年 4 月開校） | 「ベーシック」及び「ソーシャルスキルトレーニング」を教育課程に位置付け，個々の生徒の学習の到達度に合わせた指導を行うとともに，人間関係の構築に必要なスキルを重点的に指導することにより，「基礎学力」及び「社会に適応する能力」の向上を目指す. |
| 西濃学園中学校<br>（2017 年 4 月開校） | 「コラボレイト」を新しく教育課程に位置付け，国語，社会及び総合的な学習の時間を融合した授業を実施する. 寮を持つ学校であり，学習及び生活指導を一貫して行う. |
| 調布市立第七中学校はしうち教室（2018 年 4 月開校） | 体験活動等で考えたこと等を，各教科で身に付けた力を活用し生徒の得意とする手法で独創的に表現する「表現科」や，不登校による未学習部分を補うため，一人一人の状況に合わせ学習を行う「個別学習」の時間を新しく教育課程として位置付ける. |
| 東京シューレ江戸川小学校<br>（2020 年 4 月開校） | 「いろいろタイム」を教科として新設し，自然体験や文化体験等の体験活動を通じて，児童の学習意欲の向上や自主性・創造性・社会性の育成を目指す. |
| 福生市立福生第一中学校 7 組（2020 年 4 月開校） | 「プロジェクト学習」を教科として新設し，各教科を横断的・合科的に扱い，自分が興味を持ったことについて自ら探究し，自分なりの答えにたどり着くことにより，探究し続けられる力や自発的に行動する力の育成を目指す. |
| 星槎高等学校（2006 年 4 月開校・2020 年 4 月指定） | 「個別の指導計画」を作成し，一人一人の特性に応じた支援を行うとともに，学校設定教科「星槎の時間」「SST」「労作」を設定し，社会で活躍する基礎力の養成を目指す. |
| 岐阜市立草潤中学校<br>（2021 年 4 月開校） | 「セルフデザイン」を教科として新設し，音楽，美術，技術・家庭科において各自テーマを設定して発展的な学習を行い，生徒の個性を伸ばしつつ自己肯定感の育成を目指す. |
| 大田区立御園中学校みらい教室（2021 年 4 月開校） | 「キャリア教育」を新設し，学ぶことと自己の将来とのつながりを見通しながら，社会的・職業的自立に向けて必要な基盤となる資質・能力の育成を目指す. |
| 宮城県富谷市立富谷中学校西成田教室（2022 年 4 月開校） | 不登校生徒が自らのテーマを設定し，探究的な学習ができるよう，総合的な学習の時間の充実を図り，自分が興味ある分野を追究し，生徒同士で発表し合うことで，自己肯定感や信頼感を高める. |
| 大和市立引地台中学校分教室（2022 年 4 月開校） | 「教養科」を教科として新設し，各教科等を横断的に取り扱った学習内容や，体験的な学習を多く取り入れ，幅広い教養を身に付け，不登校生徒が将来に向けての社会的自立につなげるための資質・能力を育成する. |
| 三豊市立高瀬中学校夜間学級（2022 年 4 月開校） | 個別学習の時間や夜間中学校という特色を活かして外国人生徒や異なる年代の生徒と交流する時間を設けることで，社会的に自立できることを目指す. |
| 世田谷区立世田谷中学校不登校特例校分教室（2022 年 4 月開校） | 「キャリアデザイン学習」を教科として新設し，生徒それぞれの得意な分野や好きな分野について学びを深めるとともに，協働的な学びを通じて，個性の伸長と探究心の充実，コミュニケーション能力の育成，幅広い視野等の育成を目指す. |

［出典：文部科学省ホームページ「特例校（不登校児童生徒を対象とする特別の教育課程を編成して教育を実施する学校）について」https://www.mext.go.jp/a_menu/shotou/seitoshidou/1387004.htm をもとに筆者作成］

<図> V-14　教育機会確保法第14条に基づき講じた夜間中学等における就学機会の提供等に係る措置

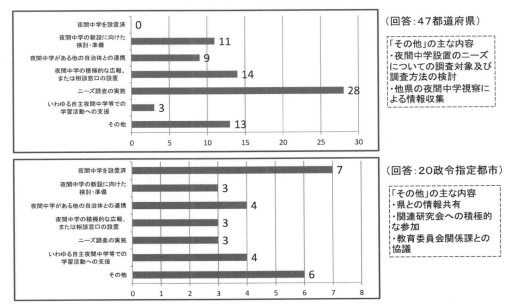

（回答：47都道府県）

「その他」の主な内容
・夜間中学設置のニーズについての調査対象及び調査方法の検討
・他県の夜間中学視察による情報収集

（回答：20政令指定都市）

「その他」の主な内容
・県との情報共有
・関連研究会への積極的な参加
・教育委員会関係課との協議

[出典：文部科学省（2021）「令和元年度夜間中学等に関する実態調査」
（「夜間中学校の必要性と文部科学省における取組について」から一部転載]

校外の多様な学びの場が無料で利用できるようになる（池田市の場合，市外利用者は有料である）．国内には各地にさまざまな実践事例を見つけることができるものの，教育委員会，学校と民間団体との連携は依然として低調である．2018年12月に文部科学省が実施した調査では，回答があった教育委員会等の85％が民間団体との連携がなく，その理由として民間団体・施設がない（回答数929，以下同じ）に次いで，教育支援センター等の不登校児童生徒が利用できる施設が他にあるため（857），利用を希望する不登校児童生徒が少ないと見込まれるため（366）という理由が上位を占める（文部科学省（2019）「民間の団体・施設との連携等に関する実態調査」）．

　最後に，夜間中学について概観する．夜間中学は2022年4月現在で夜間中学は15都府県に40校設置されている．教育機会確保法第14条は，地方公共団体に対して夜間その他特別な時間において授業を行う学校における就学の機会の提供その他の必要な措置を講ずることを原則とした．これを機に，2018年6月に閣議決定された「第3期教育振興基本計画」においても全ての都道府県に少なくとも1か所は夜間中学の設置が目指されるようになった．このような流れから，各地で夜間中学の設置に関するニーズ調査等が行われている（<図> V-14）．

　今日は義務教育未修了者に加えて，外国籍の者，不登校などの理由によって実質的に十分な教育を受けられていないまま学校を卒業した者の学び直しの場として夜間中学が期待されている．現在は不登校となっている学齢生徒を夜間中学で受け入れることも可能である．

　夜間中学の普及や充実が多方面から求められている．2019年11月29日に閣議決定された「子どもの貧困対策に関する大綱」では，人口規模や都市機能に応じて全ての政令指定都市においても夜間中学の設置が目指されている．さらに，2020年6月23日に閣議決定された「日本語

教育の推進に関する施策を総合的かつ効果的に推進するための基本的な指針」では，外国籍の者が日本語を含む社会的・経済的な自立に必要な知識・技能を修得する場としても夜間中学が期待されている．今日の日本では大半の子どもが「正系」の学校で学べている一方で，さまざまな理由により社会参画に必要な学びの機会が得られなかった者が少なからず存在する．誰一人取り残さない社会の実現に向けた教育制度について考えるうえで，このような多様な実践から学べることは多い．

## 3　いじめの現状と防止

### (1) いじめ事件といじめの定義の変遷

　旧文部省は，1986（昭和 61）年度から，全国の小学校，中学校，高等学校，特別支援学校等を対象に「児童生徒の問題行動・不登校等　生徒指導上の諸課題に関する調査」を実施し，調査項目の一つとしていじめの状況を調査してきた．調査におけるいじめの定義は，重大ないじめ事件の発生が契機となって何度か修正が繰り返されてきた．

> 　いじめの定義 ① (1986（昭和 61）年～)
> 　i）自分よりも弱いものに対して一方的に，ii）身体的・心理的な攻撃を継続的に加え，iii）相手が深刻な苦痛を感じているもの，iv）学校としてその事実を確認しているもの，v）なお，起こった場所は学校の内外を問わない．

　この間，1986 年 2 月に東京都中野区立中学校 2 年の鹿川裕史君が「このままじゃ＜生きじごく＞になっちゃうよ」という遺書残して自殺した「葬式ごっこ」事件が起き，また 1994 年11 月には愛知県西尾市立中学校 2 年の大河内清輝君が「もっと生きたかったけど……」という遺書を残して自殺するなど，いじめをめぐる悲劇が発生した．

> 　いじめの定義 ② (1994（平成 6）年～)
> 　1985 年度以来の定義 ① から iv）の要件を削除し，いじめが学校教員などの目に触れないところで行われる場合が少なくないとの認識から，個々の行為がいじめに当るか否かの判断は，表面的・形式的に行わず，「いじめられている児童生徒の立場」から行うべきものとした．

　その後もいじめを受けた児童生徒が自殺する痛ましい事件は相次いで発生した．特に 2005年 9 月の北海道滝川市小学校女子児童，翌年 10 月福岡県筑前町の中学生男子の事件などが続いた．文部科学省の調査では 2006 年度から，いじめの定義が次のように大きく改められ，また同年度以降，統計表記をいじめの「発生」件数から「認知」件数へと変更した．

> 　いじめの定義 ③ (2006（平成 18）年～)
> 　i）一定の人間関係のある者から，ii）心理的・物理的な攻撃を受けたことにより，iii）精神的苦痛を感じているもの，iv）起こった場所は学校の内外を問わない．

　これは，従来の定義 ① の i）にあった力関係の上下を問わず，ii）にあった攻撃の「継続」性や苦痛を感じる側の「深刻」性の要件を除外する劇的な変更であった．

　2011 年 11 月滋賀県大津市立中学校 2 年生がいじめを苦に自ら命を絶った事件では，学校及び教育委員会が事実の隠蔽をはかるなど極めて杜撰な対応が明るみに出た．この事件を契機に，国会において 2013 年，いじめ防止対策推進法が制定された．

いじめの定義 ④（2013（平成 25）年〜）

「この法律において「いじめ」とは，児童等に対して，当該児童等が在籍する学校に在籍している等当該児童と一定の人間関係にある他の児童等が行う心理的又は物理的な影響を与える行為（インターネットを通じて行われるものを含む.）であって，当該行為の対象となった児童等が心身の苦痛を感じているものをいう.」（いじめ防止対策推進法 2 条 1 項）

　同法は，定義 ③ を基本としつつ，学校側において発見することが困難なインターネットによるものも明確にいじめの類型として加えた.

## (2) いじめの認知件数と態様

　認知件数は，上述のような幾度かの定義の変更後は，当然のことながら急激に変化している（＜図＞ V-15）. 調査開始の 1985 年の 15 万件台から 1993 年は 2 万件余りまで減少した後，調査方法が変わった翌 1994 年から 3 年連続 5 〜 6 万件台となるが，再び漸減し 2005 年には調査以来最小の 20,143 件となった. しかし上記定義 ③ となった 2006 年に約 12 万 5 千件，いじめ防止法制定前年の 2012 年には約 20 万件に上り，以後年々増加傾向が続いて 2019（令和元）年には 60 万件を超えた. 翌 2020 年の減少は新型コロナ感染のため学校休校や遠隔授業，時差登校などで児童生徒間の交流が制約されたことによると見られている.

　いじめの態様については，小学校，中学校，高校，特別支援学校のそれぞれの特徴が見られる（＜図＞ V-16）. 特に，中学から高校にかけてはインターネットによる誹謗中傷が目立つ.

＜図＞ V-15　　いじめの認知件数・認知率の推移について

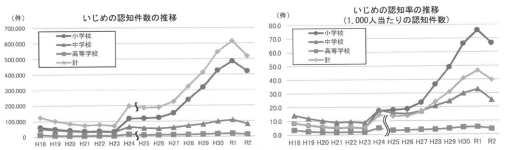

※ 平成25年度から高等学校通信制課程を調査対象に含めている. また，同年度からいじめの定義を変更している.

| 年度 | H18 | H19 | H20 | H21 | H22 | H23 | H24 | H25 | H26 | H27 | H28 | H29 | H30 | R元 | R2 | 認知件数の前年度比較 |
|---|---|---|---|---|---|---|---|---|---|---|---|---|---|---|---|---|
| 小学校 | 60,897 | 48,896 | 40,807 | 34,766 | 36,909 | 33,124 | 117,384 | 118,748 | 122,734 | 151,692 | 237,256 | 317,121 | 425,844 | 484,545 | 420,897 | 《小学校》63,648件(13.1%)減少 |
|  | 8.5 | 6.9 | 5.7 | 4.9 | 5.3 | 4.8 | 17.4 | 17.8 | 18.6 | 23.2 | 36.5 | 49.1 | 66.0 | 75.8 | 66.5 | |
| 中学校 | 51,310 | 43,505 | 36,795 | 32,111 | 33,323 | 30,749 | 63,634 | 55,248 | 52,971 | 59,502 | 71,309 | 80,424 | 97,704 | 106,524 | 80,877 | 《中学校》25,647件(24.1%)減少 |
|  | 14.2 | 12.0 | 10.2 | 8.9 | 9.4 | 8.6 | 17.8 | 15.6 | 15.0 | 17.1 | 20.8 | 24.0 | 29.8 | 32.8 | 24.9 | |
| 高等学校 | 12,307 | 8,355 | 6,737 | 5,642 | 7,018 | 6,020 | 16,274 | 11,039 | 11,404 | 12,664 | 12,874 | 14,789 | 17,709 | 18,352 | 13,126 | 《高等学校》5,226件(28.5%)減少 |
|  | 3.5 | 2.5 | 2.0 | 1.7 | 2.1 | 1.8 | 4.8 | 3.1 | 3.2 | 3.6 | 3.7 | 4.3 | 5.2 | 5.4 | 4.0 | |
| 特別支援学校 | 384 | 341 | 309 | 259 | 380 | 338 | 817 | 768 | 963 | 1,274 | 1,704 | 2,044 | 2,676 | 3,075 | 2,263 | 《特別支援学校》812件(26.4%)減少 |
|  | 3.7 | 3.2 | 2.8 | 2.2 | 3.1 | 2.7 | 6.4 | 5.9 | 7.3 | 9.4 | 12.4 | 14.5 | 19.0 | 21.7 | 15.9 | |
| 計 | 124,898 | 101,097 | 84,648 | 72,778 | 77,630 | 70,231 | 198,109 | 185,803 | 188,072 | 225,132 | 323,143 | 414,378 | 543,933 | 612,496 | 517,163 | |
|  | 8.7 | 7.1 | 6.0 | 5.1 | 5.5 | 5.0 | 14.3 | 13.4 | 13.7 | 16.5 | 23.8 | 30.9 | 40.9 | 46.5 | 39.7 | |

※ 上段は認知件数，下段は1,000人当たりの認知件数.

［出典：文部科学省 HP「令和 2 年度　児童生徒の問題行動・不登校等生徒指導上の諸課題に関する調査結果の概要」https://www.mext.go.jp/content/20201015-mext_jidou02-100002753_01.pdf］

## ＜図＞ V-16　いじめの態様

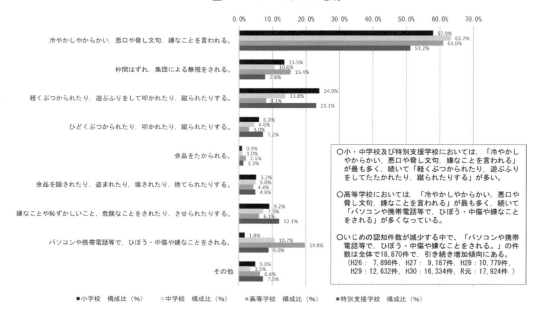

[出典：文部科学省 HP「令和２年度　児童生徒の問題行動・不登校等生徒指導上の諸課題に関する調査結果の概要 」https://www.mext.go.jp/content/20201015-mext_jidou02-100002753_01.pdf]

### （3）いじめ防止対策推進法の概要と施行状況

　上述のように，文部（科学）省は従来いじめを原因とする重大な事件が発生するたびに，緊急対策会議の設置や大臣名によるいじめ対応方策に関する通知や緊急アピールを発出してきたが効果が得られず，いじめ防止対策推進法により，いじめ予防と早期発見，発生後の対応などが法定化されるに至った（＜資料＞ V-8）．

### ① 目的・基本理念

　同法は，いじめ行為が被害児童等の教育を受ける権利の侵害，心身の成長・人格形成への悪影響，生命・身体への危険などにつながるため，これを防止するための国・地方公共団体の責務ととるべき基本的対策を定めることを目的とし，防止対策の基本理念を明記した（1条・2条）．

### ② いじめ防止に関する関係機関の役割

　国，地方公共団体，学校の各段階において「いじめ防止基本方針」の策定を義務づけまたは促す（11 〜 13条）．学校および学校教職員には，保護者，地域住民，児童相談所などとの連携によるいじめの防止，早期発見およびいじめに対する適切迅速に対処する責務を定めており，具体的には，学校と学校設置者に対しては，道徳教育や対人交流などの体験活動を充実させることでいじめを防止し（15条），いじめの早期発見のため，調査の実施やいじめに関する相談体制の整備を義務づける（16条）．他方，国と地方自治体に対しては，いじめ防止対策の適切な実施のため民間を含む関係機関との連携体制の整備（17条）や，いじめ防止に関する専門性をもつ人材の確保と資質向上（18条）の責務を課している．また，特に近年増加しているインターネットによるいじめについては，学校および設置者にはその匿名性に留意した啓発活

<資料> V-8　　いじめ防止対策推進法（抄）

（目的）
第1条　この法律は，いじめが，いじめを受けた児童等の教育を受ける権利を著しく侵害し，その心身の健全な成長及び人格の形成に重大な影響を与えるのみならず，その生命又は身体に重大な危険を生じさせるおそれがあるものであることに鑑み，児童等の尊厳を保持するため，いじめの防止等（いじめの防止，いじめの早期発見及びいじめへの対処をいう．以下同じ．）のための対策に関し，基本理念を定め，国及び地方公共団体等の責務を明らかにし，並びにいじめの防止等のための対策に関する基本的な方針の策定について定めるとともに，いじめの防止等のための対策の基本となる事項を定めることにより，いじめの防止等のための対策を総合的かつ効果的に推進することを目的とする．
（定義）
第2条　（1項は本文（定義④）参照）
2　この法律において「学校」とは，学校教育法（昭和22年法律第26号）第1条に規定する小学校，中学校，義務教育学校，高等学校，中等教育学校及び特別支援学校（幼稚部を除く．）をいう．
3　この法律において「児童等」とは，学校に在籍する児童又は生徒をいう．（4項　略）
（基本理念）
第3条　いじめの防止等のための対策は，いじめが全ての児童等に関係する問題であることに鑑み，児童等が安心して学習その他の活動に取り組むことができるよう，学校の内外を問わずいじめが行われなくなるようにすることを旨として行われなければならない．（2項・3項　略）
（いじめの禁止）
第4条　児童等は，いじめを行ってはならない．
（学校及び学校の教職員の責務）
第8条　学校及び学校の教職員は，基本理念にのっとり，当該学校に在籍する児童等の保護者，地域住民，児童相談所その他の関係者との連携を図りつつ，学校全体でいじめの防止及び早期発見に取り組むとともに，当該学校に在籍する児童等がいじめを受けていると思われるときは，適切かつ迅速にこれに対処する責務を有する．
（保護者の責務等）
第9条　保護者は，子の教育について第一義的責任を有するものであって，その保護する児童等がいじめを行うことのないよう，当該児童等に対し，規範意識を養うための指導その他の必要な指導を行うよう努めるものとする．（2～4項　略）
（学校におけるいじめの防止）
第15条　学校の設置者及びその設置する学校は，児童等の豊かな情操と道徳心を培い，心の通う対人交流の能力の素地を養うことがいじめの防止に資することを踏まえ，全ての教育活動を通じた道徳教育及び体験活動等の充実を図らなければならない．（2項　略）
（いじめの早期発見のための措置）
第16条　学校の設置者及びその設置する学校は，当該学校におけるいじめを早期に発見するため，当該学校に在籍する児童等に対する定期的な調査その他の必要な措置を講ずるものとする．（2～4項　略）
（インターネットを通じて行われるいじめに対する対策の推進）
第19条　学校の設置者及びその設置する学校は，当該学校に在籍する児童等及びその保護者が，発信された情報の高度の流通性，発信者の匿名性その他のインターネットを通じて送信される情報の特性を踏まえて，インターネットを通じて行われるいじめを防止し，及び効果的に対処することができるよう，これらの者に対し，必要な啓発活動を行うものとする．（2項・3項　略）
（学校におけるいじめの防止等の対策のための組織）
第22条　学校は，当該学校におけるいじめの防止等に関する措置を実効的に行うため，当該学校の複数の教職員，心理，福祉等に関する専門的な知識を有する者その他の関係者により構成されるいじめの防止等の対策のための組織を置くものとする．
（いじめに対する措置）
第23条　学校の教職員，地方公共団体の職員その他の児童等からの相談に応じる者及び児童等の保護者は，児童等からいじめに係る相談を受けた場合において，いじめの事実があると思われるときは，いじめを受けたと思われる児童等が在籍する学校への通報その他の適切な措置をとるものとする．
2　学校は，前項の規定による通報を受けたときその他当該学校に在籍する児童等がいじめを受けていると思われるときは，速やかに，当該児童等に係るいじめの事実の有無の確認を行うための措置を講ずるとともに，その結果を当該学校の設置者に報告するものとする．
3　学校は，前項の規定による事実の確認によりいじめがあったことが確認された場合には，いじめをやめさせ，及びその再発を防止するため，当該学校の複数の教職員によって，心理，福祉等に関する専門的な知識

を有する者の協力を得つつ，いじめを受けた児童等又はその保護者に対する支援及びいじめを行った児童等に対する指導又はその保護者に対する助言を継続的に行うものとする．

4　学校は，前項の場合において必要があると認めるときは，いじめを行った児童等についていじめを受けた児童等が使用する教室以外の場所において学習を行わせる等いじめを受けた児童等その他の児童等が安心して教育を受けられるようにするために必要な措置を講ずるものとする．

5　学校は，当該学校の教職員が第3項の規定による支援又は指導若しくは助言を行うに当たっては，いじめを受けた児童等の保護者といじめを行った児童等の保護者との間で争いが起きることのないよう，いじめの事案に係る情報をこれらの保護者と共有するための措置その他の必要な措置を講ずるものとする．

6　学校は，いじめが犯罪行為として取り扱われるべきものであると認めるときは所轄警察署と連携してこれに対処するものとし，当該学校に在籍する児童等の生命，身体又は財産に重大な被害が生じるおそれがあるときは直ちに所轄警察署に通報し，適切に，援助を求めなければならない．

（校長及び教員による懲戒）

第25条　校長及び教員は，当該学校に在籍する児童等がいじめを行っている場合であって教育上必要があると認めるときは，学校教育法第11条の規定に基づき，適切に，当該児童等に対して懲戒を加えるものとする．

（出席停止制度の適切な運用等）

第26条　市町村の教育委員会は，いじめを行った児童等の保護者に対して学校教育法第35条第1項（同法第49条において準用する場合を含む．）の規定に基づき当該児童等の出席停止を命ずる等，いじめを受けた児童等その他の児童等が安心して教育を受けられるようにするために必要な措置を速やかに講ずるものとする．

（学校の設置者又はその設置する学校による対処）

第28条　学校の設置者又はその設置する学校は，次に掲げる場合には，その事態（以下「重大事態」という．）に対処し，及び当該重大事態と同種の事態の発生の防止に資するため，速やかに，当該学校の設置者又はその設置する学校の下に組織を設け，質問票の使用その他の適切な方法により当該重大事態に係る事実関係を明確にするための調査を行うものとする．

　一　いじめにより当該学校に在籍する児童等の生命，心身又は財産に重大な被害が生じた疑いがあると認めるとき．

　二　いじめにより当該学校に在籍する児童等が相当の期間学校を欠席することを余儀なくされている疑いがあると認めるとき．

2　学校の設置者又はその設置する学校は，前項の規定による調査を行ったときは，当該調査に係るいじめを受けた児童等及びその保護者に対し，当該調査に係る重大事態の事実関係等その他の必要な情報を適切に提供するものとする．（3項　略）

（公立の学校に係る対処）

第30条　地方公共団体が設置する学校は，第28条第1項各号に掲げる場合には，当該地方公共団体の教育委員会を通じて，重大事態が発生した旨を，当該地方公共団体の長に報告しなければならない．

2　前項の規定による報告を受けた地方公共団体の長は，当該報告に係る重大事態への対処又は当該重大事態と同種の事態の発生の防止のため必要があると認めるときは，附属機関を設けて調査を行う等の方法により，第28条第1項の規定による調査の結果について調査を行うことができる．

3　地方公共団体の長は，前項の規定による調査を行ったときは，その結果を議会に報告しなければならない．（4～5項　略）

動の実施，国と自治体にはこの種のいじめへの監視体制の整備を促している（19条）．

　学校において日常行われているいじめ防止のための取組は＜表＞V-13のとおりである．

### ③ いじめに対する対応・措置

　次に，現にいじめが発生した可能性がある場合に関しては，事実確認，いじめ行為の阻止，いじめ被害児童等への支援，いじめ加害児童等への指導（必要な場合は懲戒，出席停止命令を含む）などの対応について定める（23条，25～26条）．

　いじめ被害児童等およびいじめ加害児童等への対応の仕方は多様であり，それぞれ＜表＞V-14，＜表＞V-15のように行われている．

<表> V-13　学校におけるいじめ問題に対する日常の取組

| | 小学校 | 小学校 | 中学校 | 中学校 | 高等学校 | 高等学校 | 特別支援学校 | 特別支援学校 | 計 | 計 |
|---|---|---|---|---|---|---|---|---|---|---|
| | 学校数(校) | 構成比(%) | 学校数(校) | 構成比(%) | 学校数(校) | 構成比(%) | 学校数(校) | 構成比(%) | 学校数(校) | 構成比(%) |
| 職員会議等を通じて，いじめの問題について教職員間で共通理解を図った． | 19,255 | 98.0 | 9,934 | 96.2 | 4,982 | 88.1 | 1,063 | 92.7 | 35,234 | 95.8 |
| いじめの問題に関する校内研修会を実施した． | 16,995 | 86.5 | 8,368 | 81.1 | 3,383 | 59.8 | 719 | 62.7 | 29,465 | 80.1 |
| 道徳や学級活動の時間にいじめにかかわる問題を取り上げ，指導を行った． | 19,061 | 97.0 | 9,811 | 95.0 | 3,373 | 59.6 | 919 | 80.1 | 33,164 | 90.2 |
| 児童・生徒会活動を通じて，いじめの問題を考えさせたり，児童・生徒同士の人間関係や仲間作りを促進したりした． | 16,345 | 83.2 | 8,499 | 82.3 | 2,616 | 46.3 | 761 | 66.3 | 28,221 | 76.7 |
| スクールカウンセラー，相談員，養護教諭を積極的に活用して教育相談体制の充実を図った． | 17,830 | 90.7 | 9,582 | 92.8 | 4,883 | 86.3 | 747 | 65.1 | 33,042 | 89.8 |
| 教育相談の実施について，学校以外の相談窓口の周知や広報の徹底を図った． | 16,313 | 83.0 | 8,513 | 82.5 | 3,851 | 68.1 | 723 | 63.0 | 29,400 | 79.9 |
| 学校いじめ防止基本方針をホームページに公表するなど，保護者や地域住民に周知し，理解を得るよう努めた． | 17,632 | 89.7 | 8,872 | 85.9 | 4,215 | 74.5 | 948 | 82.7 | 31,667 | 86.1 |
| PTAなど地域の関係団体等とともに，いじめの問題について協議する機会を設けた． | 8,385 | 42.7 | 4,246 | 41.1 | 1,224 | 21.6 | 325 | 28.3 | 14,180 | 38.6 |
| いじめの問題に対し，警察署や児童相談所など地域の関係機関と連携協力した対応を図った． | 6,560 | 33.4 | 4,035 | 39.1 | 1,387 | 24.5 | 297 | 25.9 | 12,279 | 33.4 |
| インターネットを通じて行われるいじめの防止及び効果的な対処のための啓発活動を実施した． | 16,141 | 82.1 | 8,819 | 85.4 | 4,029 | 71.2 | 729 | 63.6 | 29,718 | 80.8 |
| 学校いじめ防止基本方針が学校の実情に即して機能しているか点検し，必要に応じて見直しを行った． | 18,283 | 93.0 | 9,186 | 89.0 | 4,203 | 74.3 | 993 | 86.6 | 32,665 | 88.8 |
| いじめ防止対策推進法第22条に基づく，いじめ防止等の対策のための組織を招集した． | 18,435 | 93.8 | 9,332 | 90.4 | 4,378 | 77.4 | 1,011 | 88.1 | 33,156 | 90.2 |

（注1）　複数回答可とする．ただし，1校において，同じ区分の取組を複数回実施している場合でも，1校と数える．

（注2）　高等学校の全定併置校や通信制併設校等は，全日制，定時制，通信制をそれぞれ1校として計上．

（注3）　構成比は，各区分における学校総数に対する割合．

[出典：文部科学省HP「令和2年度　児童生徒の問題行動・不登校等生徒指導上の諸課題に関する調査結果について　2．いじめ」https://www.mext.go.jp/b_menu/toukei/chousa01/shidou/1267646.htm]

＜表＞ V-14　いじめ被害児童生徒への対応

| | 小学校 | 小学校 | 中学校 | 中学校 | 高等学校 | 高等学校 | 特別支援学校 | 特別支援学校 | 計 | 計 |
|---|---|---|---|---|---|---|---|---|---|---|
| | 件数(件) | 構成比(%) | 件数(件) | 構成比(%) | 件数(件) | 構成比(%) | 件数(件) | 構成比(%) | 件数(件) | 構成比(%) |
| 学級担任に相談 | 347,672 | 82.6 | 62,831 | 77.7 | 9,034 | 68.8 | 1,796 | 79.4 | 421,333 | 81.5 |
| 学級担任以外の教職員に相談（養護教諭，スクールカウンセラー等の相談員を除く） | 18,319 | 4.4 | 13,780 | 17.0 | 2,996 | 22.8 | 278 | 12.3 | 35,373 | 6.8 |
| 養護教諭に相談 | 6,997 | 1.7 | 3,733 | 4.6 | 1,119 | 8.5 | 47 | 2.1 | 11,896 | 2.3 |
| スクールカウンセラー等の相談員に相談 | 4,874 | 1.2 | 2,630 | 3.3 | 895 | 6.8 | 41 | 1.8 | 8,440 | 1.6 |
| 学校以外の相談機関に相談（電話相談やメール等も含む） | 1,369 | 0.3 | 698 | 0.9 | 214 | 1.6 | 28 | 1.2 | 2,309 | 0.4 |
| 保護者や家族等に相談 | 87,488 | 20.8 | 18,807 | 23.3 | 3,292 | 25.1 | 272 | 12.0 | 109,859 | 21.2 |
| 友人に相談 | 23,705 | 5.6 | 7,402 | 9.2 | 2,202 | 16.8 | 78 | 3.4 | 33,387 | 6.5 |
| その他の人（地域の人など）に相談 | 1,820 | 0.4 | 295 | 0.4 | 83 | 0.6 | 14 | 0.6 | 2,212 | 0.4 |
| 誰にも相談していない | 19,675 | 4.7 | 3,964 | 4.9 | 1,089 | 8.3 | 234 | 10.3 | 24,962 | 4.8 |
| 認知件数 | 420,897 | ＊＊＊ | 80,877 | ＊＊＊ | 13,126 | ＊＊＊ | 2,263 | ＊＊＊ | 517,163 | ＊＊＊ |

（注１）複数回答可とする．

（注２）学校が当該児童生徒に対するいじめを認知した時点において，当該児童生徒が誰に相談しているのか，該当するものを選択．

（注３）構成比は，各区分における認知件数に対する割合．

[出典：文部科学省 HP「令和２年度　児童生徒の問題行動・不登校等生徒指導上の諸課題に関する調査結果について　2．いじめ」https://www.mext.go.jp/b_menu/toukei/chousa01/shidou/1267646.htm]

＜表＞ V-15　いじめ加害児童生徒への対応

| | 小学校 | 小学校 | 中学校 | 中学校 | 高等学校 | 高等学校 | 特別支援学校 | 特別支援学校 | 計 | 計 |
|---|---|---|---|---|---|---|---|---|---|---|
| | 件数(件) | 構成比(%) | 件数(件) | 構成比(%) | 件数(件) | 構成比(%) | 件数(件) | 構成比(%) | 件数(件) | 構成比(%) |
| スクールカウンセラー等の相談員がカウンセリングを行う | 5,000 | 1.2 | 1,943 | 2.4 | 1,082 | 8.2 | 74 | 3.3 | 8,099 | 1.6 |
| 校長，教頭が指導 | 16,532 | 3.9 | 2,334 | 2.9 | 1,642 | 12.5 | 111 | 4.9 | 20,619 | 4.0 |
| 別室指導 | 21,917 | 5.2 | 8,233 | 10.2 | 2,326 | 17.7 | 587 | 25.9 | 33,063 | 6.4 |
| 学級替え | 227 | 0.1 | 47 | 0.1 | 45 | 0.3 | 3 | 0.1 | 322 | 0.1 |
| 懲戒退学 | 0 | 0.0 | 1 | 0.0 | 17 | 0.1 | 0 | 0.0 | 18 | 0.0 |
| その他の退学・転学 | 29 | 0.0 | 55 | 0.1 | 138 | 1.1 | 2 | 0.1 | 224 | 0.0 |
| 停学 | ＊＊＊ | ＊＊＊ | ＊＊＊ | ＊＊＊ | 364 | 2.8 | 5 | 0.2 | 369 | 0.1 |
| 出席停止 | 0 | 0.0 | 1 | 0.0 | ＊＊＊ | ＊＊＊ | ＊＊＊ | ＊＊＊ | 1 | 0.0 |
| 自宅学習・自宅謹慎 | ＊＊＊ | ＊＊＊ | ＊＊＊ | ＊＊＊ | 751 | 5.7 | 27 | 1.2 | 778 | 0.2 |
| 訓告 | 4 | 0.0 | 81 | 0.1 | 198 | 1.5 | 7 | 0.3 | 290 | 0.1 |
| 保護者への報告 | 184,840 | 43.9 | 53,618 | 66.3 | 5,292 | 40.3 | 1,129 | 49.9 | 244,879 | 47.4 |

| | | | | | | | | | | |
|---|---|---|---|---|---|---|---|---|---|---|
| いじめられた児童生徒やその保護者に対する謝罪の指導 | 198,285 | 47.1 | 39,686 | 49.1 | 3,057 | 23.3 | 948 | 41.9 | 241,976 | 46.8 |
| 関係機関等との連携 | 2,442 | 0.6 | 1,408 | 1.7 | 317 | 2.4 | 116 | 5.1 | 4,283 | 0.8 |
| 警察等の刑事司法機関等との連携 | 371 | 0.1 | 561 | 0.7 | 157 | 1.2 | 15 | 0.7 | 1,104 | 0.2 |
| 児童相談所等の福祉機関等との連携 | 493 | 0.1 | 240 | 0.3 | 26 | 0.2 | 24 | 1.1 | 783 | 0.2 |
| 病院等の医療機関等との連携 | 367 | 0.1 | 177 | 0.2 | 44 | 0.3 | 32 | 1.4 | 620 | 0.1 |
| その他の専門的な関係機関との連携 | 782 | 0.2 | 350 | 0.4 | 77 | 0.6 | 33 | 1.5 | 1,242 | 0.2 |
| 地域の人材や団体等との連携 | 429 | 0.1 | 80 | 0.1 | 13 | 0.1 | 12 | 0.5 | 534 | 0.1 |
| 認知件数 | 420,897 | *** | 80,877 | *** | 13,126 | *** | 2,263 | *** | 517,163 | *** |

（注１）複数回答可とする.

（注２）構成比は，各区分における認知件数に対する割合.

（注３）「別室指導」とは，いじめられた児童生徒を守る観点から当該児童生徒とは別の教室等で一時的に授業等を行った場合をいう. 単に事実確認等のために別室で話を聞き，この際に指導した場合は含まない.

（注４）「その他の退学・転学」とは，勧奨・申出による退学及び転学である. なお，公立中学校における懲戒退学は，中等教育学校及び学校教育法施行規則第２６条第３項の併設型中学校のみが想定されている.

[出典：文部科学省HP「令和２年度 児童生徒の問題行動・不登校等生徒指導上の諸課題に関する調査結果について 2．いじめ」https://www.mext.go.jp/b_menu/toukei/chousa01/shidou/1267646.htm]

## ④ 重大事態への対応

　この法律は，いじめが，生命・身体・財産の侵害や不登校状態など重大な結果を招いた場合を特に「重大事態」と定義し（＜図＞Ⅴ-17），事実関係の調査を行い同種事態の再発を防止するための対処方法を綿密に定めている（＜図＞Ⅴ-18）. 当該学校または学校設置機関は，

### ＜図＞Ⅴ-17　いじめの重大事態

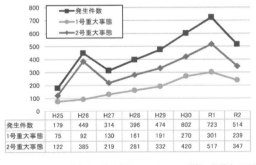

| | H25 | H26 | H27 | H28 | H29 | H30 | R1 | R2 |
|---|---|---|---|---|---|---|---|---|
| 発生件数 | 179 | 449 | 314 | 396 | 474 | 602 | 723 | 514 |
| 1号重大事態 | 75 | 92 | 130 | 161 | 191 | 270 | 301 | 239 |
| 2号重大事態 | 122 | 385 | 219 | 281 | 332 | 420 | 517 | 347 |

| | | 小学校 | 中学校 | 高等学校 | 特別支援学校 | 合計 |
|---|---|---|---|---|---|---|
| 重大事態発生校数（校） | | 189 | 222 | 76 | 4 | 491 |
| 重大事態発生件数（件） | | 196 | 230 | 84 | 4 | 514 |
| | うち，第1号 | 76 | 109 | 51 | 3 | 239 |
| | うち，第2号 | 143 | 155 | 47 | 2 | 347 |

※ いじめ防止対策推進法第28条第1項において，学校の設置者又は学校は，重大事態に対処するために調査を行うものとすると規定されており，当該調査を行った件数を把握したもの.

※ 同法第28条第1項に規定する「重大事態」とは，第1号「いじめにより当該学校に在籍する児童等の生命，心身又は財産に重大な被害が生じた疑いがあると認めるとき」，第2号「いじめにより当該学校に在籍する児童等が相当の期間学校を欠席することを余儀なくされている疑いがあると認めるとき」である.

※ 1件の重大事態が第1号及び第2号の両方に該当する場合は，それぞれの項目に計上されている.

8

[出典：文部科学省HP「令和２年度 児童生徒の問題行動・不登校等生徒指導上の諸課題に関する調査結果の概要」https://www.mext.go.jp/content/20201015-mext_jidou02-100002753_01.pdf]

<図> Ｖ-18　いじめ重大事態発生時
　　　　の対応フローチャート

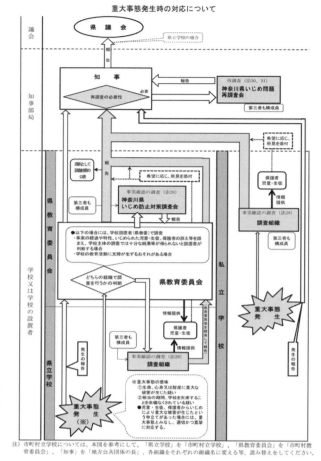

[出典：神奈川県 HP「神奈川県いじめ
防止基本方針（2014 年策定・2017 年
改定）」http://www.pref.kanagawa.
jp/documents/25086/900816.
pdf]

　事実関係を明確にするための調査組織，いわゆる第三者調査機関を設置し，その調査内容についてはいじめを受けた児童等と保護者に対し適切に情報提供すべきこと（28 条），また公立学校を例とすると，その調査結果は，設置者たる地方公共団体の長に報告し，その報告内容に対して必要がある場合には，さらに新たな第三者機関を設置していわゆる再調査を行うことができると定めている（30 条．国立大学附属学校につき 29 条，私立学校につき 31 条）．

## （4）いじめ解消への課題

　いじめ防止対策推進法施行後も，いじめの認知件数は増加傾向にある．特に問題なのが，「重大事態」（同法 28 条）が発生したケースにおいて一部の学校の設置者又は学校が，同法および国の「いじめ防止等のための基本的な方針」（2013 年策定・2017 年改定），その後文科省が策定した子どもの自殺の背景調査指針（2011 年策定・2014 年改定），および不登校重大事態にかかる調査指針（2016 年策定）にもとづかない不適切な対応によって児童生徒に深刻な被害が出る事案が依然として発生していることである．文部科学省が設置した「いじめ防止対策協議会」の検証でも「重大事態の被害者及びその保護者の意向が全く反映されないまま調査が進められたり，調査結果が適切に被害者及びその保護者に提供されないケースがある．」と指摘され，2017 年 3 月には「いじめの重大事態の調査に関するガイドライン」が策定された．そこでは，

学校設置者や学校の基本姿勢として，「軽々に『いじめはなかった』，『学校に責任はない』という判断をしないこと」や「被害者である児童生徒やその家庭に問題があったと発言するなど，被害児童生徒・保護者の心情を害することは厳に慎むこと」，「いじめの事実の全容解明，当該いじめの事案への対処及び同種の事案の再発防止」のためには「調査により膿を出し切り，いじめの防止等の体制を見直す姿勢をもつこと」という厳しい指針が提示された．

　しかし，同ガイドラインが通知されたにもかかわらず，いくつかのいじめ重大事態発生事案においては，学校や設置者側の教育委員会・学校法人により事実関係の隠蔽や歪曲など不適切な調査事例が散見される．被害児童や家族からは，いじめ防止対策推進法を改正し，いじめを助長・放置したり不適切な調査を行ったりした教職員の懲戒処分の実施や，中立公正な第三者調査委員の選出などを明記すべきという要求が出されている．

　いじめの早期発見のためには教職員間の情報共有，発生後の対応では個々の教員だけでなく養護教諭のほかスクールカウンセラー，スクールソーシャルワーカーなどと連携し「チーム」として解決に当たることが必要とされる．いじめの発生要因は家庭や社会生活の中にも多様に伏在しているが，児童生徒が学校で安心して学び成長する機会の保障は学校運営の基本であり，学校生活に主因がある場合には，学校および設置者は全力で解決に当たるとともに発生事案の分析を通じて再発防止に取り組む責任がある．

## 4　生徒指導と校則
### (1) 概要

　文部科学省が 2010 年に公表した『生徒指導提要』によれば，生徒指導とは「一人一人の児童生徒の人格を尊重し，個性の伸長を図りながら，社会的資質や行動力を高めることを目指して行われる教育活動」であるとされている．また，国立教育政策研究所生徒指導・進路指導研究センターは，生徒指導を「社会の中で自分らしく生きることができる大人へと児童生徒が育つように，その成長・発達を促したり支えたりする意図でなされる働きかけの総称」と位置づけている（『生徒指導リーフ Leaf.1 生徒指導って，何？』）．いじめ，暴力，非行といった問題行動への事後的な対応や未然防止，学校における規律維持だけが生徒指導というわけではなく，生徒指導には一人一人の人格の尊重や社会性の育成という視点が欠かせない．

　教職員にとって生徒指導における判断基準の一つが校則である．学校によっては「学校のきまり」や「生徒心得」と呼ばれ，明文化されているものもあればそうでないものもある．校則に関する法的根拠は存在せず，判例上は社会通念上合理的と認められる範囲で，学校運営に責任を有する校長に対して，学則等により児童生徒を規律する包括的権能が認められている．

　校則にもとづく生徒指導をめぐっては，2017 年に大阪府立懐風館高校の女性（元女子生徒）が生まれつきの茶髪を黒く染めるよう強要されたために不登校になったとして，大阪府を相手に損害賠償を求めた訴訟を起こし世間の耳目を集めた．2021 年 2 月 16 日に出された大阪地裁判決は，髪の染色を禁じる校則は生徒の非行を防ぐ教育目的に沿ったものであり，「社会通念に照らして合理的で，生徒を規律する裁量の範囲を逸脱していない」と違法性を否定した（なお，本判決では女性が不登校になった後の学校側の対応が著しく相当性を欠いていたとして大阪府に 33 万円の賠償を命じた）．その後，女性は控訴し，大阪高裁は 2021 年 10 月 28 日にこれを棄却した．

　児童生徒の身なりや学校外での生活等を校則が細かく規定するのは今に始まったことではな

<図> V-19　K中生の正しい服装　冬服版

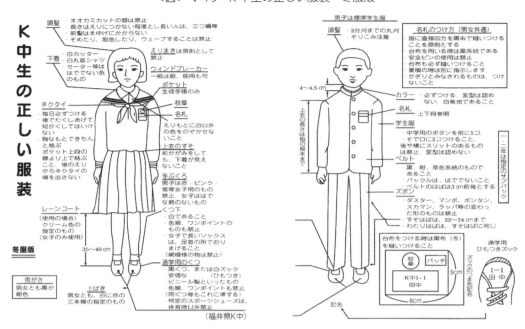

[出典：坂本秀夫著『「校則」の研究』三一書房，1988年，p.80-81]

い．1980年代の管理教育が盛んな時期は，<図> V-19のとおり男女ともに頭からつま先まで校則が子どもを規律づけるものとして社会問題化していた．

### (2) 校則の見直しに関する近年の動向

　学校では児童生徒の健全育成を目指して生徒指導が行われているものの，その根拠となる学校の決まり自体が児童生徒の人権を侵害し，一定の基準を強制することで同調圧力を生み多様性を排除するおそれがあることが認識されてきた．また，学校の決まりの中にはいつ，どのような背景や目的で制定されたものかがわからないまま存続しているものもある．そして，いざ校則を見直し，変えようとしても，「伝統」を変えることへの抵抗や多忙で教職員は手が回らず，児童生徒は今も理不尽な指導に対して声をあげられずに耐えているかもしれない．

　このようななか，一部の自治体や学校では自校の当たり前を見直し，自分たちで校則を変えようとする取組が展開している．

　認定NPO法人カタリバは，経済産業省が展開する「未来の教室」事業において「ルールメイカー育成プロジェクト〜ルールを学び，対話的に課題解決する力を育む実証事業〜」を実施している．ある実証校の教職員は，校則の見直しに関する経験を<資料> V-9のように述べている．

　<資料> V-9より，教職員も一部の決まりに対して違和感をもっていることや，校則を見直すにあたり一定の不安があることが推察できる．また，生徒会活動を通じた校則の見直しのプロセスが生徒にとって重要な学びとなっていることが示唆される．同事業を通じて，校則やルールを見直す当事者（教職員・児童生徒・保護者）の声を反映するルートが無い，あるいは

<資料> V-9　校則の見直しに取り組む教員の声

本校は広島に位置する女子校で「柔しく剛く」の学園訓に基づく人間教育を重視しており，正門前での一礼や授業開始前の静座など，他校にない特色を持ち，そのことを誇りとしている．100年を超える伝統があることから，外部からも「伝統を大切にする学校」としての評価を得ている．一方で伝統があるが故に変えにくい部分があり，一部のルールが硬直化しているのではないかとの課題意識から見直しを検討するタイミングでルールメイキングのプロジェクトを知る機会があり，その趣旨に共感し連携することとなった．この半年の間に複数回の教員向けワークショップ実施し，生徒会の生徒とのワークショップやミーティングも複数回実施することができた．教員向けワークショップでは，課題意識の共有と本プロジェクトの理解を深めることを目的に行ったが，教員同士もいくつかのルールについて違和感を持っていること，一方で本校の文化として大切にしたいルールが存在することが明らかとなった．日常ではこうしたルールについて教員同士で話し合う時間は作りにくく，その点において本プロジェクトの価値を感じている．また生徒会の生徒とのワークショップやミーティングでは，放課後の時間にも関わらず多くの生徒が集まり，高いモチベーションで企画の準備を進めている．自分たちがルール作りに関われることについて，率直に嬉しいという反応もあり，まだスタート段階ながら手ごたえを感じつつある．企画作りのプロセスで本プロジェクトのパートナーの方々とコミュニケーションをとることも彼女たちにとっては非日常的なことであり，良い刺激になっている．

本プロジェクトを実施するうえで，生徒が「わがまま」に近い内容を出してくるのではないかとの懸念もあったが，現時点では学校の立場やあり方までを考えて話し合いを行っている．今後，教員や保護者など様々な関係者の意見を聞き，話し合いをしていくことで壁にぶつかることも多々あると思われるが，そうした経験も含めて学びとしていけるようにしていきたい．

［出典：「ルールメイカー育成プロジェクト～ルールを学び，対話的に問題解決する力を育む実証事業～」2019年度　実証事業成果報告］

明確でないことや，一部の声でなく当事者全員が参画できる仕組の必要性が指摘されている．

熊本市では自治体をあげて校則や生徒指導のあり方の見直しに取り組んでいる．2021年3月に「校則・生徒指導のあり方の見直しに関するガイドライン」が出された．同ガイドラインは「自分たちの決まりは，自分たちで作って，自分たちで守るという民主主義の基本を身に付けながら，自ら判断し行動できる児童生徒を育成する」ことを目的として校則・生徒指導の見直しに取り組んでいる．熊本市では<表> V-16 のとおり，文部科学省が示す生徒指導の三つの機能が校則や生徒指導のあり方を見直す際の基準となっている．

また，校則を見直す観点として，① 生まれ持った性質に対して許可が必要な規定（地毛の色について学校の承認を求めるもの等），② 男女の区別により生徒の多様性を尊重できていない規定（制服に男女の区別を設けて選択の余地がないもの等），③ 健康上の問題を生じさせる恐れのある規定（服装の選択に柔軟性のないもの，選択の余地がないもの等）については，全ての学校で必ず改訂するよう示されている．また，合理的な理由が説明できない規定や人によって恣意的に解釈されるようなあいまいな規定については，各学校で見直しが求められている．

校則を見直すプロセスを制度化するにあたり，熊本市は「熊本市立小中学校の管理運営に関する規則」を一部改訂した．第36条2項において「校長は，校則の制定又は改廃に教職員，児童生徒及び保護者を参画させるとともに，校則を公表するものとする」と規定され，校則の見直しにあたっては当事者としての児童生徒や保護者の参画が原則となった．校則の公表は保護者が校則の見直しに参画する前提となる．そして，子どもは校則を守るだけの存在ではなく，校則の見直しに参画することで，自ら考え，意見を表明することが求められるようになる．熊本市のガイドラインでは児童の権利に関する条約（子どもの権利条約）について言及されており，教職員や保護者が子どもをどのような存在として捉えるかが問い直されている．

<表> V-16　生徒指導のあり方の見直しについて

| 生徒指導の３つの機能 | | 今回の見直しの具体的な意識や行動 |
|---|---|---|
| 自己決定の場を与える | 　自己決定とは、自分で決めて実行するということです。<br>　常に「相手」と「自分」の両者を中心にすえて行動するということで、身勝手な「自己決定」ではなく、他の人々を大切にすることを根拠にして自分の行動を考えなければなりません。 | （教職員）<br>・校則の見直しに当たって、学級（または学校）内のすべての児童生徒が参加できる機会を設け、児童生徒が多様な意見を発言できるようサポートしている。<br>（児童生徒）<br>・校則の見直しについて話し合う時、自分や他の人のことを考えながら、みんなで話し合っている。 |
| 自己存在感を与える | 　自己存在感とは、自分は価値ある存在であるということを実感することです。<br>　教職員は、子ども一人一人の存在を大切に思って指導することが大切であり、子どもの独自性や個別性を大切にした指導が必要となります。 | （教職員）<br>・校則に基づく指導の場面で、児童生徒の思い（理由）も真剣に聴き、受け止めている。<br>（児童生徒）<br>・自分がルールを守れなかった時に、先生や保護者は理由を聞いてくれたり、親身になって相談にのってくれたり、アドバイスをしてくれたりする。 |
| 共感的人間関係を育成する | 　共感的人間関係とは、相互に人間として無条件に尊重し合う態度で、ありのままに自分を語り、理解し合う人間関係をいいます。<br>　共感的人間関係は、教職員と子どもの関係だけでなく子ども同士の間でも大切になります。 | （教職員）<br>・校則の見直しについて話し合う際、児童生徒一人一人の意見を尊重し合う雰囲気づくりに努める。<br>（児童生徒）<br>・自分の意見と異なる意見にも耳を傾け、他の人の意見に共感している。 |

［出典：熊本市教育委員会（2021）「校則・生徒指導のあり方の見直しに関するガイドライン」p.5］

<図> V-20　学級活動　学級や学校における生活づくりへの参画の学習過程（例）

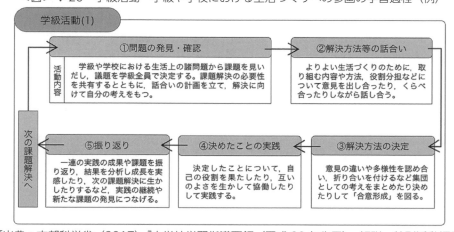

［出典：文部科学省（2017）『小学校学習指導要領（平成29年告示）　解説　特別活動編』］

### (3) 今後の展望

　生徒指導と校則の見直しに関する今後の展望として，学級活動や生徒会活動を中心に校則を教材にした学習活動が考えられる．校則の見直しを通じて人権感覚や多様性に対する寛容の精神，身近な決まりを自分事として捉えて批判的に検討する力，より良い社会を創るために根拠のある主張を展開し対話を通じて納得解を導く力等が身につくことが報告されている．＜図＞V-20 より，身近な決まりを見直すことは，子どもにとって最も身近な集団である学級における生活づくりへの参画に例示されている学級活動における学習過程と軌を一にするものであり，一部のモデル校に限られたものではない．

　また，「社会に開かれた教育課程」とも関連づければ，校則の見直しを契機として学校と社会の関係を再構築し，子どもたちが社会で生きる力を育む生徒指導の充実も期待される．

## 5　少年非行・犯罪の動向

### (1) 非行や犯罪の推移と傾向

　少年による刑法犯など（危険運転致死傷，過失運転致死傷を含む）の検挙人員の推移をみると，過去に昭和 26 年，39 年，58 年の三つのピークがあった．平成以降，一時的な増加はあるものの，全体としては減少傾向にあり，令和元年には約 3 万 7 千人と最少を記録している（＜図＞V-21）．

　刑法犯に限って，令和元年の少年と成人の検挙数をそれぞれの人口比でみると，成人より少年の比率が高い．また，年齢的にみると，「中間少年」（16 歳以上 18 歳未満），「年長少年」（18 歳以上 20 歳未満），「年少少年」（14 歳以上 16 歳未満）の順に人口比が高い．つまり，犯罪を犯して検挙されたものの人口に占める割合は大人より少年の方が高く，16 歳以上 18 歳未満のものがもっとも高い．

　「触法少年」では 13 歳がもっとも多いが，12 歳以下の占める割合が上昇傾向にある．犯罪

<図> V-21　少年による刑法犯等 検挙人員・人口比の推移

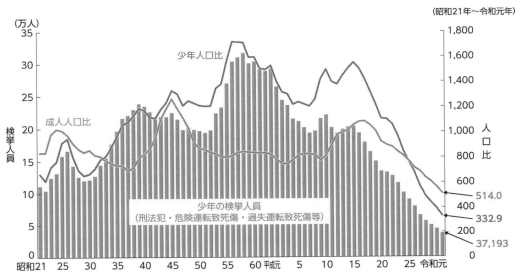

［出典：法務省「令和 2 年版犯罪白書」］

の種類をみると，刑法犯少年，触法少年ともに，「窃盗」が半数以上を占める．また，「初発型非行」（万引き，自転車盗，オートバイ盗など）で検挙されたものの数は，減少傾向にある（＜図＞Ｖ-22 ～＜図＞Ｖ-25）．

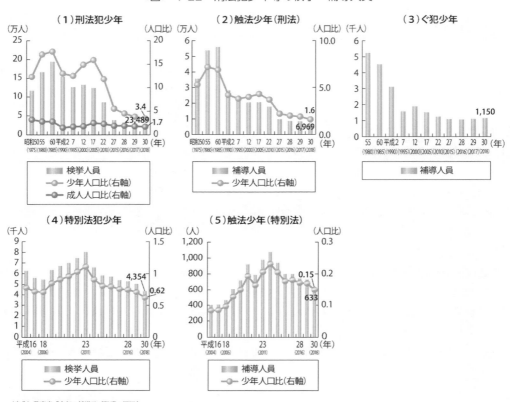

<図＞ Ｖ-22　刑法犯少年等の検挙・補導人員

［出典：内閣府『令和２年版　子供・若者白書』］

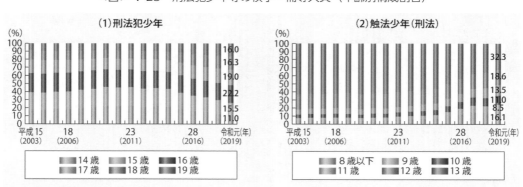

<図＞ Ｖ-23　刑法犯少年等の検挙・補導人員（年齢別構成割合）

［出典：内閣府『令和２年版　子供・若者白書』］

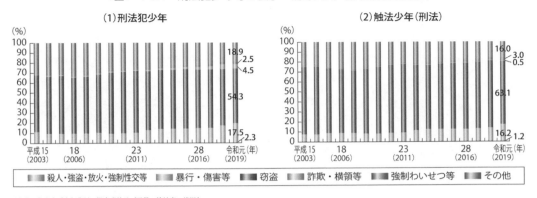

<図> V-24 刑法犯少年等の検挙・補導人員（罪種別構成割合）

(出典) 警察庁「少年非行、児童虐待及び子供の性被害の状況」
(注) 1. グラフのうち、殺人・強盗・放火・強制性交等とは凶悪犯を、暴行・傷害等とは粗暴犯を、詐欺・横領等とは知能犯を、強制わいせつ等とは風俗犯を、それぞれ指す。
　　 2. 刑法の一部が改正（平成29年7月13日施行）され、強姦の罪名、構成要件等が改められたことに伴い、グラフのうち、「強姦」を「強制性交等」に変更した。

[出典：内閣府『令和2年版　子供・若者白書』]

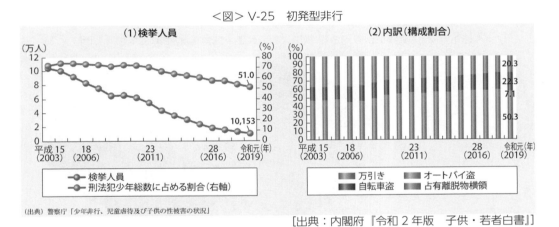

<図> V-25　初発型非行

(出典) 警察庁「少年非行、児童虐待及び子供の性被害の状況」

[出典：内閣府『令和2年版　子供・若者白書』]

　刑法犯少年の非行の時間をみると，14〜20時が約4割である．動機は「所有・消費目的」が6割近くを占める（<図> V-26）．

　令和2年版『犯罪白書』では，昭和52年から平成2年までに生まれたもの（推計）の非行少年率（それぞれの年齢の10万人当たりの刑法犯検挙の数）の推移を分析している．それによると全体として非行少年率は低下しているが，ピークの低年齢化がうかがえる．

　以下，令和元年の特徴をみてみよう．女子の検挙者の人口比は，14.3%であった．検挙された少年の就学・就労状況をみると，学生・生徒の割合が6割を超え，高校生が全体の4割を占める（<図> V-27）．

　また，検挙された少年の犯罪では「窃盗」がもっとも多く，全体の4分の1を占める．特殊詐欺についてみると，少年が検挙人員全体の21.6%を占めている．さらに，一つの特徴として成人のみによる事件の共犯率（9.8%）より，少年のみによる事件の共犯率（21.2%）が高い．

　「不良行為少年」（「犯罪少年」などには該当しないが，「飲酒」，「喫煙」，「深夜はいかい」などの不良行為を行う少年）で補導されたものは，約37万5千人であり，補導の態様については，「深夜はいかい」が約21万人（56.2%），「喫煙」が約9万8千人（26.3%）であり，両者で補

<図> V-26　刑法犯少年の非行時間帯と原因・動機（平成 30 年）

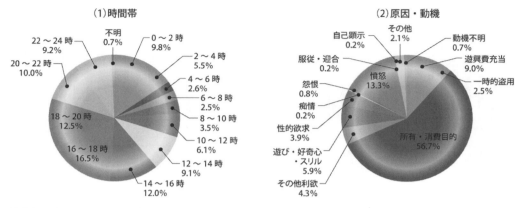

(1)時間帯

(2)原因・動機

(出典) 警察庁「少年の補導及び保護の概況」

［出典：内閣府『令和 2 年版　子供・若者白書』］

<図> V-27　少年による刑法犯 検挙人員の就学・就労状況別構成比（令和元年）

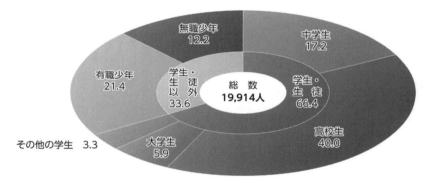

注　1　警察庁の統計による。
　　2　犯行時の就学・就労状況による。
　　3　犯行時の年齢による。ただし，検挙時に20歳以上であった者を除く。
　　4　触法少年の補導人員を含まない。

［出典：法務省「令和 2 年版犯罪白書」］

導された総数の 8 割以上を占める（<図> V-28）．

　少年による家庭内暴力の認知件数は平成 24 年から増加を続け，令和元年では約 3 千 5 百件（前年比 6.9% 増）であった．最近の特徴としては小学生が大きく増加しており，令和元年は 631 件（前年比 44.1% 増）にのぼっている（<図> V-29）．

　少年の薬物非行については，大麻取締法違反で検挙される人数の急増が特徴である（<図> V-30）．

　警察庁の発表によれば（「令和 2 年における組織犯罪の情勢　第 2 章薬物情勢」【確定値】），令和 2 年度の大麻事犯の検挙人員のうち，大学生は 219 人，高校生 159 人であり，いずれも過去最多を記録している．このような事態の原因として，大麻の害を十分に認識することなく安易に使用している可能性や暴力団などの不良集団との関わりが指摘されている．大麻の使用が

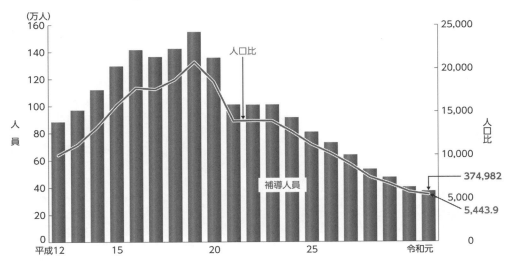

<図> V-28　不良行為少年 補導人員・人口比の推移

注　1　警察庁生活安全局の資料及び総務省統計局の人口資料による。
　　2　「不良行為少年」は，犯罪少年，触法少年又はぐ犯少年には該当しないが，飲酒，喫煙，深夜はいかいその他自己又は他人の徳性を
　　　　害する行為をしている少年をいう。
　　3　「人口比」は，少年10万人当たりの補導人員である。なお，人口比算出に用いた人口は，14歳以上20歳未満の人口である。

[出典：法務省「令和2年版犯罪白書」]

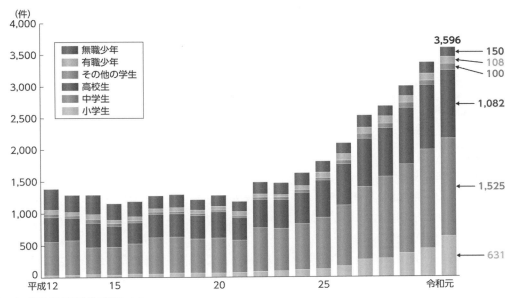

<図> V-29　少年による家庭内暴力 認知件数の推移（就学・就労状況別）

注　1　警察庁生活安全局の資料による。
　　2　犯行時の就学・就労状況による。
　　3　一つの事件に複数の者が関与している場合は，主たる関与者の就学・就労状況について計上している。
　　4　「その他の学生」は，浪人生等である。

[出典：法務省「令和2年版犯罪白書」]

<図> V-30　大麻取締法違反 検挙人員の推移（年齢層別）

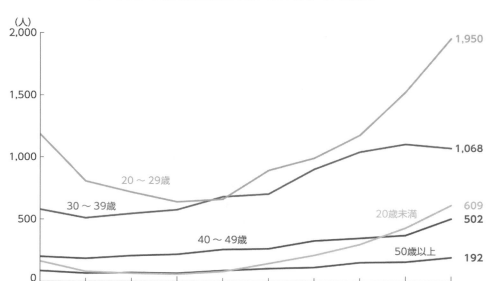

[出典：法務省「令和 2 年版犯罪白書」]

種々の薬物乱用の入口になるとの懸念から，薬物の使用防止に関する教育や青少年向けの啓発活動の必要性，健全な交友関係の構築などの重要性が指摘されている（厚生労働省，財団法人麻薬・覚せい剤乱用防止センター『薬物乱用は「ダメ。ゼッタイ。」』p.1 ～ 2）.

※「非行少年とは，①「犯罪少年」罪を犯した少年（犯行時に 14 歳以上であった少年），②「触法少年」14 歳に満たないで刑罰法令に触れる行為をした少年，③「ぐ犯少年」保護者の正当な監督に服しない性癖等の事由があり，少年の性格又は環境に照らして，将来，罪を犯し，又は刑罰法令に触れる行為をするおそれのある少年」である（令和 2 年版『犯罪白書』凡例より）

## (2) 非行少年の処遇

　警察などは，「犯罪少年」の事件の場合，少年を家庭裁判所（罰金以下の刑に該当する犯罪の場合）または検察官（それ以外の刑に該当する犯罪の場合）に送致する．検察官は，必要な場合，事件を家庭裁判所に送致する.

　「触法少年」，14 歳未満の「ぐ犯少年」の場合，必要に応じて，警察官は事件を児童相談所長に送致する．児童相談所長などは，重大な罪に該当するような行為を行った触法少年については，原則として家庭裁判所に送致する．児童相談所長などから送致を受けたときに，家庭裁判所が審判に付す．また，14 歳以上のぐ犯少年を発見した場合は，家庭裁判所に通告しなければならないことになっている.

　家庭裁判所は，審判を行うため必要がある場合，観護措置として少年を少年鑑別所に送致する．家庭裁判所は，調査あるいは審判の結果，死刑，懲役，禁錮に該当する事件について刑事

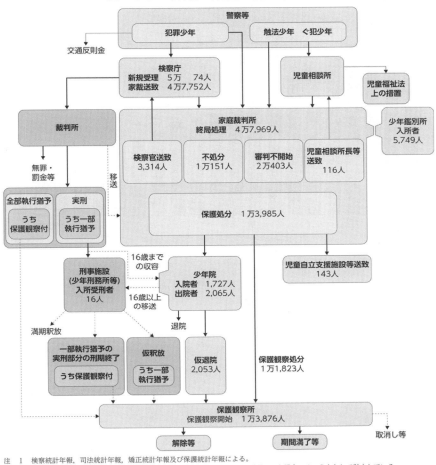

<図> V-31　非行少年処遇の概要（令和元年）

[出典：法務省「令和2年版犯罪白書」]

注　1　検察統計年報，司法統計年報，矯正統計年報及び保護統計年報による．
　　2　「検察庁」の人員は，事件単位の延べ人員である．例えば，1人が2回送致された場合には，2人として計上している．
　　3　「児童相談所長等送致」は，知事・児童相談所長送致である．
　　4　「児童自立支援施設等送致」は，児童自立支援施設・児童養護施設送致である．
　　5　「出院者」の人員は，出院事由が退院又は仮退院の者に限る．
　　6　「保護観察開始」の人員は，保護観察処分少年及び少年院仮退院者に限る．

処分が相当であると認める場合，その事件を検察官に送致する（「逆送」）．また，犯行時16歳以上の少年の一定の重大な事件については，原則として事件を検察官に送致しなければならない（「原則逆送」）．それ以外の場合は，保護観察，児童自立支援施設・児童養護施設送致（18歳未満の少年），少年院送致（おおむね12歳以上の少年）といった「保護処分」を行う（<図> V-31）.

　少年鑑別所（令和2年4月1日現在全国に52庁）は，医学，心理学，教育学などの専門的知見や技術にもとづいて少年の観護を行うとともに，地域社会における非行・犯罪の防止を支援している（<図> V-32）.

　少年院（令和2年4月1日現在全国に48庁）は，少年の健全な育成を目的として矯正教育や社会復帰支援を行っている（<図> V-33）.

<図> Ⅴ-32 非行少年処遇の概要

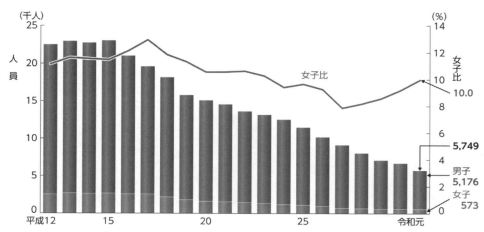

注 1 矯正統計年報による.
2 「入所者」は，観護措置（少年鑑別所送致），勾留に代わる観護措置又はその他の事由（勾留，引致，少年院在院者の鑑別のための収容等）により入所した者をいい，逃走者の連戻し，施設間の移送又は仮収容により入所した者は含まない.

［出典：法務省「令和2年版犯罪白書」］

<図> Ⅴ-33 少年院入院者の人員（男女別）・女子比の推移

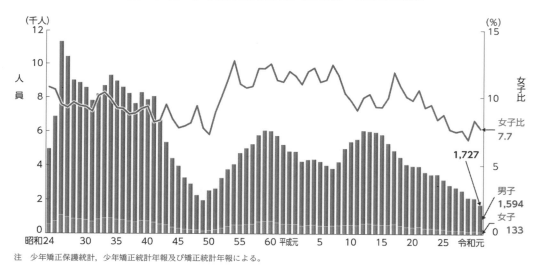

注 少年矯正保護統計，少年矯正統計年報及び矯正統計年報による.

［出典：法務省「令和2年版犯罪白書」］

## (3) 少年の再非行・再犯

刑法犯で検挙された少年のうち，再び非行を犯して検挙された少年の数と，その割合の推移は<図> Ⅴ-34 のとおりである．再非行少年の数は，平成9年から増加傾向にあったが，16年以降減少している．再非行の少年の割合も，平成28年まで上昇し続けていたが，以後は低下し，令和元年は34.0% まで低下した．しかしながら，3割以上が再度非行を犯すということは大きな問題であり，効果的な対策が求められている．

<図> V-34　少年の刑法犯 検挙人員中の再非行少年の人員・再非行少年率の推移

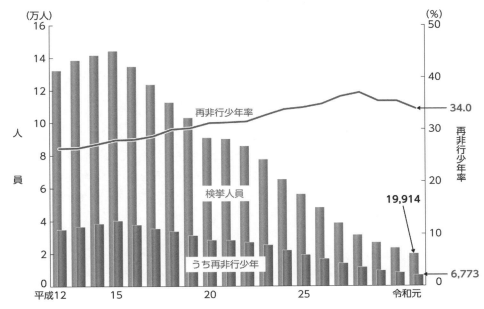

注　1　警察庁の統計による。
　　2　犯行時の年齢による。ただし，検挙時に20歳以上であった者を除く。
　　3　触法少年の補導人員を含まない。
　　4　「再非行少年」は，前に道路交通法違反を除く非行により検挙（補導）されたことがあり，再び検挙された少年をいう。
　　5　「再非行少年率」は，少年の刑法犯検挙人員に占める再非行少年の人員の比率をいう。

[出典：法務省「令和２年版犯罪白書」]

<図> V-35　少年院出院者 5 年以内の再入院率と再入院・刑事施設入所率（平成 27 年）

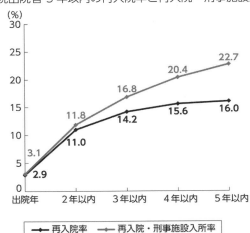

注　1　矯正統計年報及び法務省大臣官房司法法制部の資料による。
　　2　「再入院率」は，平成27年の少年院出院者の人員に占める，同年から令和元年までの各年の年末までに，新たな少年院送致の決定により再入院した者の人員の比率をいう。
　　3　「再入院・刑事施設入所率」は，平成27年の少年院出院者の人員に占める，同年から令和元年までの各年の年末までに，新たな少年院送致の決定により再入院した者又は受刑のため刑事施設に初めて入所した者の人員の比率をいう。なお，同一の出院者について，出院後，複数回再入院した場合又は再入院した後に刑事施設への入所がある場合には，その最初の再入院を計上している。

[出典：法務省「令和２年版犯罪白書」]

令和2年版『犯罪白書』では，平成27年に少年院を出たものについて，令和元年までに再び少年院に入ったものの割合，再び少年院に入ったものとあらたに刑事施設に入ったものの合計の割合を調べている．それによると，再び少年院に入ったものの割合は16.0％であり，再び少年院に入ったものとあらたに刑事施設に入ったものの合計の割合は，22.7％であった．つまり，少年院に入ったもののうち，約2割は5年以内に再び少年院や刑事施設に入った．

平成8年から27年の各年に少年院を出たものについて，2年以内また5年以内に再び少年入院に入ったものの割合，再び少年院に入ったものとあらたに刑事施設に入ったものの合計の割合は，＜図＞V-35のとおりである．

平成22年から令和元年までの間に保護観察の処分を受けて処分が終了した少年と，少年院を出たもので，再び処分を受けたものの割合は16～18％である．少年院を出たもので再び処分を受けたものの割合は，18～23％であった．再び処分を受けた少年の就学・就労状況をみると，無職であったものの割合が4割～5割で，それ以外のもの（学生・生徒や仕事をもっているもの）と比べ明らかに高い．

## （4）非行・犯罪少年への支援

少年の刑法犯や不良行為を行う少年の数と人口比は，年々減少を続けている．政府や自治体，地域社会や学校などがさまざまな取組みを実施しており，一定程度奏功しているものと考えられる．

<図> V-36　非行少年を生まない社会づくりの推進

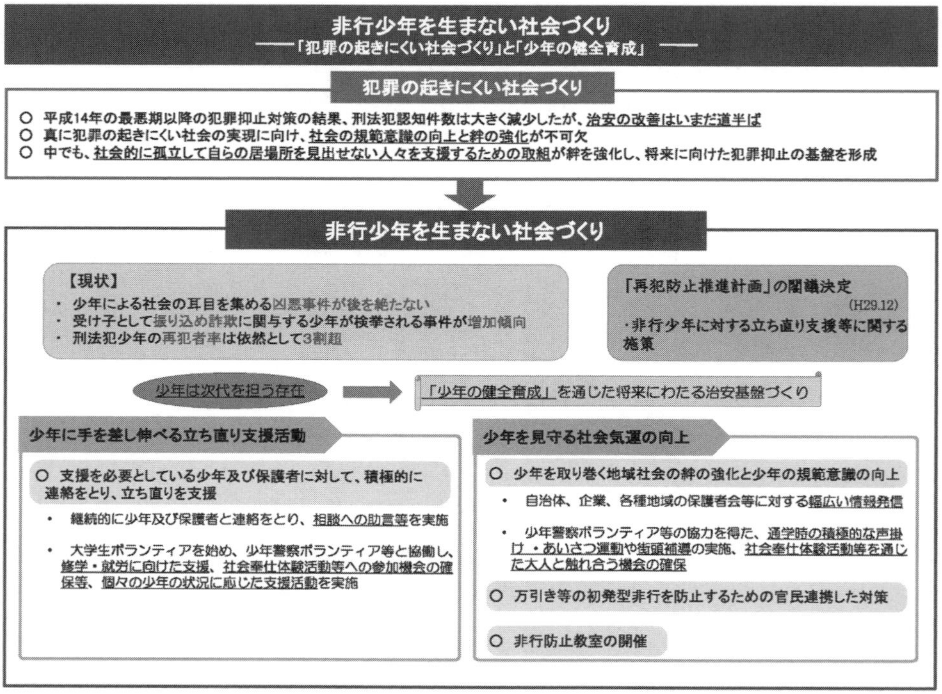

（出典）警察庁資料

[出典：内閣府『令和2年版　子供・若者白書』]

<図> V-37　スクールカウンセラー，スクールソーシャルワーカー

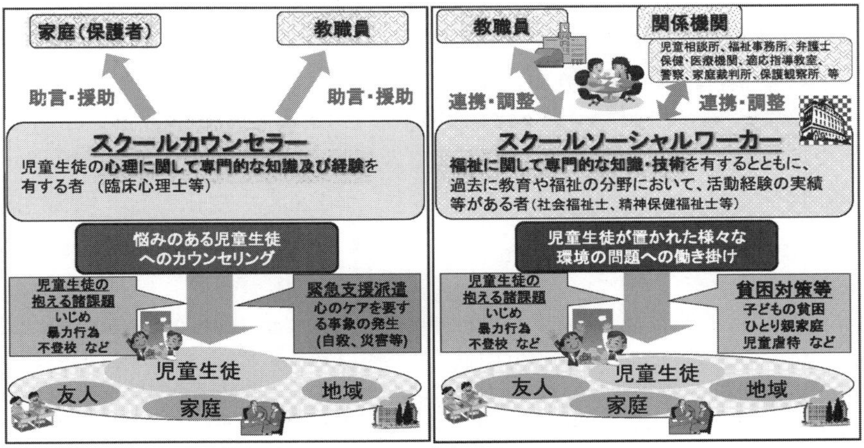

(出典) 文部科学省資料

[出典：内閣府『令和2年版　子供・若者白書』]

　まず，日本全体の総合的な取組みとしては，内閣府，警察庁，法務省，文部科学省といった関係の府省庁が連携して，非行対策などについて情報交換，協議等を行っている．また，家庭，学校，地域なども連携して，非行の防止や立ち直りの支援を行っている．具体的な事例としては，学校や警察，児童相談所などが，問題行動への対応や支援を行う「サポートチーム」を構成している．学校と警察は非行や校内暴力の防止のために，各都道府県で「学校警察連絡協議会」を設置して，連携を密にしている．「スクールサポーター」として，退職した警察官などを学校の要請に応じて派遣する事業などもある．

　また，法務省の「更生保護サポートセンター」では，教育委員会や学校，児童相談所などと協力し，保護観察を受けている人の支援や非行防止セミナーなどを行っている．法務省の少年鑑別所も，「法務少年支援センター」として，非行・犯罪防止活動や相談活動を担っている．

　非行に対する最大の対策は，「非行少年を生まない社会づくり」であると指摘される．警察では，非行に走る可能性がある少年に地域での活動の機会や居場所，ボランティア体験活動を提供したり，非行防止教室や街頭における補導活動を実施したりしている．地方自治体の「少年センター」など，相談活動や街頭における補導活動を実施している．自治体によっては，SNSやメールなどを利用して，当事者が利用しやすい相談環境を構築することに腐心している（内閣府『令和2年版　子供・若者白書』63ページ参照）．

　学校教育の現場においても，スクールカウンセラーやスクールソーシャルワーカーの配置が推進されており，非行防止のための道徳教育の充実とあわせて相談体制の強化が図られている（<図> V-36，37）．

### (5) 少年法の改正

　少年法は1943年（昭和23年）に公布されたが，その主旨は，成人とは違って，成長・発達途上の少年に対しては原則として保護・更生のための処分を行い，健全な育成といわゆる立ち直りを促そうというものである．したがって，家庭裁判所の逆送により裁判になった場合でも，量刑において成人とは異なる配慮がなされている（例えば，「罪を犯すとき18歳に満たない者

に対しては，死刑をもつて処断すべきときは，無期刑を科する.」第51条第1項）

　その後，少年による重大犯罪の発生（「山形マット死事件」1993年など）といった社会情勢の変化に応じて改正が行われてきているが，もっとも大きなものは2000年（平成12年）の改正である．これにより，刑事処分が可能な年齢が「16歳以上」から「14歳以上」に引き下げられた．また2007年の改正では，少年院送致の年齢を「おおむね12歳以上」とした．このように，処罰の対象年齢を引き下げたり，処罰を重くしたり（2014年改正）といったいわゆる「厳罰化」の傾向がみられるが，改正を巡っては，つねに保護優先か処罰優先かの議論が巻き起こされている．

　※「山形マット死事件」
　　1993年に山形県の中学校の体育館で，体育に用いられる立てかけられたマットのなかで，生徒が頭部を下にして窒息死していた事件．7人の少年（当時14歳以上3人，14歳未満4人）が逮捕・補導され，家庭裁判所・児童相談所に送致・通告された．その後の裁判や決定は判断が二転三転するなど複雑な経過をたどったが，1994年最終的に7人全員に保護処分が確定した．民事裁判の仙台高等裁判所判決も，7人の関与を認めた．「自白偏重」の捜査（事件当初，7人は犯行を認めていた），「少年審判における事実認定」のあり方などに大きな問題を提起した．

　民法の改正にともなう成人年齢の引き下げに合わせて，少年法の改正案が令和3年5月に成立し，令和4年4月より施行される．それによれば18～19歳をこれまでと同様，「少年」として保護の対象としながらも，「特定少年」と位置づけ，家庭裁判所から逆送する事件の対象を拡大した（これまでの殺人などに加え，強盗，強制性交，放火などを追加）．また，起訴された場合には，実名や本人を特定できる報道が可能になった．同法付則には，施行から5年後に社会情勢などの変化を踏まえたうえで，制度の見直しを行うことも盛り込まれている．

　結果として，18～19歳がこれまでよりも厳しい扱いとなることにより，犯罪抑止効果が期待できると指摘される．一方で，少年法の基本精神である健全育成と立ち直り支援にマイナスであるという批判もある．犯罪被害者の立場からも，少年法適用年齢の引き下げに反対する見解があった（「子ども白書　2020」日本子どもを守る会編，194-195ページ）．また，人間の脳の発達が20歳代まで続くという観点から「少年司法」制度を18歳以上にも適用することが「賞賛」されるとする国際的な意見もある（国連・子どもの権利委員会　一般的意見24号）．

# さくいん

## 執筆者紹介（執筆順）

| 著者 | 所属 | 担当 |
|---|---|---|
| 遠藤孝夫 | 岩手大学名誉教授<br>淑徳大学人文学部歴史学科教授 | I 章・V 章 1 |
| 笹原英史 | 石巻専修大学人間学部教授 | II 章 1〜4・V 章 5 |
| 宮﨑秀一 | 弘前大学名誉教授<br>北里大学獣医学部教授 | II 章 5・IV 章 1，3（6）・V 章 3 |
| 朝倉充彦 | 東北福祉大学教育学部教授 | III 章 |
| 本山敬祐 | 岩手大学教育学部附属教育実践・<br>学校安全学研究開発センター准教授 | IV 章 2，3（1）〜（5），（7），（8）・V 章 2，4 |

三訂版　資料で考える　子ども・学校・教育

1996 年 9 月 30 日　第 1 版　第 1 刷　発行
2001 年 4 月 20 日　第 1 版　第 5 刷　発行
2003 年 6 月 10 日　新訂版　第 1 刷　発行
2022 年 4 月 1 日　新訂版　第 18 刷　発行
2022 年 3 月 31 日　三訂版　第 1 刷　発行
2024 年 4 月 1 日　三訂版　第 3 刷　発行

著　　者　遠藤孝夫・笹原英史・朝倉充彦
　　　　　宮﨑秀一・本山敬祐
発 行 者　発田和子
発 行 所　株式会社 学術図書出版社
〒 113 − 0033　東京都文京区本郷 5 丁目 4 − 6
TEL03 − 3811 − 0889　振替 00110 − 4 − 28454
印刷　三松堂（株）

定価はカバーに表示してあります.

©1996, 2003, 2022　ENDO, SASAHARA, ASAKURA, MIYAZAKI,
MOTOYAMA　Printed in Japan
ISBN978-4-7806-1030-7　C3037